CÓDIGO DE PROCESSO PENAL

Durante o processo de edição desta obra, foram tomados todos os cuidados para assegurar a publicação de informações técnicas, precisas e atualizadas conforme lei, normas e regras de órgãos de classe aplicáveis à matéria, incluindo códigos de ética, bem como sobre práticas geralmente aceitas pela comunidade acadêmica e/ou técnica, segundo a experiência do autor da obra, pesquisa científica e dados existentes até a data da publicação. As linhas de pesquisa ou de argumentação do autor, assim como suas opiniões, não são necessariamente as da Editora, de modo que esta não pode ser responsabilizada por quaisquer erros ou omissões desta obra que sirvam de apoio à prática profissional do leitor.

Do mesmo modo, foram empregados todos os esforços para garantir a proteção dos direitos de autor envolvidos na obra, inclusive quanto às obras de terceiros e imagens e ilustrações aqui reproduzidas. Caso algum autor se sinta prejudicado, favor entrar em contato com a Editora.

Finalmente, cabe orientar o leitor que a citação de passagens da obra com o objetivo de debate ou exemplificação ou ainda a reprodução de pequenos trechos da obra para uso privado, sem intuito comercial e desde que não prejudique a normal exploração da obra, são, por um lado, permitidas pela Lei de Direitos Autorais, art. 46, incisos II e III. Por outro, a mesma Lei de Direitos Autorais, no art. 29, incisos I, VI e VII, proíbe a reprodução parcial ou integral desta obra, sem prévia autorização, para uso coletivo, bem como o compartilhamento indiscriminado de cópias não autorizadas, inclusive em grupos de grande audiência em redes sociais e aplicativos de mensagens instantâneas. Essa prática prejudica a normal exploração da obra pelo seu autor, ameaçando a edição técnica e universitária de livros científicos e didáticos e a produção de novas obras de qualquer autor.

CÓDIGO DE PROCESSO PENAL

DECRETO-LEI N. 3.689,
DE 03 DE OUTUBRO DE 1941

© Editora Manole Ltda., 2021, por meio de contrato com o organizador

ORGANIZAÇÃO Editoria Jurídica da Editora Manole
PROJETO GRÁFICO Departamento Editorial da Editora Manole
CAPA Ricardo Yoshiaki Nitta Rodrigues
IMAGEM DA CAPA iStock.com

CIP-BRASIL. CATALOGAÇÃO NA PUBLICAÇÃO
SINDICATO NACIONAL DOS EDITORES DE LIVROS, RJ

C61
6. ed.

Código de Processo Penal : Decreto-lei n. 3.689, de 03 de outubro de 1941 /
[organização Editoria Jurídica da Editora Manole]. – 6. ed. – Santana de Parnaíba
[SP] : Manole, 2021.

 Inclui índice
 ISBN 978-65-5576-364-5

 1. Brasil. [Código de Processo Penal (1941)]. 2. Direito penal – Brasil. I.
Editoria Jurídica da Editora Manole.

20-68242   CDU-343.1(81)(094.4)

Camila Donis Hartmann - Bibliotecária - CRB-7/6472

Todos os direitos reservados. Nenhuma parte deste livro poderá ser reproduzida, por
qualquer processo, sem a permissão expressa dos editores. É proibida a reprodução por
fotocópia.

A Editora Manole é filiada à ABDR – Associação Brasileira de Direitos Reprográficos.
1ª edição – 2016; 2ª edição – 2017; 3ª edição – 2018;
4ª edição – 2019; 5ª edição – 2020; 6ª edição – 2021

Editora Manole Ltda.
Alameda América, 876 – Tamboré
06543-315 – Santana de Parnaíba – SP – Brasil
Fone: (11) 4196-6000
www.manole.com.br | http://atendimento.manole.com.br

Impresso no Brasil
Printed in Brazil

SUMÁRIO

Apresentação VI
Lista de abreviaturas e siglas.. VII
Índice sistemático do Código de Processo Penal.................................... IX
Decreto-lei n. 3.931, de 11.12.1941 – Lei de Introdução ao Código de
  Processo Penal..1
Decreto-lei n. 3.689, de 03.10.1941 – Código de Processo Penal 5
Índice alfabético-remissivo do Código de Processo Penal.....................167

APRESENTAÇÃO

A EDITORA MANOLE, prosseguindo com suas publicações jurídicas, apresenta agora seu volume contendo exclusivamente o Código de Processo Penal (Decreto-lei n. 3.689, de 03.10.1941), devidamente atualizado.

Esta edição está atualizada até o dia 04.01.2021, e o leitor poderá manter-se informado sobre as mudanças na legislação no site **manoleeducacao. com.br/codigosmanole** até 31.10.2021.

Conheça também as outras publicações jurídicas em formato reduzido da EDITORA MANOLE:

Constituição Federal
Código Civil
Código de Processo Civil
Código Penal
CLT
Código de Defesa do Consumidor

EDITORIA JURÍDICA DA EDITORA MANOLE

LISTA DE ABREVIATURAS E SIGLAS

ADC: Ação Declaratória de Constitucionalidade
ADCT: Ato das Disposições Constitucionais Transitórias
ADIn: Ação Direta de Inconstitucionalidade
ADPF: Ação de Descumprimento de Preceito Fundamental
AGU: Advocacia-Geral da União
CC: Código Civil
CC/1916: Código Civil de 1916 (Lei n. 3.071/1916)
CC/2002: Código Civil de 2002 (Lei n. 10.406/2002)
CCom: Código Comercial (Lei n. 556/1850)
CDC: Código de Defesa do Consumidor (Lei n. 8.078/90)
CF: Constituição Federal
CNJ: Conselho Nacional de Justiça
CP: Código Penal (Decreto-lei n. 2.848/40)
CPC/2015: Código de Processo Civil (Lei n. 13.105/2015)
CPI: Comissão Parlamentar de Inquérito
CPM: Código Penal Militar (Decreto-lei n. 1.001/69)
CPP: Código de Processo Penal (Decreto-lei n. 3.689/41)
CPPM: Código de Processo Penal Militar (Decreto-lei n. 1.002/69)
CR: Constituição da República
CTB: Código de Trânsito Brasileiro (Lei n. 9.503/97)
CTN: Código Tributário Nacional (Lei n. 5.172/66)
DJ: *Diário da Justiça*
EAOAB: Estatuto da Advocacia e a Ordem dos Advogados do Brasil
EC: Emenda Constitucional
ECA: Estatuto da Criança e do Adolescente (Lei n. 8.069/90)
ECR: Emenda Constitucional de Revisão
LC: Lei Complementar
LDO: Lei de Diretrizes Orçamentárias
LINDB: Lei de introdução às normas do Direito Brasileiro (Decreto-lei n. 4.657/42)
MP n.: Medida Provisória n.

MPF: Ministério Público Federal
n.: número
OAB: Ordem dos Advogados do Brasil
ONU: Organização das Nações Unidas
PEC: Proposta de Emenda Constitucional
STF: Supremo Tribunal Federal
STJ: Superior Tribunal de Justiça
STM: Superior Tribunal Militar
TRE: Tribunal Regional Eleitoral
TRF: Tribunal Regional Federal
TRT: Tribunal Regional do Trabalho
TSE: Tribunal Superior Eleitoral
TST: Tribunal Superior do Trabalho
Ufir: Unidade Fiscal de Referência

ÍNDICE SISTEMÁTICO DO CÓDIGO DE PROCESSO PENAL

**LIVRO I
DO PROCESSO EM GERAL**

**Título I
Disposições Preliminares**

Arts. 1º a 3º-F 5

**Título II
Do Inquérito Policial**

Arts. 4º a 23 8

**Título III
Da Ação Penal**

Arts. 24 a 62..14

**Título IV
Da Ação Civil**

Arts. 63 a 68..21

**Título V
Da Competência**

Arts. 69 a 91..22
Capítulo I – Da Competência pelo Lugar da Infração – arts. 70 e 71 22
Capítulo II – Da Competência pelo Domicílio ou Residência do Réu
– arts. 72 e 73 22
Capítulo III – Da Competência pela Natureza da Infração – art. 74.......23
Capítulo IV – Da Competência por Distribuição – art. 75.....................23
Capítulo V – Da Competência por Conexão ou Continência – arts. 76
a 82 24
Capítulo VI – Da Competência por Prevenção – art. 83 25
Capítulo VII – Da Competência pela Prerrogativa de Função –
arts. 84 a 87 26

Capítulo VIII – Disposições Especiais – arts. 88 a 91 27

Título VI
Das Questões e Processos Incidentes

Capítulo I – Das Questões Prejudiciais – arts. 92 a 94 27
Capítulo II – Das Exceções – arts. 95 a 111 28
Capítulo III – Das Incompatibilidades e Impedimentos – art. 112..........30
Capítulo IV – Do Conflito de Jurisdição – arts. 113 a 117 30
Capítulo V – Da Restituição das Coisas Apreendidas – arts. 118
a 124-A...31
Capítulo VI – Das Medidas Assecuratórias – arts. 125 a 144-A..............33
Capítulo VII – Do Incidente de Falsidade – arts. 145 a 148....................36
Capítulo VIII – Da Insanidade Mental do Acusado – arts. 149 a 154 37

Título VII
Da Prova

Capítulo I – Disposições Gerais – arts. 155 a 157....................................38
Capítulo II – Do Exame do Corpo de Delito, da Cadeia de Custódia
e das Perícias em Geral – arts. 158 a 184 39
Capítulo III – Do Interrogatório do Acusado – arts. 185 a 196................46
Capítulo IV – Da Confissão – arts. 197 a 200 50
Capítulo V – Do Ofendido – art. 201..50
Capítulo VI – Das Testemunhas – arts. 202 a 225 51
Capítulo VII – Do Reconhecimento de Pessoas e Coisas – arts. 226
a 228 54
Capítulo VIII – Da Acareação – arts. 229 e 230.......................................55
Capítulo IX – Dos Documentos – arts. 231 a 238....................................55
Capítulo X – Dos Indícios – art. 239...56
Capítulo XI – Da Busca e da Apreensão – arts. 240 a 250.......................56

Título VIII
Do Juiz, do Ministério Público, do Acusado e Defensor, dos Assistentes e Auxiliares da Justiça

Capítulo I – Do Juiz – arts. 251 a 256..59
Capítulo II – Do Ministério Público – arts. 257 e 258 60
Capítulo III – Do Acusado e seu Defensor – arts. 259 a 267...................60
Capítulo IV – Dos Assistentes – arts. 268 a 273......................................61
Capítulo V – Dos Funcionários da Justiça – art. 274 62
Capítulo VI – Dos Peritos e Intérpretes – arts. 275 a 281 62

Título IX
Da Prisão, das Medidas Cautelares e da Liberdade Provisória

Capítulo I – Disposições Gerais – arts. 282 a 300....................................63

ÍNDICE SISTEMÁTICO DO CÓDIGO DE PROCESSO PENAL | XI

Capítulo II – Da Prisão em Flagrante – arts. 301 a 310..................68
Capítulo III – Da Prisão Preventiva – arts. 311 a 316 70
Capítulo IV – Da Prisão Domiciliar – arts. 317 a 318-B.................72
Capítulo V – Das Outras Medidas Cautelares – arts. 319 e 320 73
Capítulo VI – Da Liberdade Provisória, com ou sem Fiança – arts.
321 a 350 75

Título X
Das Citações e Intimações

Capítulo I – Das Citações – arts. 351 a 369..........................79
Capítulo II – Das Intimações – arts. 370 a 372.......................82

Título XI
Da Aplicação Provisória de Interdições
de Direitos e Medidas de Segurança

Arts. 373 a 380 83

Título XII
Da Sentença

Arts. 381 a 393 84

LIVRO II
DOS PROCESSOS EM ESPÉCIE

Título I
Do Processo Comum

Capítulo I – Da Instrução Criminal – arts. 394 a 405 88
Capítulo II – Do Procedimento Relativo aos Processos da Competência
do Tribunal do Júri – arts. 406 a 497 91
Seção I – Da Acusação e da Instrução Preliminar – arts. 406 a 412....91
Seção II – Da Pronúncia, da Impronúncia e da Absolvição Sumária –
arts. 413 a 421...93
Seção III – Da Preparação do Processo para Julgamento em Plenário
– arts. 422 a 424...95
Seção IV – Do Alistamento dos Jurados – arts. 425 e 426.............96
Seção V – Do Desaforamento – arts. 427 e 428 97
Seção VI – Da Organização da Pauta – arts. 429 a 431...............98
Seção VII – Do Sorteio e da Convocação dos Jurados – arts. 432
a 435..98
Seção VIII – Da Função do Jurado – arts. 436 a 446 99
Seção IX – Da Composição do Tribunal do Júri e da Formação do
Conselho de Sentença – arts. 447 a 452 101
Seção X – Da Reunião e das Sessões do Tribunal do Júri – arts. 453
a 472..103

XII | ÍNDICE SISTEMÁTICO DO CÓDIGO DE PROCESSO PENAL

Seção XI – Da Instrução em Plenário – arts. 473 a 475.....................106
Seção XII – Dos Debates – arts. 476 a 481 107
Seção XIII – Do Questionário e sua Votação – arts. 482 a 491 109
Seção XIV – Da Sentença – arts. 492 e 493 111
Seção XV – Da Ata dos Trabalhos – arts. 494 a 496....................113
Seção XVI – Das Atribuições do Presidente do Tribunal do Júri –
art. 497..114
Capítulo III – Do Processo e do Julgamento dos Crimes da Competência
do Juiz Singular – arts. 498 a 502.....................................115

Título II
Dos Processos Especiais

Capítulo I – Do Processo e do Julgamento dos Crimes de Falência –
arts. 503 a 512..115
Capítulo II – Do Processo e do Julgamento dos Crimes de
Responsabilidade dos Funcionários Públicos – arts. 513 a 518 116
Capítulo III – Do Processo e do Julgamento dos Crimes de Calúnia
e Injúria, de Competência do Juiz Singular – arts. 519 a 523............116
Capítulo IV – Do Processo e do Julgamento dos Crimes Contra a
Propriedade Imaterial – arts. 524 a 530-I.............................117
Capítulo V – Do Processo Sumário – arts. 531 a 540....................119
Capítulo VI – Do Processo de Restauração de Autos Extraviados ou
Destruídos – arts. 541 a 548..120
Capítulo VII – Do Processo de Aplicação de Medida de Segurança por
Fato não Criminoso – arts. 549 a 555..................................121

Título III
Dos Processos de Competência do
Supremo Tribunal Federal e dos Tribunais de Apelação

Capítulo I – Da Instrução – arts. 556 a 560 122
Capítulo II – Do Julgamento – arts. 561 e 562 122

LIVRO III
DAS NULIDADES E DOS RECURSOS EM GERAL

Título I
Das Nulidades

Arts. 563 a 573..123

Título II
Dos Recursos em Geral

Capítulo I – Disposições Gerais – arts. 574 a 580....................126
Capítulo II – Do Recurso em Sentido Estrito – arts. 581 a 592.............127
Capítulo III – Da Apelação – arts. 593 a 606 130

ÍNDICE SISTEMÁTICO DO CÓDIGO DE PROCESSO PENAL | XIII

Capítulo IV – Do Protesto por Novo Júri – arts. 607 e 608 132
Capítulo V – Do Processo e do Julgamento dos Recursos em Sentido
Estrito e das Apelações, nos Tribunais de Apelação – arts.
609 a 618 132
Capítulo VI – Dos Embargos – arts. 619 e 620 134
Capítulo VII – Da Revisão – arts. 621 a 631 134
Capítulo VIII – Do Recurso Extraordinário – arts. 632 a 638 136
Capítulo IX – Da Carta Testemunhável – arts. 639 a 646 136
Capítulo X – Do *Habeas Corpus* e seu Processo – arts. 647 a 667 137

LIVRO IV
DA EXECUÇÃO

Título I
Disposições Gerais
Arts. 668 a 673 141

Título II
Da Execução das Penas em Espécie
Capítulo I – Das Penas Privativas de Liberdade – arts. 674 a 685 141
Capítulo II – Das Penas Pecuniárias – arts. 686 a 690............................143
Capítulo III – Das Penas Acessórias – arts. 691 a 695 145

Título III
Dos Incidentes da Execução
Capítulo I – Da Suspensão Condicional da Pena – arts. 696 a 709 146
Capítulo II – Do Livramento Condicional – arts. 710 a 733 149

Título IV
Da Graça, do Indulto, da Anistia e da Reabilitação
Capítulo I – Da Graça, do Indulto e da Anistia – arts. 734 a 742 153
Capítulo II – Da Reabilitação – arts. 743 a 750 154

Título V
Da Execução das Medidas de Segurança
Arts. 751 a 779..155

LIVRO V
DAS RELAÇÕES JURISDICIONAIS
COM AUTORIDADE ESTRANGEIRA

Título Único
Capítulo I – Disposições Gerais – arts. 780 a 782................................159
Capítulo II – Das Cartas Rogatórias – arts. 783 a 786...........................160

Capítulo III – Da Homologação das Sentenças Estrangeiras – arts. 787 a 790 160

LIVRO VI
DISPOSIÇÕES GERAIS
Arts. 791 a 811 162

DECRETO-LEI N. 3.931, DE 11 DE DEZEMBRO DE 1941

*Lei de Introdução ao Código de Processo Penal
(Decreto-lei n. 3.689, de 03 de outubro de 1941).*

O PRESIDENTE DA REPÚBLICA, usando da atribuição que lhe confere o art. 180 da Constituição, decreta:

Art. 1º O Código de Processo Penal aplicar-se-á aos processos em curso a 1º de janeiro de 1942, observado o disposto nos artigos seguintes, sem prejuízo da validade dos atos realizados sob a vigência da legislação anterior.

Art. 2º À prisão preventiva e à fiança aplicar-se-ão os dispositivos que forem mais favoráveis.

Art. 3º O prazo já iniciado, inclusive o estabelecido para a interposição de recurso, será regulado pela lei anterior, se esta não prescrever prazo menor do que o fixado no Código de Processo Penal.

Art. 4º A falta de arguição em prazo já decorrido, ou dentro no prazo iniciado antes da vigência do Código Penal e terminado depois de sua entrada em vigor, sanará a nulidade, se a legislação anterior lhe atribui este efeito.

O CP entrou em vigor em 01.01.1942.

Art. 5º Se tiver sido intentada ação pública por crime que, segundo o Código Penal, só admite ação privada, esta, salvo decadência intercorrente, poderá prosseguir nos autos daquela, desde que a parte legítima para intentá-la ratifique os atos realizados e promova o andamento do processo.

Art. 6º As ações penais, em que já se tenha iniciado a produção de prova testemunhal, prosseguirão, até a sentença de primeira instância, com o rito estabelecido na lei anterior.

§ 1º Nos processos cujo julgamento, segundo a lei anterior, competia ao júri e, pelo Código de Processo Penal, cabe a juiz singular:

a) concluída a inquirição das testemunhas de acusação, proceder-se-á a interrogatório do réu, observado o disposto nos arts. 395 e 396, parágrafo único, do mesmo Código, prosseguindo-se depois de produzida a prova de defesa, de acordo com o que dispõem os arts. 499 e segs.;

ARTS. 6º A 13 – DECRETO-LEI N. 3.931/41

b) se, embora concluída a inquirição das testemunhas de acusação, ainda não houver sentença de pronúncia ou impronúncia, prosseguir-se-á na forma da letra anterior;

c) se a sentença de pronúncia houver passado em julgado, ou dela não tiver ainda sido interposto recurso, prosseguir-se-á na forma da letra *a*;

d) se, havendo sentença de impronúncia, esta passar em julgado, só poderá ser instaurado o processo no caso do art. 409, parágrafo único, do Código de Processo Penal;

e) se tiver sido interposto recurso da sentença de pronúncia, aguardar-se-á o julgamento do mesmo, observando-se, afinal, o disposto na letra *b* ou na letra *d*.

§ 2º Aplicar-se-á o disposto no § 1º aos processos da competência do juiz singular nos quais exista a pronúncia, segundo a lei anterior.

§ 3º Subsistem os efeitos da pronúncia, inclusive a prisão.

§ 4º O julgamento caberá ao júri se, na sentença de pronúncia, houver sido ou for o crime classificado no § 1º ou § 2º do art. 295 da Consolidação das Leis Penais.

Art. 7º O juiz da pronúncia, ao classificar o crime, consumado ou tentado, não poderá reconhecer a existência de causa especial de diminuição da pena.

Art. 8º As perícias iniciadas antes de 1º de janeiro de 1942 prosseguirão de acordo com a legislação anterior.

Art. 9º Os processos de contravenções, em qualquer caso, prosseguirão na forma da legislação anterior.

Art. 10. No julgamento, pelo júri, de crime praticado antes da vigência do Código Penal, observar-se-á o disposto no art. 78 do Decreto-lei n. 167, de 05 de janeiro de 1938, devendo os quesitos ser formulados de acordo com a Consolidação das Leis Penais.

§ 1º Os quesitos sobre causas de exclusão de crime, ou de isenção de pena, serão sempre formulados de acordo com a lei mais favorável.

§ 2º Quando as respostas do júri importarem condenação, o presidente do tribunal fará o confronto da pena resultante dessas respostas e da que seria imposta segundo o Código Penal, e aplicará a mais benigna.

§ 3º Se o confronto das penas concretizadas, segundo uma e outra lei, depender do reconhecimento de algum fato previsto no Código Penal, e que, pelo Código de Processo Penal, deva constituir objeto de quesito, o juiz o formulará.

Art. 11. Já tendo sido interposto recurso de despacho ou de sentença, as condições de admissibilidade, a forma e o julgamento serão regulados pela lei anterior.

Art. 12. No caso do art. 673 do Código de Processo Penal, se tiver sido imposta medida de segurança detentiva ao condenado, este será removido para estabelecimento adequado.

Art. 13. A aplicação da lei nova a fato julgado por sentença condenatória irrecorrível, nos casos previstos no art. 2º e seu parágrafo, do Código Penal, far-se-á mediante despacho do juiz, de ofício, ou a requerimento do condenado ou do Ministério Público.

§ 1º Do despacho caberá recurso, em sentido estrito.

§ 2º O recurso interposto pelo Ministério Público terá efeito suspensivo, no caso de condenação por crime a que a lei anterior comine, no máximo, pena privativa de liberdade, por tempo igual ou superior a 8 (oito) anos.

Art. 14. No caso de infração definida na legislação sobre a caça, verificado que o agente foi, anteriormente, punido, administrativamente, por qualquer infração prevista na mesma legislação, deverão ser os autos remetidos à autoridade judiciária que, mediante portaria, instaurará o processo, na forma do art. 531 do Código de Processo Penal.

Parágrafo único. O disposto neste artigo não exclui a forma de processo estabelecido no Código de Processo Penal, para o caso de prisão em flagrante de contraventor.

Art. 15. No caso do art. 145, IV, do Código de Processo Penal, o documento reconhecido como falso será, antes de desentranhado dos autos, rubricado pelo juiz e pelo escrivão em cada uma de suas folhas.

Art. 16. Esta Lei entrará em vigor no dia 1º de janeiro de 1942, revogadas as disposições em contrário.

Rio de Janeiro, 11 de dezembro de 1941;
120º da Independência e 53º da República.

GETÚLIO VARGAS

DECRETO-LEI N. 3.689, DE 03 DE OUTUBRO DE 1941

Código de Processo Penal.

O PRESIDENTE DA REPÚBLICA, usando da atribuição que lhe confere o art. 180 da Constituição, decreta a seguinte Lei:

LIVRO I
DO PROCESSO EM GERAL

TÍTULO I
DISPOSIÇÕES PRELIMINARES

Art. 1º O processo penal reger-se-á, em todo o território brasileiro, por este Código, ressalvados:

I – os tratados, as convenções e regras de direito internacional;

Veja art. 5º, CP.

II – as prerrogativas constitucionais do Presidente da República, dos ministros de Estado, nos crimes conexos com os do Presidente da República, e dos ministros do Supremo Tribunal Federal, nos crimes de responsabilidade (Constituição, arts. 86, 89, § 2º, e 100);

Refere-se à CF/37.

Veja arts. 50, § 2º, 52, I e parágrafo único, 85, 86, § 1º, II, e 102, I, *b*, CF.

III – os processos da competência da Justiça Militar;

Veja art. 124, *caput*, CF.

IV – os processos da competência do tribunal especial (Constituição, art. 122, n. 17);

Refere-se à CF/37.

V – os processos por crimes de imprensa.

Veja ADPF n. 130, STF.

Parágrafo único. Aplicar-se-á, entretanto, este Código aos processos referidos nos ns. IV e V, quando as leis especiais que os regulam não dispuserem de modo diverso.

Art. 2º A lei processual penal aplicar-se-á desde logo, sem prejuízo da validade dos atos realizados sob a vigência da lei anterior.

6 | ARTS. 2º A 3º-B – CÓDIGO DE PROCESSO PENAL

Veja arts. 1º a 3º, CP.

Art. 3º A lei processual penal admitirá interpretação extensiva e aplicação analógica, bem como o suplemento dos princípios gerais de direito.

Veja art. 1º, CP.

Juiz das Garantias

Art. 3º-A. O processo penal terá estrutura acusatória, vedadas a iniciativa do juiz na fase de investigação e a substituição da atuação probatória do órgão de acusação.

Artigo acrescentado pela Lei n. 13.964, de 24.12.2019.

Veja MC na ADI n. 6.298/DF, de 22.01.2020, que suspende a eficácia deste artigo.

Art. 3º-B. O juiz das garantias é responsável pelo controle da legalidade da investigação criminal e pela salvaguarda dos direitos individuais cuja franquia tenha sido reservada à autorização prévia do Poder Judiciário, competindo-lhe especialmente:

Artigo acrescentado pela Lei n. 13.964, de 24.12.2019.

Veja MC na ADI n. 6.298/DF, de 22.01.2020, que suspende a eficácia deste artigo.

I – receber a comunicação imediata da prisão, nos termos do inciso LXII do *caput* do art. 5º da Constituição Federal;

II – receber o auto da prisão em flagrante para o controle da legalidade da prisão, observado o disposto no art. 310 deste Código;

III – zelar pela observância dos direitos do preso, podendo determinar que este seja conduzido à sua presença, a qualquer tempo;

IV – ser informado sobre a instauração de qualquer investigação criminal;

V – decidir sobre o requerimento de prisão provisória ou outra medida cautelar, observado o disposto no § 1º deste artigo;

VI – prorrogar a prisão provisória ou outra medida cautelar, bem como substituí-las ou revogá-las, assegurado, no primeiro caso, o exercício do contraditório em audiência pública e oral, na forma do disposto neste Código ou em legislação especial pertinente;

VII – decidir sobre o requerimento de produção antecipada de provas consideradas urgentes e não repetíveis, assegurados o contraditório e a ampla defesa em audiência pública e oral;

VIII – prorrogar o prazo de duração do inquérito, estando o investigado preso, em vista das razões apresentadas pela autoridade policial e observado o disposto no § 2º deste artigo;

IX – determinar o trancamento do inquérito policial quando não houver fundamento razoável para sua instauração ou prosseguimento;

X – requisitar documentos, laudos e informações ao delegado de polícia sobre o andamento da investigação;

XI – decidir sobre os requerimentos de:

a) interceptação telefônica, do fluxo de comunicações em sistemas de informática e telemática ou de outras formas de comunicação;

b) afastamento dos sigilos fiscal, bancário, de dados e telefônico;

CÓDIGO DE PROCESSO PENAL – ARTS. 3º-B E 3º-C | 7

c) busca e apreensão domiciliar;

d) acesso a informações sigilosas;

e) outros meios de obtenção da prova que restrinjam direitos fundamentais do investigado;

XII – julgar o *habeas corpus* impetrado antes do oferecimento da denúncia;

XIII – determinar a instauração de incidente de insanidade mental;

XIV – decidir sobre o recebimento da denúncia ou queixa, nos termos do art. 399 deste Código;

XV – assegurar prontamente, quando se fizer necessário, o direito outorgado ao investigado e ao seu defensor de acesso a todos os elementos informativos e provas produzidos no âmbito da investigação criminal, salvo no que concerne, estritamente, às diligências em andamento;

XVI – deferir pedido de admissão de assistente técnico para acompanhar a produção da perícia;

XVII – decidir sobre a homologação de acordo de não persecução penal ou os de colaboração premiada, quando formalizados durante a investigação;

XVIII – outras matérias inerentes às atribuições definidas no *caput* deste artigo.

§ 1º (*Vetado.*)

§ 2º Se o investigado estiver preso, o juiz das garantias poderá, mediante representação da autoridade policial e ouvido o Ministério Público, prorrogar, uma única vez, a duração do inquérito por até 15 (quinze) dias, após o que, se ainda assim a investigação não for concluída, a prisão será imediatamente relaxada.

Art. 3º-C. A competência do juiz das garantias abrange todas as infrações penais, exceto as de menor potencial ofensivo, e cessa com o recebimento da denúncia ou queixa na forma do art. 399 deste Código.

Artigo acrescentado pela Lei n. 13.964, de 24.12.2019.

Veja MC na ADI n. 6.298/DF, de 22.01.2020, que suspende a eficácia deste artigo.

§ 1º Recebida a denúncia ou queixa, as questões pendentes serão decididas pelo juiz da instrução e julgamento.

§ 2º As decisões proferidas pelo juiz das garantias não vinculam o juiz da instrução e julgamento, que, após o recebimento da denúncia ou queixa, deverá reexaminar a necessidade das medidas cautelares em curso, no prazo máximo de 10 (dez) dias.

§ 3º Os autos que compõem as matérias de competência do juiz das garantias ficarão acautelados na secretaria desse juízo, à disposição do Ministério Público e da defesa, e não serão apensados aos autos do processo enviados ao juiz da instrução e julgamento, ressalvados os documentos relativos às provas irrepetíveis, medidas de obtenção de provas ou de antecipação de provas, que deverão ser remetidos para apensamento em apartado.

§ 4º Fica assegurado às partes o amplo acesso aos autos acautelados na secretaria do juízo das garantias.

Art. 3º-D. O juiz que, na fase de investigação, praticar qualquer ato incluído nas competências dos arts. 4º e 5º deste Código ficará impedido de funcionar no processo.

Artigo acrescentado pela Lei n. 13.964, de 24.12.2019.

Veja MC na ADI n. 6.298/DF, de 22.01.2020, que suspende a eficácia deste artigo.

Parágrafo único. Nas comarcas em que funcionar apenas um juiz, os tribunais criarão um sistema de rodízio de magistrados, a fim de atender às disposições deste Capítulo.

Art. 3º-E. O juiz das garantias será designado conforme as normas de organização judiciária da União, dos Estados e do Distrito Federal, observando critérios objetivos a serem periodicamente divulgados pelo respectivo tribunal.

Artigo acrescentado pela Lei n. 13.964, de 24.12.2019.

Veja MC na ADI n. 6.298/DF, de 22.01.2020, que suspende a eficácia deste artigo.

Art. 3º-F. O juiz das garantias deverá assegurar o cumprimento das regras para o tratamento dos presos, impedindo o acordo ou ajuste de qualquer autoridade com órgãos da imprensa para explorar a imagem da pessoa submetida à prisão, sob pena de responsabilidade civil, administrativa e penal.

Artigo acrescentado pela Lei n. 13.964, de 24.12.2019.

Veja MC na ADI n. 6.298/DF, de 22.01.2020, que suspende a eficácia deste artigo.

Parágrafo único. Por meio de regulamento, as autoridades deverão disciplinar, em 180 (cento e oitenta) dias, o modo pelo qual as informações sobre a realização da prisão e a identidade do preso serão, de modo padronizado e respeitada a programação normativa aludida no *caput* deste artigo, transmitidas à imprensa, assegurados a efetividade da persecução penal, o direito à informação e a dignidade da pessoa submetida à prisão.

TÍTULO II
DO INQUÉRITO POLICIAL

Art. 4º A polícia judiciária será exercida pelas autoridades policiais no território de suas respectivas circunscrições e terá por fim a apuração das infrações penais e da sua autoria.

Caput com redação dada pela Lei n. 9.043, de 09.05.1995.

Veja art. 144, § 1º, IV, CF.

Veja art. 107, CPP.

Parágrafo único. A competência definida neste artigo não excluirá a de autoridades administrativas, a quem por lei seja cometida a mesma função.

Veja art. 32, Lei n. 5.197, de 03.01.1967 (proteção à fauna).

Veja Súmula n. 397, STF.

Art. 5º Nos crimes de ação pública o inquérito policial será iniciado:

I – de ofício;

II – mediante requisição da autoridade judiciária ou do Ministério Público, ou a requerimento do ofendido ou de quem tiver qualidade para representá-lo.

CÓDIGO DE PROCESSO PENAL – ARTS. 5º E 6º | 9

§ 1º O requerimento a que se refere o n. II conterá sempre que possível:

a) a narração do fato, com todas as circunstâncias;

b) a individualização do indiciado ou seus sinais característicos e as razões de convicção ou de presunção de ser ele o autor da infração, ou os motivos de impossibilidade de o fazer;

c) a nomeação das testemunhas, com indicação de sua profissão e residência.

§ 2º Do despacho que indeferir o requerimento de abertura de inquérito caberá recurso para o chefe de Polícia.

§ 3º Qualquer pessoa do povo que tiver conhecimento da existência de infração penal em que caiba ação pública poderá, verbalmente ou por escrito, comunicá-la à autoridade policial, e esta, verificada a procedência das informações, mandará instaurar inquérito.

§ 4º O inquérito, nos crimes em que a ação pública depender de representação, não poderá sem ela ser iniciado.

Veja art. 100, § 1º, CP.

§ 5º Nos crimes de ação privada, a autoridade policial somente poderá proceder a inquérito a requerimento de quem tenha qualidade para intentá-la.

Veja arts. 100, § 2º, e 225, CP.

Art. 6º Logo que tiver conhecimento da prática da infração penal, a autoridade policial deverá:

I – dirigir-se ao local, providenciando para que não se alterem o estado e conservação das coisas, até a chegada dos peritos criminais;

Inciso com redação dada pela Lei n. 8.862, de 28.03.1994.

II – apreender os objetos que tiverem relação com o fato, após liberados pelos peritos criminais;

Inciso com redação dada pela Lei n. 8.862, de 28.03.1994.

Veja art. 91, II, *a* e *b*, CP.

III – colher todas as provas que servirem para o esclarecimento do fato e suas circunstâncias;

Veja arts. 155 a 250, CPP.

IV – ouvir o ofendido;

V – ouvir o indiciado, com observância, no que for aplicável, do disposto no Capítulo III do Título VII, deste Livro, devendo o respectivo termo ser assinado por 2 (duas) testemunhas que lhe tenham ouvido a leitura;

Veja arts. 185 a 196, CPP.

VI – proceder a reconhecimento de pessoas e coisas e a acareações;

VII – determinar, se for caso, que se proceda a exame de corpo de delito e a quaisquer outras perícias;

VIII – ordenar a identificação do indiciado pelo processo datiloscópico, se possível, e fazer juntar aos autos sua folha de antecedentes;

Veja Lei n. 12.037, de 01.10.2009.

IX – averiguar a vida pregressa do indiciado, sob o ponto de vista individual, familiar e social, sua condição econômica, sua atitude e estado de âni-

10 | ARTS. 6º A 12 – CÓDIGO DE PROCESSO PENAL

mo antes e depois do crime e durante ele, e quaisquer outros elementos que contribuírem para a apreciação do seu temperamento e caráter;

Veja arts. 240 a 250, CPP.

Veja art. 59, CP.

X – colher informações sobre a existência de filhos, respectivas idades e se possuem alguma deficiência e o nome e o contato de eventual responsável pelos cuidados dos filhos, indicado pela pessoa presa.

Inciso acrescentado pela Lei n. 13.257, de 08.03.2016.

Art. 7º Para verificar a possibilidade de haver a infração sido praticada de determinado modo, a autoridade policial poderá proceder à reprodução simulada dos fatos, desde que esta não contrarie a moralidade ou a ordem pública.

Art. 8º Havendo prisão em flagrante, será observado o disposto no Capítulo II do Título IX deste Livro.

Art. 9º Todas as peças do inquérito policial serão, num só processado, reduzidas a escrito ou datilografadas e, neste caso, rubricadas pela autoridade.

Veja Súmula vinculante n. 14, STF.

Art. 10. O inquérito deverá terminar no prazo de 10 (dez) dias, se o indiciado tiver sido preso em flagrante, ou estiver preso preventivamente, contado o prazo, nesta hipótese, a partir do dia em que se executar a ordem de prisão, ou no prazo de 30 (trinta) dias, quando estiver solto, mediante fiança ou sem ela.

O prazo estabelecido aplica-se à Justiça comum.

Veja art. 10, § 1º, da Lei n. 1.521, de 26.12.1951 (crimes contra a economia popular), que dispõe prazo de 10 dias para indiciado preso ou solto.

Veja art. 66, Lei n. 5.010, de 30.05.1966, que dispõe prazo de 15 dias para conclusão do inquérito policial quando o indiciado estiver preso, podendo ser prorrogado por mais 15 dias.

Veja art. 20, CPPM, que dispõe sobre os inquéritos militares prazo de 20 dias, se o indiciado estiver preso, contado esse prazo a partir do dia em que se executar a ordem de prisão; ou no prazo de 40 dias, quando o indiciado estiver solto, contados a partir da data em que se instaurar o inquérito; neste último prazo, pode-se prorrogar por mais 20 dias pela autoridade militar superior.

Veja art. 51, Lei n. 11.343, de 23.08.2006, que dispõe prazo de 30 dias, se o indiciado estiver preso, e de 90 dias, quando solto.

§ 1º A autoridade fará minucioso relatório do que tiver sido apurado e enviará os autos ao juiz competente.

§ 2º No relatório poderá a autoridade indicar testemunhas que não tiverem sido inquiridas, mencionando o lugar onde possam ser encontradas.

§ 3º Quando o fato for de difícil elucidação, e o indiciado estiver solto, a autoridade poderá requerer ao juiz a devolução dos autos, para ulteriores diligências, que serão realizadas no prazo marcado pelo juiz.

Art. 11. Os instrumentos do crime, bem como os objetos que interessarem à prova, acompanharão os autos do inquérito.

Art. 12. O inquérito policial acompanhará a denúncia ou queixa, sempre que servir de base a uma ou outra.

CÓDIGO DE PROCESSO PENAL – ARTS. 13 A 13-B | 11

Art. 13. Incumbirá ainda à autoridade policial:

I – fornecer às autoridades judiciárias as informações necessárias à instrução e julgamento dos processos;

II – realizar as diligências requisitadas pelo juiz ou pelo Ministério Público;

III – cumprir os mandados de prisão expedidos pelas autoridades judiciárias;

IV – representar acerca da prisão preventiva.

Art. 13-A. Nos crimes previstos nos arts. 148, 149 e 149-A, no § 3º do art. 158 e no art. 159 do Decreto-lei n. 2.848, de 7 de dezembro de 1940 (Código Penal), e no art. 239 da Lei n. 8.069, de 13 de julho de 1990 (Estatuto da Criança e do Adolescente), o membro do Ministério Público ou o delegado de polícia poderá requisitar, de quaisquer órgãos do poder público ou de empresas da iniciativa privada, dados e informações cadastrais da vítima ou de suspeitos.

Artigo acrescentado pela Lei n. 13.344, de 06.10.2016.

Parágrafo único. A requisição, que será atendida no prazo de 24 (vinte e quatro) horas, conterá:

I – o nome da autoridade requisitante;

II – o número do inquérito policial; e

III – a identificação da unidade de polícia judiciária responsável pela investigação.

Art. 13-B. Se necessário à prevenção e à repressão dos crimes relacionados ao tráfico de pessoas, o membro do Ministério Público ou o delegado de polícia poderão requisitar, mediante autorização judicial, às empresas prestadoras de serviço de telecomunicações e/ou telemática que disponibilizem imediatamente os meios técnicos adequados – como sinais, informações e outros – que permitam a localização da vítima ou dos suspeitos do delito em curso.

Artigo acrescentado pela Lei n. 13.344, de 06.10.2016.

§ 1º Para os efeitos deste artigo, sinal significa posicionamento da estação de cobertura, setorização e intensidade de radiofrequência.

§ 2º Na hipótese de que trata o *caput*, o sinal:

I – não permitirá acesso ao conteúdo da comunicação de qualquer natureza, que dependerá de autorização judicial, conforme disposto em lei;

II – deverá ser fornecido pela prestadora de telefonia móvel celular por período não superior a 30 (trinta) dias, renovável por uma única vez, por igual período;

III – para períodos superiores àquele de que trata o inciso II, será necessária a apresentação de ordem judicial.

§ 3º Na hipótese prevista neste artigo, o inquérito policial deverá ser instaurado no prazo máximo de 72 (setenta e duas) horas, contado do registro da respectiva ocorrência policial.

§ 4º Não havendo manifestação judicial no prazo de 12 (doze) horas, a autoridade competente requisitará às empresas prestadoras de serviço de telecomunicações e/ou telemática que disponibilizem imediatamente os meios técnicos adequados – como sinais, informações e outros – que permitam a localização da vítima ou dos suspeitos do delito em curso, com imediata comunicação ao juiz.

Art. 14. O ofendido, ou seu representante legal, e o indiciado poderão requerer qualquer diligência, que será realizada, ou não, a juízo da autoridade.

Veja Súmula vinculante n. 14, STF.

Art. 14-A. Nos casos em que servidores vinculados às instituições dispostas no art. 144 da Constituição Federal figurarem como investigados em inquéritos policiais, inquéritos policiais militares e demais procedimentos extrajudiciais, cujo objeto for a investigação de fatos relacionados ao uso da força letal praticados no exercício profissional, de forma consumada ou tentada, incluindo as situações dispostas no art. 23 do Decreto-lei n. 2.848, de 7 de dezembro de 1940 (Código Penal), o indiciado poderá constituir defensor.

Artigo acrescentado pela Lei n. 13.964, de 24.12.2019.

§ 1º Para os casos previstos no *caput* deste artigo, o investigado deverá ser citado da instauração do procedimento investigatório, podendo constituir defensor no prazo de até 48 (quarenta e oito) horas a contar do recebimento da citação.

§ 2º Esgotado o prazo disposto no § 1º deste artigo com ausência de nomeação de defensor pelo investigado, a autoridade responsável pela investigação deverá intimar a instituição a que estava vinculado o investigado à época da ocorrência dos fatos, para que essa, no prazo de 48 (quarenta e oito) horas, indique defensor para a representação do investigado.

§§ 3º a 5º (*Vetados.*)

§ 6º As disposições constantes deste artigo se aplicam aos servidores militares vinculados às instituições dispostas no art. 142 da Constituição Federal, desde que os fatos investigados digam respeito a missões para a Garantia da Lei e da Ordem.

Art. 15. Se o indiciado for menor, ser-lhe-á nomeado curador pela autoridade policial.

Veja art. 5º, CC.

Veja ECA.

Veja Súmula n. 352, STF.

Art. 16. O Ministério Público não poderá requerer a devolução do inquérito à autoridade policial, senão para novas diligências, imprescindíveis ao oferecimento da denúncia.

Veja art. 46, CPP.

Art. 17. A autoridade policial não poderá mandar arquivar autos de inquérito.

Art. 18. Depois de ordenado o arquivamento do inquérito pela autorida-

CÓDIGO DE PROCESSO PENAL – ARTS. 18 A 23 | 13

de judiciária, por falta de base para a denúncia, a autoridade policial poderá proceder a novas pesquisas, se de outras provas tiver notícia.

Veja Súmula vinculante n. 524, STF.

Art. 19. Nos crimes em que não couber ação pública, os autos do inquérito serão remetidos ao juízo competente, onde aguardarão a iniciativa do ofendido ou de seu representante legal, ou serão entregues ao requerente, se o pedir, mediante traslado.

Veja art. 183, CPP.

Veja arts. 100 a 106, CP.

Art. 20. A autoridade assegurará no inquérito o sigilo necessário à elucidação do fato ou exigido pelo interesse da sociedade.

Veja Súmula vinculante n. 14, STF.

Parágrafo único. Nos atestados de antecedentes que lhe forem solicitados, a autoridade policial não poderá mencionar quaisquer anotações referentes a instauração de inquérito contra os requerentes.

Parágrafo acrescentado pela Lei n. 12.681, de 04.07.2012.

Art. 21. A incomunicabilidade do indiciado dependerá sempre de despacho nos autos e somente será permitida quando o interesse da sociedade ou a conveniência da investigação o exigir.

Parágrafo único. A incomunicabilidade, que não excederá de 3 (três) dias, será decretada por despacho fundamentado do juiz, a requerimento da autoridade policial, ou do órgão do Ministério Público, respeitado, em qualquer hipótese, o disposto no art. 89, III, do Estatuto da Ordem dos Advogados do Brasil (Lei n. 4.215, de 27 de abril de 1963).

Parágrafo com redação dada pela Lei n. 5.010, de 30.05.1966.

A Lei n. 4.215, de 27.04.1963, foi revogada pelo EAOAB.

Veja arts. 5º, LXII e LXIII, e 136, § 3º, IV, CF.

Veja art. 7º, III, EAOAB.

Art. 22. No Distrito Federal e nas comarcas em que houver mais de uma circunscrição policial, a autoridade com exercício em uma delas poderá, nos inquéritos a que esteja procedendo, ordenar diligências em circunscrição de outra, independentemente de precatórias ou requisições, e bem assim providenciará, até que compareça a autoridade competente, sobre qualquer fato que ocorra em sua presença, noutra circunscrição.

Veja art. 6º, CP.

Art. 23. Ao fazer a remessa dos autos do inquérito ao juiz competente, a autoridade policial oficiará ao Instituto de Identificação e Estatística, ou repartição congênere, mencionando o juízo a que tiverem sido distribuídos, e os dados relativos à infração penal e à pessoa do indiciado.

TÍTULO III
DA AÇÃO PENAL

Veja arts. 100 a 106, CP.

Veja art. 17, LCP.

14 | ARTS. 24 A 28 – CÓDIGO DE PROCESSO PENAL

Art. 24. Nos crimes de ação pública, esta será promovida por denúncia do Ministério Público, mas dependerá, quando a lei o exigir, de requisição do Ministro da Justiça, ou de representação do ofendido ou de quem tiver qualidade para representá-lo.

Veja art. 32, Lei n. 5.197, de 03.01.1967 (proteção à fauna).

Veja art. 184, Lei n. 11.101, de 09.02.2005.

Veja Súmula n. 714, STF.

§ 1º No caso de morte do ofendido ou quando declarado ausente por decisão judicial, o direito de representação passará ao cônjuge, ascendente, descendente ou irmão.

Antigo parágrafo único renumerado pela Lei n. 8.699, de 27.08.1993.

Veja art. 38, parágrafo único, CPP.

Veja art. 100, § 4º, CP.

Veja Súmula n. 594, STF.

§ 2º Seja qual for o crime, quando praticado em detrimento do patrimônio ou interesse da União, Estado e Município, a ação penal será pública.

Parágrafo acrescentado pela Lei n. 8.699, de 27.08.1993.

Art. 25. A representação será irretratável, depois de oferecida a denúncia.

Veja art. 102, CP.

Art. 26. A ação penal, nas contravenções, será iniciada com o auto de prisão em flagrante ou por meio de portaria expedida pela autoridade judiciária ou policial.

Veja art. 129, I, CF, sobre promoção, privativamente, da ação penal pública, na forma da lei, pelo Ministério Público.

Art. 27. Qualquer pessoa do povo poderá provocar a iniciativa do Ministério Público, nos casos em que caiba a ação pública, fornecendo-lhe, por escrito, informações sobre o fato e a autoria e indicando o tempo, o lugar e os elementos de convicção.

Art. 28. Ordenado o arquivamento do inquérito policial ou de quaisquer elementos informativos da mesma natureza, o órgão do Ministério Público comunicará à vítima, ao investigado e à autoridade policial e encaminhará os autos para a instância de revisão ministerial para fins de homologação, na forma da lei.

Caput com redação dada pela Lei n. 13.964, de 24.12.2019.

Veja MC na ADI n. 6.298/DF, de 22.01.2020, que suspende a eficácia deste artigo.

Veja art. 28-A, § 14, CPP.

§ 1º Se a vítima, ou seu representante legal, não concordar com o arquivamento do inquérito policial, poderá, no prazo de 30 (trinta) dias do recebimento da comunicação, submeter a matéria à revisão da instância competente do órgão ministerial, conforme dispuser a respectiva lei orgânica.

Parágrafo acrescentado pela Lei n. 13.964, de 24.12.2019.

§ 2º Nas ações penais relativas a crimes praticados em detrimento da União, Estados e Municípios, a revisão do arquivamento do inquérito policial poderá ser provocada pela chefia do órgão a quem couber a sua representação judicial.

Parágrafo acrescentado pela Lei n. 13.964, de 24.12.2019.

Art. 28-A. Não sendo caso de arquivamento e tendo o investigado confessado formal e circunstancialmente a prática de infração penal sem violência ou grave ameaça e com pena mínima inferior a 4 (quatro) anos, o Ministério Público poderá propor acordo de não persecução penal, desde que necessário e suficiente para reprovação e prevenção do crime, mediante as seguintes condições ajustadas cumulativa e alternativamente:

Artigo acrescentado pela Lei n. 13.964, de 24.12.2019.

Veja art. 581, XXV, CPP.

Veja art. 1º, § 3º, Lei n. 8.038, de 28.05.1990.

I – reparar o dano ou restituir a coisa à vítima, exceto na impossibilidade de fazê-lo;

II – renunciar voluntariamente a bens e direitos indicados pelo Ministério Público como instrumentos, produto ou proveito do crime;

III – prestar serviço à comunidade ou a entidades públicas por período correspondente à pena mínima cominada ao delito diminuída de um a dois terços, em local a ser indicado pelo juízo da execução, na forma do art. 46 do Decreto-lei n. 2.848, de 7 de dezembro de 1940 (Código Penal);

IV – pagar prestação pecuniária, a ser estipulada nos termos do art. 45 do Decreto-lei n. 2.848, de 7 de dezembro de 1940 (Código Penal), a entidade pública ou de interesse social, a ser indicada pelo juízo da execução, que tenha, preferencialmente, como função proteger bens jurídicos iguais ou semelhantes aos aparentemente lesados pelo delito; ou

V – cumprir, por prazo determinado, outra condição indicada pelo Ministério Público, desde que proporcional e compatível com a infração penal imputada.

§ 1º Para aferição da pena mínima cominada ao delito a que se refere o *caput* deste artigo, serão consideradas as causas de aumento e diminuição aplicáveis ao caso concreto.

§ 2º O disposto no *caput* deste artigo não se aplica nas seguintes hipóteses:

I – se for cabível transação penal de competência dos Juizados Especiais Criminais, nos termos da lei;

II – se o investigado for reincidente ou se houver elementos probatórios que indiquem conduta criminal habitual, reiterada ou profissional, exceto se insignificantes as infrações penais pretéritas;

III – ter sido o agente beneficiado nos 5 (cinco) anos anteriores ao cometimento da infração, em acordo de não persecução penal, transação penal ou suspensão condicional do processo; e

IV – nos crimes praticados no âmbito de violência doméstica ou familiar, ou praticados contra a mulher por razões da condição de sexo feminino, em favor do agressor.

16 | ARTS. 28-A E 29 – CÓDIGO DE PROCESSO PENAL

§ 3º O acordo de não persecução penal será formalizado por escrito e será firmado pelo membro do Ministério Público, pelo investigado e por seu defensor.

§ 4º Para a homologação do acordo de não persecução penal, será realizada audiência na qual o juiz deverá verificar a sua voluntariedade, por meio da oitiva do investigado na presença do seu defensor, e sua legalidade.

§ 5º Se o juiz considerar inadequadas, insuficientes ou abusivas as condições dispostas no acordo de não persecução penal, devolverá os autos ao Ministério Público para que seja reformulada a proposta de acordo, com concordância do investigado e seu defensor.

§ 6º Homologado judicialmente o acordo de não persecução penal, o juiz devolverá os autos ao Ministério Público para que inicie sua execução perante o juízo de execução penal.

§ 7º O juiz poderá recusar homologação à proposta que não atender aos requisitos legais ou quando não for realizada a adequação a que se refere o § 5º deste artigo.

§ 8º Recusada a homologação, o juiz devolverá os autos ao Ministério Público para a análise da necessidade de complementação das investigações ou o oferecimento da denúncia.

§ 9º A vítima será intimada da homologação do acordo de não persecução penal e de seu descumprimento.

§ 10. Descumpridas quaisquer das condições estipuladas no acordo de não persecução penal, o Ministério Público deverá comunicar ao juízo, para fins de sua rescisão e posterior oferecimento de denúncia.

§ 11. O descumprimento do acordo de não persecução penal pelo investigado também poderá ser utilizado pelo Ministério Público como justificativa para o eventual não oferecimento de suspensão condicional do processo.

§ 12. A celebração e o cumprimento do acordo de não persecução penal não constarão de certidão de antecedentes criminais, exceto para os fins previstos no inciso III do § 2º deste artigo.

§ 13. Cumprido integralmente o acordo de não persecução penal, o juízo competente decretará a extinção de punibilidade.

§ 14. No caso de recusa, por parte do Ministério Público, em propor o acordo de não persecução penal, o investigado poderá requerer a remessa dos autos a órgão superior, na forma do art. 28 deste Código.

Art. 29. Será admitida ação privada nos crimes de ação pública, se esta não for intentada no prazo legal, cabendo ao Ministério Público aditar a queixa, repudiá-la e oferecer denúncia substitutiva, intervir em todos os termos do processo, fornecer elementos de prova, interpor recurso e, a todo tempo, no caso de negligência do querelante, retomar a ação como parte principal.

Veja art. 476, § 2º, CPP.

Veja art. 100, § 3º, CP.

CÓDIGO DE PROCESSO PENAL – ARTS. 30 A 37 | 17

Art. 30. Ao ofendido ou a quem tenha qualidade para representá-lo caberá intentar a ação privada.

Veja arts. 100, § 2º, 225 e 236, parágrafo único, CP.

Art. 31. No caso de morte do ofendido ou quando declarado ausente por decisão judicial, o direito de oferecer queixa ou prosseguir na ação passará ao cônjuge, ascendente, descendente ou irmão.

Veja arts. 36, 38, parágrafo único, 268 e 598, CPP.

Veja art. 100, § 4º, CP.

Art. 32. Nos crimes de ação privada, o juiz, a requerimento da parte que comprovar a sua pobreza, nomeará advogado para promover a ação penal.

Veja art. 806, CPP.

Veja art. 5º, LXXIV, CF.

Veja arts. 100, §§ 2º e 3º, e 225, § 1º, I, CP.

§ 1º Considerar-se-á pobre a pessoa que não puder prover às despesas do processo, sem privar-se dos recursos indispensáveis ao próprio sustento ou da família.

Veja art. 68, CPP.

§ 2º Será prova suficiente de pobreza o atestado da autoridade policial em cuja circunscrição residir o ofendido.

Veja art. 68, CPP.

Art. 33. Se o ofendido for menor de 18 (dezoito) anos, ou mentalmente enfermo, ou retardado mental, e não tiver representante legal, ou colidirem os interesses deste com os daquele, o direito de queixa poderá ser exercido por curador especial, nomeado, de ofício ou a requerimento do Ministério Público, pelo juiz competente para o processo penal.

Veja arts. 100, §§ 1º e 2º, e 225, § 2º, CP.

Art. 34. Se o ofendido for menor de 21 (vinte e um) e maior de 18 (dezoito) anos, o direito de queixa poderá ser exercido por ele ou por seu representante legal.

Veja art. 100, §§ 1º e 2º, CP.

Veja art. 5º, *caput*, CC.

Art. 35. *(Revogado pela Lei n. 9.520, de 27.11.1997.)*

Art. 36. Se comparecer mais de uma pessoa com direito de queixa, terá preferência o cônjuge, e, em seguida, o parente mais próximo na ordem de enumeração constante do art. 31, podendo, entretanto, qualquer delas prosseguir na ação, caso o querelante desista da instância ou a abandone.

Veja art. 60, II, CPP.

Veja art. 100, §§ 1º e 2º, CP.

Art. 37. As fundações, associações ou sociedades legalmente constituídas poderão exercer a ação penal, devendo ser representadas por quem os respectivos contratos ou estatutos designarem ou, no silêncio destes, pelos seus diretores ou sócios-gerentes.

Veja art. 100, §§ 1º e 2º, CP.

18 | ARTS. 38 A 44 – CÓDIGO DE PROCESSO PENAL

Art. 38. Salvo disposição em contrário, o ofendido, ou seu representante legal, decairá do direito de queixa ou de representação, se não o exercer dentro do prazo de 6 (seis) meses, contado do dia em que vier a saber quem é o autor do crime, ou, no caso do art. 29, do dia em que se esgotar o prazo para oferecimento da denúncia.

Veja arts. 100, §§ 1º e 2º, 103 e 107, CP.

Parágrafo único. Verificar-se-á a decadência do direito de queixa ou representação, dentro do mesmo prazo, nos casos dos arts. 24, parágrafo único, e 31.

A referência atual do antigo art. 24, parágrafo único, é o art. 24, § 1º.

Art. 39. O direito de representação poderá ser exercido, pessoalmente ou por procurador com poderes especiais, mediante declaração, escrita ou oral, feita ao juiz, ao órgão do Ministério Público, ou à autoridade policial.

§ 1º A representação feita oralmente ou por escrito, sem assinatura devidamente autenticada do ofendido, de seu representante legal ou procurador, será reduzida a termo, perante o juiz ou autoridade policial, presente o órgão do Ministério Público, quando a este houver sido dirigida.

§ 2º A representação conterá todas as informações que possam servir à apuração do fato e da autoria.

§ 3º Oferecida ou reduzida a termo a representação, a autoridade policial procederá a inquérito, ou, não sendo competente, remetê-lo-á à autoridade que o for.

§ 4º A representação, quando feita ao juiz ou perante este reduzida a termo, será remetida à autoridade policial para que esta proceda a inquérito.

§ 5º O órgão do Ministério Público dispensará o inquérito, se com a representação forem oferecidos elementos que o habilitem a promover a ação penal, e, neste caso, oferecerá a denúncia no prazo de 15 (quinze) dias.

Art. 40. Quando, em autos ou papéis de que conhecerem, os juízes ou tribunais verificarem a existência de crime de ação pública, remeterão ao Ministério Público as cópias e os documentos necessários ao oferecimento da denúncia.

Art. 41. A denúncia ou queixa conterá a exposição do fato criminoso, com todas as suas circunstâncias, a qualificação do acusado ou esclarecimentos pelos quais se possa identificá-lo, a classificação do crime e, quando necessário, o rol das testemunhas.

Veja arts. 397 e 569, CPP.

Art. 42. O Ministério Público não poderá desistir da ação penal.

Art. 43. *(Revogado pela Lei n. 11.719, de 20.06.2008.)*

Art. 44. A queixa poderá ser dada por procurador com poderes especiais, devendo constar do instrumento do mandato o nome do querelante e a menção do fato criminoso, salvo quando tais esclarecimentos dependerem de diligências que devem ser previamente requeridas no juízo criminal.

O correto parece ser "querelado" em vez de "querelante".

CÓDIGO DE PROCESSO PENAL – ARTS. 45 A 53 | 19

Art. 45. A queixa, ainda quando a ação penal for privativa do ofendido, poderá ser aditada pelo Ministério Público, a quem caberá intervir em todos os termos subsequentes do processo.

Art. 46. O prazo para oferecimento da denúncia, estando o réu preso, será de 5 (cinco) dias, contado da data em que o órgão do Ministério Público receber os autos do inquérito policial, e de 15 (quinze) dias, se o réu estiver solto ou afiançado. No último caso, se houver devolução do inquérito à autoridade policial (art. 16), contar-se-á o prazo da data em que o órgão do Ministério Público receber novamente os autos.

§ 1º Quando o Ministério Público dispensar o inquérito policial, o prazo para o oferecimento da denúncia contar-se-á da data em que tiver recebido as peças de informações ou a representação.

§ 2º O prazo para o aditamento da queixa será de 3 (três) dias, contado da data em que o órgão do Ministério Público receber os autos, e, se este não se pronunciar dentro do tríduo, entender-se-á que não tem o que aditar, prosseguindo-se nos demais termos do processo.

Art. 47. Se o Ministério Público julgar necessários maiores esclarecimentos e documentos complementares ou novos elementos de convicção, deverá requisitá-los, diretamente, de quaisquer autoridades ou funcionários que devam ou possam fornecê-los.

Art. 48. A queixa contra qualquer dos autores do crime obrigará ao processo de todos, e o Ministério Público velará pela sua indivisibilidade.

Art. 49. A renúncia ao exercício do direito de queixa, em relação a um dos autores do crime, a todos se estenderá.

Veja art. 107, V, CP.

Art. 50. A renúncia expressa constará de declaração assinada pelo ofendido, por seu representante legal ou procurador com poderes especiais.

Veja art. 56, CPP.

Veja art. 107, V, CP.

Parágrafo único. A renúncia do representante legal do menor que houver completado 18 (dezoito) anos não privará este do direito de queixa, nem a renúncia do último excluirá o direito do primeiro.

Art. 51. O perdão concedido a um dos querelados aproveitará a todos, sem que produza, todavia, efeito em relação ao que o recusar.

Veja arts. 105 e 107, V, CP.

Art. 52. Se o querelante for menor de 21 (vinte e um) e maior de 18 (dezoito) anos, o direito de perdão poderá ser exercido por ele ou por seu representante legal, mas o perdão concedido por um, havendo oposição do outro, não produzirá efeito.

Veja art. 54, CPP.

Veja arts. 105 e 107, V, CP.

Veja art. 5º, *caput*, CC.

Art. 53. Se o querelado for mentalmente enfermo ou retardado mental e não tiver representante legal, ou colidirem os interesses deste com

20 | ARTS. 53 A 61 – CÓDIGO DE PROCESSO PENAL

os do querelado, a aceitação do perdão caberá ao curador que o juiz lhe nomear.

Veja arts. 105 e 107, V, CP.

Art. 54. Se o querelado for menor de 21 (vinte e um) anos, observar-se--á, quanto à aceitação do perdão, o disposto no art. 52.

Veja arts. 105 e 107, V, CP.

Veja art. 5º, *caput*, CC.

Art. 55. O perdão poderá ser aceito por procurador com poderes especiais.

Veja arts. 105 e 107, V, CP.

Art. 56. Aplicar-se-á ao perdão extraprocessual expresso o disposto no art. 50.

Veja arts. 105 e 107, V, CP.

Art. 57. A renúncia tácita e o perdão tácito admitirão todos os meios de prova.

Veja arts. 104, parágrafo único, 106, § 1º, e 107, V, CP.

Art. 58. Concedido o perdão, mediante declaração expressa nos autos, o querelado será intimado a dizer, dentro de 3 (três) dias, se o aceita, devendo, ao mesmo tempo, ser cientificado de que o seu silêncio importará aceitação.

Parágrafo único. Aceito o perdão, o juiz julgará extinta a punibilidade.

Veja arts. 107 a 120, CP.

Art. 59. A aceitação do perdão fora do processo constará de declaração assinada pelo querelado, por seu representante legal ou procurador com poderes especiais.

Veja art. 107, V, CP.

Art. 60. Nos casos em que somente se procede mediante queixa, considerar-se-á perempta a ação penal:

Veja art. 107, IV, CP.

I – quando, iniciada esta, o querelante deixar de promover o andamento do processo durante 30 (trinta) dias seguidos;

II – quando, falecendo o querelante, ou sobrevindo sua incapacidade, não comparecer em juízo, para prosseguir no processo, dentro do prazo de 60 (sessenta) dias, qualquer das pessoas a quem couber fazê-lo, ressalvado o disposto no art. 36;

III – quando o querelante deixar de comparecer, sem motivo justificado, a qualquer ato do processo a que deva estar presente, ou deixar de formular o pedido de condenação nas alegações finais;

IV – quando, sendo o querelante pessoa jurídica, esta se extinguir sem deixar sucessor.

Art. 61. Em qualquer fase do processo, o juiz, se reconhecer extinta a punibilidade, deverá declará-lo de ofício.

Veja arts. 106 a 120, CP.

Parágrafo único. No caso de requerimento do Ministério Público, do querelante ou do réu, o juiz mandará autuá-lo em apartado, ouvirá a parte contrária e, se o julgar conveniente, concederá o prazo de 5 (cinco) dias

CÓDIGO DE PROCESSO PENAL – ARTS. 61 A 68 | 21

para a prova, proferindo a decisão dentro de 5 (cinco) dias ou reservando-se para apreciar a matéria na sentença final.

Art. 62. No caso de morte do acusado, o juiz somente à vista da certidão de óbito, e depois de ouvido o Ministério Público, declarará extinta a punibilidade.

Veja arts. 107 a 120, CP.

TÍTULO IV
DA AÇÃO CIVIL

Veja arts. 9º, I, 45, § 1º, e 91, I, CP.

Art. 63. Transitada em julgado a sentença condenatória, poderão promover-lhe a execução, no juízo cível, para o efeito da reparação do dano, o ofendido, seu representante legal ou seus herdeiros.

Veja arts. 68 e 143, CPP.

Veja Súmulas ns. 491 e 562, STF.

Veja Súmula n. 37, STJ.

Parágrafo único. Transitada em julgado a sentença condenatória, a execução poderá ser efetuada pelo valor fixado nos termos do inciso IV do *caput* do art. 387 deste Código sem prejuízo da liquidação para a apuração do dano efetivamente sofrido.

Parágrafo acrescentado pela Lei n. 11.719, de 20.06.2008.

Art. 64. Sem prejuízo do disposto no artigo anterior, a ação para ressarcimento do dano poderá ser proposta no juízo cível, contra o autor do crime e, se for caso, contra o responsável civil.

Parágrafo único. Intentada a ação penal, o juiz da ação civil poderá suspender o curso desta, até o julgamento definitivo daquela.

Art. 65. Faz coisa julgada no cível a sentença penal que reconhecer ter sido o ato praticado em estado de necessidade, em legítima defesa, em estrito cumprimento de dever legal ou no exercício regular de direito.

Veja arts. 23 a 25, CP.

Art. 66. Não obstante a sentença absolutória no juízo criminal, a ação civil poderá ser proposta quando não tiver sido, categoricamente, reconhecida a inexistência material do fato.

Art. 67. Não impedirão igualmente a propositura da ação civil:

I – o despacho de arquivamento do inquérito ou das peças de informação;

Veja Súmula n. 524, STF.

II – a decisão que julgar extinta a punibilidade;

Veja arts. 107 a 120, CP.

III – a sentença absolutória que decidir que o fato imputado não constitui crime.

Art. 68. Quando o titular do direito à reparação do dano for pobre (art. 32, §§ 1º e 2º), a execução da sentença condenatória (art. 63) ou a ação civil (art. 64) será promovida, a seu requerimento, pelo Ministério Público.

TÍTULO V
DA COMPETÊNCIA

Art. 69. Determinará a competência jurisdicional:

I – o lugar da infração;

Veja Súmula n. 200, STJ.

II – o domicílio ou residência do réu;

III – a natureza da infração;

Veja Súmula n. 611, STF.

Veja Súmulas ns. 42, 122, 140, 165, 208 e 209, STJ.

IV – a distribuição;

V – a conexão ou continência;

VI – a prevenção;

VII – a prerrogativa de função.

CAPÍTULO I
DA COMPETÊNCIA PELO LUGAR DA INFRAÇÃO

Art. 70. A competência será, de regra, determinada pelo lugar em que se consumar a infração, ou, no caso de tentativa, pelo lugar em que for praticado o último ato de execução.

Veja arts. 5°, 6° e 14, CP.

Veja Súmula n. 521, STF.

Veja Súmula n. 528, STJ.

§ 1° Se, iniciada a execução no território nacional, a infração se consumar fora dele, a competência será determinada pelo lugar em que tiver sido praticado, no Brasil, o último ato de execução.

§ 2° Quando o último ato de execução for praticado fora do território nacional, será competente o juiz do lugar em que o crime, embora parcialmente, tenha produzido ou devia produzir seu resultado.

§ 3° Quando incerto o limite territorial entre duas ou mais jurisdições, ou quando incerta a jurisdição por ter sido a infração consumada ou tentada nas divisas de duas ou mais jurisdições, a competência firmar-se-á pela prevenção.

Veja art. 83, CPP.

Art. 71. Tratando-se de infração continuada ou permanente, praticada em território de duas ou mais jurisdições, a competência firmar-se-á pela prevenção.

Veja art. 83, CPP.

Veja arts. 6° e 71, CP.

Veja Súmula n. 151, STJ.

CAPÍTULO II
DA COMPETÊNCIA PELO DOMICÍLIO OU RESIDÊNCIA DO RÉU

Art. 72. Não sendo conhecido o lugar da infração, a competência regular-se-á pelo domicílio ou residência do réu.

§ 1º Se o réu tiver mais de uma residência, a competência firmar-se-á pela prevenção.

§ 2º Se o réu não tiver residência certa ou for ignorado o seu paradeiro, será competente o juiz que primeiro tomar conhecimento do fato.

Veja art. 83, CPP.

Art. 73. Nos casos de exclusiva ação privada, o querelante poderá preferir o foro de domicílio ou da residência do réu, ainda quando conhecido o lugar da infração.

CAPÍTULO III
DA COMPETÊNCIA PELA
NATUREZA DA INFRAÇÃO

Art. 74. A competência pela natureza da infração será regulada pelas leis de organização judiciária, salvo a competência privativa do Tribunal do Júri.

Veja Súmulas ns. 498, 522, 603 e 721, STF.

Veja Súmulas ns. 38, 42, 47, 48, 53, 62, 73, 75, 104, 107, 140, 147, 165, 172, 208, 209 e 376, STJ.

§ 1º Compete ao Tribunal do Júri o julgamento dos crimes previstos nos arts. 121, §§ 1º e 2º, 122, parágrafo único, 123, 124, 125, 126 e 127 do Código Penal, consumados ou tentados.

Parágrafo com redação dada pela Lei n. 263, de 23.02.1948.

Veja art. 419, *caput*, CPP.

Veja Súmulas ns. 603 e 721, STF.

§ 2º Se, iniciado o processo perante um juiz, houver desclassificação para infração da competência de outro, a este será remetido o processo, salvo se mais graduada for a jurisdição do primeiro, que, em tal caso, terá sua competência prorrogada.

§ 3º Se o juiz da pronúncia desclassificar a infração para outra atribuída à competência de juiz singular, observar-se-á o disposto no art. 410; mas, se a desclassificação for feita pelo próprio Tribunal do Júri, a seu presidente caberá proferir a sentença (art. 492, § 2º).

Veja art. 419, atual correspondente do antigo art. 410 após as atualizações dadas pela Lei n. 11.689, de 09.06.2008.

CAPÍTULO IV
DA COMPETÊNCIA POR DISTRIBUIÇÃO

Art. 75. A precedência da distribuição fixará a competência quando, na mesma circunscrição judiciária, houver mais de um juiz igualmente competente.

Parágrafo único. A distribuição realizada para o efeito da concessão de fiança ou da decretação de prisão preventiva ou de qualquer diligência anterior à denúncia ou queixa prevenirá a da ação penal.

Veja Súmula n. 706, STF.

CAPÍTULO V
DA COMPETÊNCIA POR CONEXÃO OU CONTINÊNCIA

Veja arts. 108 e 117, § 1º, CP.

Art. 76. A competência será determinada pela conexão:

Veja Súmula n. 704, STF.

I – se, ocorrendo duas ou mais infrações, houverem sido praticadas, ao mesmo tempo, por várias pessoas reunidas, ou por várias pessoas em concurso, embora diverso o tempo e o lugar, ou por várias pessoas, umas contra as outras;

II – se, no mesmo caso, houverem sido umas praticadas para facilitar ou ocultar as outras, ou para conseguir impunidade ou vantagem em relação a qualquer delas;

Veja art. 61, CP.

III – quando a prova de uma infração ou de qualquer de suas circunstâncias elementares influir na prova de outra infração.

Art. 77. A competência será determinada pela continência quando:

Veja Súmula n. 704, STF.

I – duas ou mais pessoas forem acusadas pela mesma infração;

Veja art. 29, CP.

II – no caso de infração cometida nas condições previstas nos arts. 51, § 1º, 53, segunda parte, e 54 do Código Penal.

As referências atuais dos arts. 51, 53 e 54 são os arts. 70, 73 e 74, CP.

Art. 78. Na determinação da competência por conexão ou continência, serão observadas as seguintes regras:

Caput com redação dada pela Lei n. 263, de 23.02.1948.

I – no concurso entre a competência do júri e a de outro órgão da jurisdição comum, prevalecerá a competência do júri;

Inciso com redação dada pela Lei n. 263, de 23.02.1948.

II – no concurso de jurisdições da mesma categoria:

Inciso com redação dada pela Lei n. 263, de 23.02.1948.

a) preponderará a do lugar da infração, à qual for cominada a pena mais grave;

Alínea com redação dada pela Lei n. 263, de 23.02.1948.

Veja Súmula n. 122, STJ.

b) prevalecerá a do lugar em que houver ocorrido o maior número de infrações, se as respectivas penas forem de igual gravidade;

Alínea com redação dada pela Lei n. 263, de 23.02.1948.

c) firmar-se-á a competência pela prevenção, nos outros casos;

Alínea com redação dada pela Lei n. 263, de 23.02.1948.

Veja art. 83, CPP.

III – no concurso de jurisdições de diversas categorias, predominará a de maior graduação;

Inciso com redação dada pela Lei n. 263, de 23.02.1948.

IV – no concurso entre a jurisdição comum e a especial, prevalecerá esta.

Inciso com redação dada pela Lei n. 263, de 23.02.1948.

Veja Súmula n. 122, STJ.

Art. 79. A conexão e a continência importarão unidade de processo e julgamento, salvo:

Veja Súmula n. 704, STF.

Veja Súmula n. 234, STJ.

I – no concurso entre a jurisdição comum e a militar;

Veja Súmulas ns. 53 e 90, STJ.

II – no concurso entre a jurisdição comum e a do juízo de menores.

§ 1º Cessará, em qualquer caso, a unidade do processo, se, em relação a algum corréu, sobrevier o caso previsto no art. 152.

§ 2º A unidade do processo não importará a do julgamento, se houver corréu foragido que não possa ser julgado à revelia, ou ocorrer a hipótese do art. 461.

Veja art. 469, § 1º, atual correspondente do antigo art. 461 após as atualizações dadas pela Lei n. 11.689, de 09.06.2008.

Art. 80. Será facultativa a separação dos processos quando as infrações tiverem sido praticadas em circunstâncias de tempo ou de lugar diferentes, ou, quando pelo excessivo número de acusados e para não lhes prolongar a prisão provisória, ou por outro motivo relevante, o juiz reputar conveniente a separação.

Veja art. 417, CPP.

Art. 81. Verificada a reunião dos processos por conexão ou continência, ainda que no processo da sua competência própria venha o juiz ou tribunal a proferir sentença absolutória ou que desclassifique a infração para outra que não se inclua na sua competência, continuará competente em relação aos demais processos.

Parágrafo único. Reconhecida inicialmente ao júri a competência por conexão ou continência, o juiz, se vier a desclassificar a infração ou impronunciar ou absolver o acusado, de maneira que exclua a competência do júri, remeterá o processo ao juízo competente.

Art. 82. Se, não obstante a conexão ou continência, forem instaurados processos diferentes, a autoridade de jurisdição prevalente deverá avocar os processos que corram perante os outros juízes, salvo se já estiverem com sentença definitiva. Neste caso, a unidade dos processos só se dará, ulteriormente, para o efeito de soma ou de unificação das penas.

Veja arts. 581, XVII, 674, parágrafo único, e 761, CPP.

Veja Súmula n. 235, STJ.

CAPÍTULO VI
DA COMPETÊNCIA POR PREVENÇÃO

Art. 83. Verificar-se-á a competência por prevenção toda vez que, concorrendo dois ou mais juízes igualmente competentes ou com jurisdição cumulativa, um deles tiver antecedido aos outros na prática de algum ato

26 | ARTS. 83 A 86 – CÓDIGO DE PROCESSO PENAL

do processo ou de medida a este relativa, ainda que anterior ao oferecimento da denúncia ou da queixa (arts. 70, § 3º, 71, 72, § 2º, e 78, II, *c*).

Veja art. 30, Lei n. 5.197, de 03.01.1967 (proteção à fauna).

Veja Súmula n. 706, STF.

CAPÍTULO VII
DA COMPETÊNCIA PELA PRERROGATIVA DE FUNÇÃO

Veja Súmulas ns. 245, 396, 451, 702, 704 e 721, STF.

Veja Súmulas ns. 208 e 209, STJ.

Art. 84. A competência pela prerrogativa de função é do Supremo Tribunal Federal, do Superior Tribunal de Justiça, dos Tribunais Regionais Federais e Tribunais de Justiça dos Estados e do Distrito Federal, relativamente às pessoas que devam responder perante eles por crimes comuns e de responsabilidade.

Caput com redação dada pela Lei n. 10.628, de 24.12.2002.

Veja Súmula n. 704, STF.

§ 1º A competência especial por prerrogativa de função, relativa a atos administrativos do agente, prevalece ainda que o inquérito ou a ação judicial sejam iniciados após a cessação do exercício da função pública.

Parágrafo acrescentado pela Lei n. 10.628, de 24.12.2002.

Veja ADIn ns. 2.797-2 e 2.860-0, de 15.09.2005, que declararam a inconstitucionalidade da Lei n. 10.628, de 24.12.2002, que acrescentou dois parágrafos a este artigo.

§ 2º A ação de improbidade, de que trata a Lei n. 8.429, de 02 de junho de 1992, será proposta perante o tribunal competente para processar e julgar criminalmente o funcionário ou autoridade na hipótese de prerrogativa de foro em razão do exercício de função pública, observado o disposto no § 1º.

Parágrafo acrescentado pela Lei n. 10.628, de 24.12.2002.

Veja a segunda nota do § 1º deste artigo.

Art. 85. Nos processos por crime contra a honra, em que forem querelantes as pessoas que a Constituição sujeita à jurisdição do Supremo Tribunal Federal e dos Tribunais de Apelação, àquele ou a estes caberá o julgamento, quando oposta e admitida a exceção da verdade.

Veja art. 523, CPP.

Veja arts. 138, § 3º, e 139, parágrafo único, CP.

Veja Súmula n. 396, STF.

Art. 86. Ao Supremo Tribunal Federal competirá, privativamente, processar e julgar:

Veja art. 102, CF.

I – os seus ministros, nos crimes comuns;

II – os ministros de Estado, salvo nos crimes conexos com os do Presidente da República;

III – o procurador-geral da República, os desembargadores dos Tribunais de Apelação, os ministros do Tribunal de Contas e os embaixadores e ministros diplomáticos, nos crimes comuns e de responsabilidade.

A expressão "Tribunais de Apelação" foi atualizada para "Tribunais de Justiça".

Art. 87. Competirá, originariamente, aos Tribunais de Apelação o julgamento dos governadores ou interventores nos Estados ou Territórios, e prefeito do Distrito Federal, seus respectivos secretários e chefes de Polícia, juízes de instância inferior e órgãos do Ministério Público.

A expressão "Tribunais de Apelação" foi atualizada para "Tribunais de Justiça".

CAPÍTULO VIII
DISPOSIÇÕES ESPECIAIS

Art. 88. No processo por crimes praticados fora do território brasileiro, será competente o juízo da Capital do Estado onde houver por último residido o acusado. Se este nunca tiver residido no Brasil, será competente o juízo da Capital da República.

Art. 89. Os crimes cometidos em qualquer embarcação nas águas territoriais da República, ou nos rios e lagos fronteiriços, bem como a bordo de embarcações nacionais, em alto-mar, serão processados e julgados pela justiça do primeiro porto brasileiro em que tocar a embarcação, após o crime, ou, quando se afastar do País, pela do último em que houver tocado.

Veja art. 91, CPP.

Veja art. 5°, § 2°, CP.

Art. 90. Os crimes praticados a bordo de aeronave nacional, dentro do espaço aéreo correspondente ao território brasileiro, ou ao alto-mar, ou a bordo de aeronave estrangeira, dentro do espaço aéreo correspondente ao território nacional, serão processados e julgados pela justiça da comarca em cujo território se verificar o pouso após o crime, ou pela da comarca de onde houver partido a aeronave.

Veja art. 91, CPP.

Veja art. 5°, § 2°, CP.

Art. 91. Quando incerta e não se determinar de acordo com as normas estabelecidas nos arts. 89 e 90, a competência se firmará pela prevenção.

Artigo com redação dada pela Lei n. 4.893, de 09.12.1965.

TÍTULO VI
DAS QUESTÕES E PROCESSOS INCIDENTES

CAPÍTULO I
DAS QUESTÕES PREJUDICIAIS

Art. 92. Se a decisão sobre a existência da infração depender da solução de controvérsia, que o juiz repute séria e fundada, sobre o estado civil das pessoas, o curso da ação penal ficará suspenso até que no juízo cível seja a controvérsia dirimida por sentença passada em julgado, sem prejuízo, entretanto, da inquirição das testemunhas e de outras provas de natureza urgente.

28 | ARTS. 92 A 99 – CÓDIGO DE PROCESSO PENAL

Parágrafo único. Se for o crime de ação pública, o Ministério Público, quando necessário, promoverá a ação civil ou prosseguirá na que tiver sido iniciada, com a citação dos interessados.

Art. 93. Se o reconhecimento da existência da infração penal depender de decisão sobre questão diversa da prevista no artigo anterior, da competência do juízo cível, e se neste houver sido proposta ação para resolvê-la, o juiz criminal poderá, desde que essa questão seja de difícil solução e não verse sobre direito cuja prova a lei civil limite, suspender o curso do processo, após a inquirição das testemunhas e realização das outras provas de natureza urgente.

§ 1º O juiz marcará o prazo da suspensão, que poderá ser razoavelmente prorrogado, se a demora não for imputável à parte. Expirado o prazo, sem que o juiz cível tenha proferido decisão, o juiz criminal fará prosseguir o processo, retomando sua competência para resolver, de fato e de direito, toda a matéria da acusação ou da defesa.

§ 2º Do despacho que denegar a suspensão não caberá recurso.

§ 3º Suspenso o processo, e tratando-se de crime de ação pública, incumbirá ao Ministério Público intervir imediatamente na causa cível, para o fim de promover-lhe o rápido andamento.

Art. 94. A suspensão do curso da ação penal, nos casos dos artigos anteriores, será decretada pelo juiz, de ofício ou a requerimento das partes.

CAPÍTULO II
DAS EXCEÇÕES

Veja arts. 396-A, § 1º, e 407, CPP.

Art. 95. Poderão ser opostas as exceções de:

I – suspeição;

Veja Súmula n. 234, STJ.

II – incompetência de juízo;

III – litispendência;

IV – ilegitimidade de parte;

V – coisa julgada.

Art. 96. A arguição de suspeição precederá a qualquer outra, salvo quando fundada em motivo superveniente.

Art. 97. O juiz que espontaneamente afirmar suspeição deverá fazê-lo por escrito, declarando o motivo legal, e remeterá imediatamente o processo ao seu substituto, intimadas as partes.

Art. 98. Quando qualquer das partes pretender recusar o juiz, deverá fazê-lo em petição assinada por ela própria ou por procurador com poderes especiais, aduzindo as suas razões acompanhadas de prova documental ou do rol de testemunhas.

Veja art. 103, § 3º, CPP.

Art. 99. Se reconhecer a suspeição, o juiz sustará a marcha do processo, mandará juntar aos autos a petição do recusante com os documentos que

CÓDIGO DE PROCESSO PENAL – ARTS. 99 A 104 | 29

a instruam, e por despacho se declarará suspeito, ordenando a remessa dos autos ao substituto.

Veja art. 103, § 3º, CPP.

Art. 100. Não aceitando a suspeição, o juiz mandará autuar em apartado a petição, dará sua resposta dentro em 3 (três) dias, podendo instruí-la e oferecer testemunhas, e, em seguida, determinará sejam os autos da exceção remetidos, dentro em 24 (vinte e quatro) horas, ao juiz ou tribunal a quem competir o julgamento.

Veja art. 103, § 3º, CPP.

§ 1º Reconhecida, preliminarmente, a relevância da arguição, o juiz ou tribunal, com citação das partes, marcará dia e hora para a inquirição das testemunhas, seguindo-se o julgamento, independentemente de mais alegações.

§ 2º Se a suspeição for de manifesta improcedência, o juiz ou relator a rejeitará liminarmente.

Art. 101. Julgada procedente a suspeição, ficarão nulos os atos do processo principal, pagando o juiz as custas, no caso de erro inescusável; rejeitada, evidenciando-se a malícia do excipiente, a este será imposta a multa de duzentos mil-réis a dois contos de réis.

Veja arts. 49 a 52 e 103, § 3º, CPP.

Art. 102. Quando a parte contrária reconhecer a procedência da arguição, poderá ser sustado, a seu requerimento, o processo principal, até que se julgue o incidente da suspeição.

Art. 103. No Supremo Tribunal Federal e nos Tribunais de Apelação, o juiz que se julgar suspeito deverá declará-lo nos autos e, se for revisor, passar o feito ao seu substituto na ordem da precedência, ou, se for relator, apresentar os autos em mesa para nova distribuição.

A expressão "Tribunais de Apelação" foi atualizada para "Tribunais de Justiça".

§ 1º Se não for relator nem revisor, o juiz que houver de dar-se por suspeito, deverá fazê-lo verbalmente, na sessão de julgamento, registrando-se na ata a declaração.

§ 2º Se o presidente do tribunal se der por suspeito, competirá ao seu substituto designar dia para o julgamento e presidi-lo.

§ 3º Observar-se-á, quanto à arguição de suspeição pela parte, o disposto nos arts. 98 a 101, no que lhe for aplicável, atendido, se o juiz a reconhecer, o que estabelece este artigo.

§ 4º A suspeição, não sendo reconhecida, será julgada pelo tribunal pleno, funcionando como relator o presidente.

§ 5º Se o recusado for o presidente do tribunal, o relator será o vice-presidente.

Art. 104. Se for arguida a suspeição do órgão do Ministério Público, o juiz, depois de ouvi-lo, decidirá, sem recurso, podendo antes admitir a produção de provas no prazo de 3 (três) dias.

Veja Súmula n. 234, STJ.

ARTS. 105 A 112 – CÓDIGO DE PROCESSO PENAL

Art. 105. As partes poderão também arguir de suspeitos os peritos, os intérpretes e os serventuários ou funcionários da justiça, decidindo o juiz de plano e sem recurso, à vista da matéria alegada e prova imediata.

Art. 106. A suspeição dos jurados deverá ser arguida oralmente, decidindo de plano o presidente do Tribunal do Júri, que a rejeitará se, negada pelo recusado, não for imediatamente comprovada, o que tudo constará da ata.

Art. 107. Não se poderá opor suspeição às autoridades policiais nos atos do inquérito, mas deverão elas declarar-se suspeitas, quando ocorrer motivo legal.

Art. 108. A exceção de incompetência do juízo poderá ser oposta, verbalmente ou por escrito, no prazo de defesa.

§ 1º Se, ouvido o Ministério Público, for aceita a declinatória, o feito será remetido ao juízo competente, onde, ratificados os atos anteriores, o processo prosseguirá.

§ 2º Recusada a incompetência, o juiz continuará no feito, fazendo tomar por termo a declinatória, se formulada verbalmente.

Art. 109. Se em qualquer fase do processo o juiz reconhecer motivo que o torne incompetente, declará-lo-á nos autos, haja ou não alegação da parte, prosseguindo-se na forma do artigo anterior.

Art. 110. Nas exceções de litispendência, ilegitimidade de parte e coisa julgada, será observado, no que lhes for aplicável, o disposto sobre a exceção de incompetência do juízo.

§ 1º Se a parte houver de opor mais de uma dessas exceções, deverá fazê-lo numa só petição ou articulado.

§ 2º A exceção de coisa julgada somente poderá ser oposta em relação ao fato principal, que tiver sido objeto da sentença.

Art. 111. As exceções serão processadas em autos apartados e não suspenderão, em regra, o andamento da ação penal.

CAPÍTULO III
DAS INCOMPATIBILIDADES E IMPEDIMENTOS

Veja arts. 396-A, § 1º, e 407, CPP.

Art. 112. O juiz, o órgão do Ministério Público, os serventuários ou funcionários de justiça e os peritos ou intérpretes abster-se-ão de servir no processo, quando houver incompatibilidade ou impedimento legal, que declararão nos autos. Se não se der a abstenção, a incompatibilidade ou impedimento poderá ser arguido pelas partes, seguindo-se o processo estabelecido para a exceção de suspeição.

Veja Súmula n. 234, STJ.

CAPÍTULO IV
DO CONFLITO DE JURISDIÇÃO

A CF utiliza a expressão "conflito de competência".

CÓDIGO DE PROCESSO PENAL – ARTS. 113 A 118 | 31

Art. 113. As questões atinentes à competência resolver-se-ão não só pela exceção própria, como também pelo conflito positivo ou negativo de jurisdição.

Veja Súmulas ns. 22, 59 e 428, STJ.

Art. 114. Haverá conflito de jurisdição:

Veja Súmula n. 59, STJ.

I – quando duas ou mais autoridades judiciárias se considerarem competentes, ou incompetentes, para conhecer do mesmo fato criminoso;

II – quando entre elas surgir controvérsia sobre unidade de juízo, junção ou separação de processos.

Art. 115. O conflito poderá ser suscitado:

I – pela parte interessada;

II – pelos órgãos do Ministério Público junto a qualquer dos juízos em dissídio;

III – por qualquer dos juízes ou tribunais em causa.

Veja Súmula n. 59, STJ.

Art. 116. Os juízes e tribunais, sob a forma de representação, e a parte interessada, sob a de requerimento, darão parte escrita e circunstanciada do conflito, perante o tribunal competente, expondo os fundamentos e juntando os documentos comprobatórios.

§ 1º Quando negativo o conflito, os juízes e tribunais poderão suscitá-lo nos próprios autos do processo.

§ 2º Distribuído o feito, se o conflito for positivo, o relator poderá determinar imediatamente que se suspenda o andamento do processo.

§ 3º Expedida ou não a ordem de suspensão, o relator requisitará informações às autoridades em conflito, remetendo-lhes cópia do requerimento ou representação.

§ 4º As informações serão prestadas no prazo marcado pelo relator.

§ 5º Recebidas as informações, e depois de ouvido o procurador-geral, o conflito será decidido na primeira sessão, salvo se a instrução do feito depender de diligência.

§ 6º Proferida a decisão, as cópias necessárias serão remetidas, para a sua execução, às autoridades contra as quais tiver sido levantado o conflito ou que o houverem suscitado.

Art. 117. O Supremo Tribunal Federal, mediante avocatória, restabelecerá a sua jurisdição, sempre que exercida por qualquer dos juízes ou tribunais inferiores.

CAPÍTULO V
DA RESTITUIÇÃO DAS COISAS APREENDIDAS

Veja art. 91, II, CP.

Art. 118. Antes de transitar em julgado a sentença final, as coisas apreendidas não poderão ser restituídas enquanto interessarem ao processo.

32 | ARTS. 119 A 124-A – CÓDIGO DE PROCESSO PENAL

Art. 119. As coisas a que se referem os arts. 74 e 100 do Código Penal não poderão ser restituídas, mesmo depois de transitar em julgado a sentença final, salvo se pertencerem ao lesado ou a terceiro de boa-fé.

A referência atual dos antigos arts. 74 e 100 é o art. 91, CP.

Art. 120. A restituição, quando cabível, poderá ser ordenada pela autoridade policial ou juiz, mediante termo nos autos, desde que não exista dúvida quanto ao direito do reclamante.

Veja art. 122, CPP.

§ 1º Se duvidoso esse direito, o pedido de restituição autuar-se-á em apartado, assinando-se ao requerente o prazo de 5 (cinco) dias para a prova. Em tal caso, só o juiz criminal poderá decidir o incidente.

§ 2º O incidente autuar-se-á também em apartado e só a autoridade judicial o resolverá, se as coisas forem apreendidas em poder de terceiro de boa-fé, que será intimado para alegar e provar o seu direito, em prazo igual e sucessivo ao do reclamante, tendo um e outro 2 (dois) dias para arrazoar.

§ 3º Sobre o pedido de restituição será sempre ouvido o Ministério Público.

§ 4º Em caso de dúvida sobre quem seja o verdadeiro dono, o juiz remeterá as partes para o juízo cível, ordenando o depósito das coisas em mãos de depositário ou do próprio terceiro que as detinha, se for pessoa idônea.

§ 5º Tratando-se de coisas facilmente deterioráveis, serão avaliadas e levadas a leilão público, depositando-se o dinheiro apurado, ou entregues ao terceiro que as detinha, se este for pessoa idônea e assinar termo de responsabilidade.

Veja art. 137, § 1º, CPP.

Art. 121. No caso de apreensão de coisa adquirida com os proventos da infração, aplica-se o disposto no art. 133 e seu parágrafo.

Art. 122. Sem prejuízo do disposto no art. 120, as coisas apreendidas serão alienadas nos termos do disposto no art. 133 deste Código.

Caput com redação dada pela Lei n. 13.964, de 24.12.2019.

Parágrafo único. (*Revogado pela Lei n. 13.964, de 24.12.2019.*)

Art. 123. Fora dos casos previstos nos artigos anteriores, se dentro no prazo de 90 (noventa) dias, a contar da data em que transitar em julgado a sentença final, condenatória ou absolutória, os objetos apreendidos não forem reclamados ou não pertencerem ao réu, serão vendidos em leilão, depositando-se o saldo à disposição do juízo de ausentes.

Art. 124. Os instrumentos do crime, cuja perda em favor da União for decretada, e as coisas confiscadas, de acordo com o disposto no art. 100 do Código Penal, serão inutilizados ou recolhidos a museu criminal, se houver interesse na sua conservação.

Não há dispositivo na redação atual da Parte Geral que corresponde ao antigo art. 100, CP.

Art. 124-A. Na hipótese de decretação de perdimento de obras de arte ou de outros bens de relevante valor cultural ou artístico, se o crime não tiver vítima determinada, poderá haver destinação dos bens a museus públicos.

Artigo acrescentado pela Lei n. 13.964, de 24.12.2019.

CÓDIGO DE PROCESSO PENAL – ARTS. 125 A 133 | 33

CAPÍTULO VI
DAS MEDIDAS ASSECURATÓRIAS

Veja art. 60, *caput*, Lei n. 11.343, de 23.08.2006.

Art. 125. Caberá o sequestro dos bens imóveis, adquiridos pelo indicia-do com os proventos da infração, ainda que já tenham sido transferidos a terceiro.

Veja arts. 1º e 4º, DL n. 3.240, de 08.05.1941 (sequestro de bens).

Art. 126. Para a decretação do sequestro, bastará a existência de indícios veementes da proveniência ilícita dos bens.

Veja art. 132, CPP.

Veja art. 3º, DL n. 3.240, de 08.05.1941 (sequestro de bens).

Art. 127. O juiz, de ofício, a requerimento do Ministério Público ou do ofendido, ou mediante representação da autoridade policial, poderá orde-nar o sequestro, em qualquer fase do processo ou ainda antes de oferecida a denúncia ou queixa.

Veja art. 2º, DL n. 3.240, de 08.05.1941 (sequestro de bens).

Art. 128. Realizado o sequestro, o juiz ordenará a sua inscrição no Regis-tro de Imóveis.

Art. 129. O sequestro autuar-se-á em apartado e admitirá embargos de terceiro.

Art. 130. O sequestro poderá ainda ser embargado:

I – pelo acusado, sob o fundamento de não terem os bens sido adquiri-dos com os proventos da infração;

II – pelo terceiro, a quem houverem os bens sido transferidos a título oneroso, sob o fundamento de tê-los adquirido de boa-fé.

Parágrafo único. Não poderá ser pronunciada decisão nesses embargos antes de passar em julgado a sentença condenatória.

Art. 131. O sequestro será levantado:

I – se a ação penal não for intentada no prazo de 60 (sessenta) dias, con-tado da data em que ficar concluída a diligência;

II – se o terceiro, a quem tiverem sido transferidos os bens, prestar cau-ção que assegure a aplicação do disposto no art. 74, II, *b*, segunda parte, do Código Penal;

A referência atual do antigo art. 74, II, *b*, é o art. 91, II, *b*, CP.

III – se for julgada extinta a punibilidade ou absolvido o réu, por senten-ça transitada em julgado.

Veja arts. 107 a 120, CP.

Art. 132. Proceder-se-á ao sequestro dos bens móveis se, verificadas as condições previstas no art. 126, não for cabível a medida regulada no Ca-pítulo XI do Título VII deste Livro.

Art. 133. Transitada em julgado a sentença condenatória, o juiz, de ofí-cio ou a requerimento do interessado ou do Ministério Público, determi-nará a avaliação e a venda dos bens em leilão público cujo perdimento te-nha sido decretado.

Caput com redação dada pela Lei n. 13.964, de 24.12.2019.

Veja art. 122, CPP.

§ 1º Do dinheiro apurado, será recolhido aos cofres públicos o que não couber ao lesado ou a terceiro de boa-fé.

Antigo parágrafo único renumerado e com redação dada pela Lei n. 13.964, de 24.12.2019.

§ 2º O valor apurado deverá ser recolhido ao Fundo Penitenciário Nacional, exceto se houver previsão diversa em lei especial.

Parágrafo acrescentado pela Lei n. 13.964, de 24.12.2019.

Art. 133-A. O juiz poderá autorizar, constatado o interesse público, a utilização de bem sequestrado, apreendido ou sujeito a qualquer medida assecuratória pelos órgãos de segurança pública previstos no art. 144 da Constituição Federal, do sistema prisional, do sistema socioeducativo, da Força Nacional de Segurança Pública e do Instituto Geral de Perícia, para o desempenho de suas atividades.

Artigo acrescentado pela Lei n. 13.964, de 24.12.2019.

§ 1º O órgão de segurança pública participante das ações de investigação ou repressão da infração penal que ensejou a constrição do bem terá prioridade na sua utilização.

§ 2º Fora das hipóteses anteriores, demonstrado o interesse público, o juiz poderá autorizar o uso do bem pelos demais órgãos públicos.

§ 3º Se o bem a que se refere o *caput* deste artigo for veículo, embarcação ou aeronave, o juiz ordenará à autoridade de trânsito ou ao órgão de registro e controle a expedição de certificado provisório de registro e licenciamento em favor do órgão público beneficiário, o qual estará isento do pagamento de multas, encargos e tributos anteriores à disponibilização do bem para a sua utilização, que deverão ser cobrados de seu responsável.

§ 4º Transitada em julgado a sentença penal condenatória com a decretação de perdimento dos bens, ressalvado o direito do lesado ou terceiro de boa-fé, o juiz poderá determinar a transferência definitiva da propriedade ao órgão público beneficiário ao qual foi custodiado o bem.

Art. 134. A hipoteca legal sobre os imóveis do indiciado poderá ser requerida pelo ofendido em qualquer fase do processo, desde que haja certeza da infração e indícios suficientes da autoria.

Veja arts. 142 e 144, CPP.

Art. 135. Pedida a especialização mediante requerimento, em que a parte estimará o valor da responsabilidade civil, e designará e estimará o imóvel ou imóveis que terão de ficar especialmente hipotecados, o juiz mandará logo proceder ao arbitramento do valor da responsabilidade e à avaliação do imóvel ou imóveis.

§ 1º A petição será instruída com as provas ou indicação das provas em que se fundar a estimação da responsabilidade, com a relação dos imóveis que o responsável possuir, se outros tiver, além dos indicados no requerimento, e com os documentos comprobatórios do domínio.

CÓDIGO DE PROCESSO PENAL – ARTS. 135 A 141 | 35

§ 2º O arbitramento do valor da responsabilidade e a avaliação dos imóveis designados far-se-ão por perito nomeado pelo juiz, onde não houver avaliador judicial, sendo-lhe facultada a consulta dos autos do processo respectivo.

§ 3º O juiz, ouvidas as partes no prazo de 2 (dois) dias, que correrá em cartório, poderá corrigir o arbitramento do valor da responsabilidade, se lhe parecer excessivo ou deficiente.

§ 4º O juiz autorizará somente a inscrição da hipoteca do imóvel ou imóveis necessários à garantia da responsabilidade.

§ 5º O valor da responsabilidade será liquidado definitivamente após a condenação, podendo ser requerido novo arbitramento se qualquer das partes não se conformar com o arbitramento anterior à sentença condenatória.

§ 6º Se o réu oferecer caução suficiente, em dinheiro ou em títulos de dívida pública, pelo valor de sua cotação em Bolsa, o juiz poderá deixar de mandar proceder à inscrição da hipoteca legal.

Art. 136. O arresto do imóvel poderá ser decretado de início, revogando-se, porém, se no prazo de 15 (quinze) dias não for promovido o processo de inscrição da hipoteca legal.

Artigo com redação dada pela Lei n. 11.435, de 28.12.2006.

Veja art. 144, CPP.

Art. 137. Se o responsável não possuir bens imóveis ou os possuir de valor insuficiente, poderão ser arrestados bens móveis suscetíveis de penhora, nos termos em que é facultada a hipoteca legal dos imóveis.

Caput com redação dada pela Lei n. 11.435, de 28.12.2006.

Veja arts. 142 e 144, CPP.

§ 1º Se esses bens forem coisas fungíveis e facilmente deterioráveis, proceder-se-á na forma do § 5º do art. 120.

§ 2º Das rendas dos bens móveis poderão ser fornecidos recursos arbitrados pelo juiz, para a manutenção do indiciado e de sua família.

Art. 138. O processo de especialização da hipoteca e do arresto correrão em auto apartado.

Artigo com redação dada pela Lei n. 11.435, de 28.12.2006.

Art. 139. O depósito e a administração dos bens arrestados ficarão sujeitos ao regime do processo civil.

Artigo com redação dada pela Lei n. 11.435, de 28.12.2006.

Art. 140. As garantias do ressarcimento do dano alcançarão também as despesas processuais e as penas pecuniárias, tendo preferência sobre estas a reparação do dano ao ofendido.

Veja art. 91, I, CP.

Art. 141. O arresto será levantado ou cancelada a hipoteca, se, por sentença irrecorrível, o réu for absolvido ou julgada extinta a punibilidade.

Artigo com redação dada pela Lei n. 11.435, de 28.12.2006.

Veja arts. 107 a 120, CP.

36 | ARTS. 142 A 145 – CÓDIGO DE PROCESSO PENAL

Art. 142. Caberá ao Ministério Público promover as medidas estabelecidas nos arts. 134 e 137, se houver interesse da Fazenda Pública, ou se o ofendido for pobre e o requerer.

Veja art. 144, CPP.

Art. 143. Passando em julgado a sentença condenatória, serão os autos de hipoteca ou arresto remetidos ao juiz do cível (art. 63).

Artigo com redação dada pela Lei n. 11.435, de 28.12.2006.

Art. 144. Os interessados ou, nos casos do art. 142, o Ministério Público poderão requerer no juízo cível, contra o responsável civil, as medidas previstas nos arts. 134, 136 e 137.

Art. 144-A. O juiz determinará a alienação antecipada para preservação do valor dos bens sempre que estiverem sujeitos a qualquer grau de deterioração ou depreciação, ou quando houver dificuldade para sua manutenção.

Artigo acrescentado pela Lei n. 12.694, de 24.07.2012.

§ 1º O leilão far-se-á preferencialmente por meio eletrônico.

§ 2º Os bens deverão ser vendidos pelo valor fixado na avaliação judicial ou por valor maior. Não alcançado o valor estipulado pela administração judicial, será realizado novo leilão, em até 10 (dez) dias contados da realização do primeiro, podendo os bens ser alienados por valor não inferior a 80% (oitenta por cento) do estipulado na avaliação judicial.

§ 3º O produto da alienação ficará depositado em conta vinculada ao juízo até a decisão final do processo, procedendo-se à sua conversão em renda para a União, Estado ou Distrito Federal, no caso de condenação, ou, no caso de absolvição, à sua devolução ao acusado.

§ 4º Quando a indisponibilidade recair sobre dinheiro, inclusive moeda estrangeira, títulos, valores mobiliários ou cheques emitidos como ordem de pagamento, o juízo determinará a conversão do numerário apreendido em moeda nacional corrente e o depósito das correspondentes quantias em conta judicial.

§ 5º No caso da alienação de veículos, embarcações ou aeronaves, o juiz ordenará à autoridade de trânsito ou ao equivalente órgão de registro e controle a expedição de certificado de registro e licenciamento em favor do arrematante, ficando este livre do pagamento de multas, encargos e tributos anteriores, sem prejuízo de execução fiscal em relação ao antigo proprietário.

§ 6º O valor dos títulos da dívida pública, das ações das sociedades e dos títulos de crédito negociáveis em bolsa será o da cotação oficial do dia, provada por certidão ou publicação no órgão oficial.

§ 7º *(Vetado.)*

CAPÍTULO VII
DO INCIDENTE DE FALSIDADE

Art. 145. Arguida, por escrito, a falsidade de documento constante dos autos, o juiz observará o seguinte processo:

Veja arts. 296 a 305, CP.

CÓDIGO DE PROCESSO PENAL – ARTS. 145 A 152 | 37

I – mandará autuar em apartado a impugnação, e em seguida ouvirá a parte contrária, que, no prazo de 48 (quarenta e oito) horas, oferecerá resposta;

II – assinará o prazo de 3 (três) dias, sucessivamente, a cada uma das partes, para prova de suas alegações;

III – conclusos os autos, poderá ordenar as diligências que entender necessárias;

IV – se reconhecida a falsidade por decisão irrecorrível, mandará desentranhar o documento e remetê-lo, com os autos do processo incidente, ao Ministério Público.

Art. 146. A arguição de falsidade, feita por procurador, exige poderes especiais.

Art. 147. O juiz poderá, de ofício, proceder à verificação da falsidade.

Art. 148. Qualquer que seja a decisão, não fará coisa julgada em prejuízo de ulterior processo penal ou civil.

CAPÍTULO VIII
DA INSANIDADE MENTAL DO ACUSADO

Veja arts. 26 e 28, CP.

Art. 149. Quando houver dúvida sobre a integridade mental do acusado, o juiz ordenará, de ofício ou a requerimento do Ministério Público, do defensor, do curador, do ascendente, descendente, irmão ou cônjuge do acusado, seja este submetido a exame médico-legal.

§ 1º O exame poderá ser ordenado ainda na fase do inquérito, mediante representação da autoridade policial ao juiz competente.

§ 2º O juiz nomeará curador ao acusado, quando determinar o exame, ficando suspenso o processo, se já iniciada a ação penal, salvo quanto às diligências que possam ser prejudicadas pelo adiamento.

Veja art. 152, CPP.

Art. 150. Para o efeito do exame, o acusado, se estiver preso, será internado em manicômio judiciário, onde houver, ou, se estiver solto, e o requererem os peritos, em estabelecimento adequado que o juiz designar.

§ 1º O exame não durará mais de 45 (quarenta e cinco) dias, salvo se os peritos demonstrarem a necessidade de maior prazo.

§ 2º Se não houver prejuízo para a marcha do processo, o juiz poderá autorizar sejam os autos entregues aos peritos, para facilitar o exame.

Art. 151. Se os peritos concluírem que o acusado era, ao tempo da infração, irresponsável nos termos do art. 22 do Código Penal, o processo prosseguirá, com a presença do curador.

A referência atual do antigo art. 22 é o art. 26, CP.

Veja art. 97, § 1º, CP.

Veja Súmula n. 361, STF.

Art. 152. Se se verificar que a doença mental sobreveio à infração o processo continuará suspenso até que o acusado se restabeleça, observado o § 2º do art. 149.

38 | ARTS. 152 A 157 – CÓDIGO DE PROCESSO PENAL

Veja art. 79, § 1º, CPP.

Veja art. 116, parágrafo único, CP.

§ 1º O juiz poderá, nesse caso, ordenar a internação do acusado em manicômio judiciário ou em outro estabelecimento adequado.

§ 2º O processo retomará o seu curso, desde que se restabeleça o acusado, ficando-lhe assegurada a faculdade de reinquirir as testemunhas que houverem prestado depoimento sem a sua presença.

Art. 153. O incidente da insanidade mental processar-se-á em auto apartado, que só depois da apresentação do laudo, será apenso ao processo principal.

Art. 154. Se a insanidade mental sobrevier no curso da execução da pena, observar-se-á o disposto no art. 682.

Veja art. 41, CP.

TÍTULO VII
DA PROVA

CAPÍTULO I
DISPOSIÇÕES GERAIS

Art. 155. O juiz formará sua convicção pela livre apreciação da prova produzida em contraditório judicial, não podendo fundamentar sua decisão exclusivamente nos elementos informativos colhidos na investigação, ressalvadas as provas cautelares, não repetíveis e antecipadas.

Caput com redação dada pela Lei n. 11.690, de 09.06.2008.

Parágrafo único. Somente quanto ao estado das pessoas serão observadas as restrições estabelecidas na lei civil.

Parágrafo acrescentado pela Lei n. 11.690, de 09.06.2008.

Veja Súmula n. 74, STJ.

Art. 156. A prova da alegação incumbirá a quem a fizer, sendo, porém, facultado ao juiz de ofício:

Caput com redação dada pela Lei n. 11.690, de 09.06.2008.

I – ordenar, mesmo antes de iniciada a ação penal, a produção antecipada de provas consideradas urgentes e relevantes, observando a necessidade, adequação e proporcionalidade da medida;

Inciso acrescentado pela Lei n. 11.690, de 09.06.2008.

II – determinar, no curso da instrução, ou antes de proferir sentença, a realização de diligências para dirimir dúvida sobre ponto relevante.

Inciso acrescentado pela Lei n. 11.690, de 09.06.2008.

Art. 157. São inadmissíveis, devendo ser desentranhadas do processo, as provas ilícitas, assim entendidas as obtidas em violação a normas constitucionais ou legais.

Caput com redação dada pela Lei n. 11.690, de 09.06.2008.

§ 1º São também inadmissíveis as provas derivadas das ilícitas, salvo quando não evidenciado o nexo de causalidade entre umas e outras, ou quando as derivadas puderem ser obtidas por uma fonte independente das primeiras.

CÓDIGO DE PROCESSO PENAL – ARTS. 157 A 158-A | 39

Parágrafo acrescentado pela Lei n. 11.690, de 09.06.2008.

§ 2º Considera-se fonte independente aquela que por si só, seguindo os trâmites típicos e de praxe, próprios da investigação ou instrução criminal, seria capaz de conduzir ao fato objeto da prova.

Parágrafo acrescentado pela Lei n. 11.690, de 09.06.2008.

§ 3º Preclusa a decisão de desentranhamento da prova declarada inadmissível, esta será inutilizada por decisão judicial, facultado às partes acompanhar o incidente.

Parágrafo acrescentado pela Lei n. 11.690, de 09.06.2008.

§ 4º *(Vetado.)*

Parágrafo acrescentado pela Lei n. 11.690, de 09.06.2008.

§ 5º O juiz que conhecer do conteúdo da prova declarada inadmissível não poderá proferir a sentença ou acórdão.

Parágrafo acrescentado pela Lei n. 13.964, de 24.12.2019.

Veja MC na ADI n. 6.298/DF, de 22.01.2020, que suspende a eficácia deste artigo.

CAPÍTULO II
DO EXAME DE CORPO DE DELITO, DA CADEIA
DE CUSTÓDIA E DAS PERÍCIAS EM GERAL

Capítulo com denominação dada pela Lei n. 13.964, de 24.12.2019.

Veja arts. 342 e 343, CP.

Art. 158. Quando a infração deixar vestígios, será indispensável o exame de corpo de delito, direto ou indireto, não podendo supri-lo a confissão do acusado.

Veja art. 3º, § 3º, Lei n. 14.022, de 07.07.2020.

Parágrafo único. Dar-se-á prioridade à realização do exame de corpo de delito quando se tratar de crime que envolva:

Parágrafo acrescentado pela Lei n. 13.721, de 02.10.2018.

I – violência doméstica e familiar contra mulher;

Inciso acrescentado pela Lei n. 13.721, de 02.10.2018.

II – violência contra criança, adolescente, idoso ou pessoa com deficiência.

Inciso acrescentado pela Lei n. 13.721, de 02.10.2018.

Art. 158-A. Considera-se cadeia de custódia o conjunto de todos os procedimentos utilizados para manter e documentar a história cronológica do vestígio coletado em locais ou em vítimas de crimes, para rastrear sua posse e manuseio a partir de seu reconhecimento até o descarte.

Artigo acrescentado pela Lei n. 13.964, de 24.12.2019.

§ 1º O início da cadeia de custódia dá-se com a preservação do local de crime ou com procedimentos policiais ou periciais nos quais seja detectada a existência de vestígio.

§ 2º O agente público que reconhecer um elemento como de potencial interesse para a produção da prova pericial fica responsável por sua preservação.

§ 3º Vestígio é todo objeto ou material bruto, visível ou latente, constatado ou recolhido, que se relaciona à infração penal.

40 | ARTS. 158-B E 158-C – CÓDIGO DE PROCESSO PENAL

Art. 158-B. A cadeia de custódia compreende o rastreamento do vestígio nas seguintes etapas:

Artigo acrescentado pela Lei n. 13.964, de 24.12.2019.

I – reconhecimento: ato de distinguir um elemento como de potencial interesse para a produção da prova pericial;

II – isolamento: ato de evitar que se altere o estado das coisas, devendo isolar e preservar o ambiente imediato, mediato e relacionado aos vestígios e local de crime;

III – fixação: descrição detalhada do vestígio conforme se encontra no local de crime ou no corpo de delito, e a sua posição na área de exames, podendo ser ilustrada por fotografias, filmagens ou croqui, sendo indispensável a sua descrição no laudo pericial produzido pelo perito responsável pelo atendimento;

IV – coleta: ato de recolher o vestígio que será submetido à análise pericial, respeitando suas características e natureza;

V – acondicionamento: procedimento por meio do qual cada vestígio coletado é embalado de forma individualizada, de acordo com suas características físicas, químicas e biológicas, para posterior análise, com anotação da data, hora e nome de quem realizou a coleta e o acondicionamento;

VI – transporte: ato de transferir o vestígio de um local para o outro, utilizando as condições adequadas (embalagens, veículos, temperatura, entre outras), de modo a garantir a manutenção de suas características originais, bem como o controle de sua posse;

VII – recebimento: ato formal de transferência da posse do vestígio, que deve ser documentado com, no mínimo, informações referentes ao número de procedimento e unidade de polícia judiciária relacionada, local de origem, nome de quem transportou o vestígio, código de rastreamento, natureza do exame, tipo do vestígio, protocolo, assinatura e identificação de quem o recebeu;

VIII – processamento: exame pericial em si, manipulação do vestígio de acordo com a metodologia adequada às suas características biológicas, físicas e químicas, a fim de se obter o resultado desejado, que deverá ser formalizado em laudo produzido por perito;

IX – armazenamento: procedimento referente à guarda, em condições adequadas, do material a ser processado, guardado para realização de contraperícia, descartado ou transportado, com vinculação ao número do laudo correspondente;

X – descarte: procedimento referente à liberação do vestígio, respeitando a legislação vigente e, quando pertinente, mediante autorização judicial.

Art. 158-C. A coleta dos vestígios deverá ser realizada preferencialmente por perito oficial, que dará o encaminhamento necessário para a central de custódia, mesmo quando for necessária a realização de exames complementares.

Artigo acrescentado pela Lei n. 13.964, de 24.12.2019.

§ 1º Todos vestígios coletados no decurso do inquérito ou processo devem ser tratados como descrito nesta Lei, ficando órgão central de perícia oficial de natureza criminal responsável por detalhar a forma do seu cumprimento.

§ 2º É proibida a entrada em locais isolados bem como a remoção de quaisquer vestígios de locais de crime antes da liberação por parte do perito responsável, sendo tipificada como fraude processual a sua realização.

Art. 158-D. O recipiente para acondicionamento do vestígio será determinado pela natureza do material.

Artigo acrescentado pela Lei n. 13.964, de 24.12.2019.

§ 1º Todos os recipientes deverão ser selados com lacres, com numeração individualizada, de forma a garantir a inviolabilidade e a idoneidade do vestígio durante o transporte.

§ 2º O recipiente deverá individualizar o vestígio, preservar suas características, impedir contaminação e vazamento, ter grau de resistência adequado e espaço para registro de informações sobre seu conteúdo.

§ 3º O recipiente só poderá ser aberto pelo perito que vai proceder à análise e, motivadamente, por pessoa autorizada.

§ 4º Após cada rompimento de lacre, deve se fazer constar na ficha de acompanhamento de vestígio o nome e a matrícula do responsável, a data, o local, a finalidade, bem como as informações referentes ao novo lacre utilizado.

§ 5º O lacre rompido deverá ser acondicionado no interior do novo recipiente.

Art. 158-E. Todos os Institutos de Criminalística deverão ter uma central de custódia destinada à guarda e controle dos vestígios, e sua gestão deve ser vinculada diretamente ao órgão central de perícia oficial de natureza criminal.

Artigo acrescentado pela Lei n. 13.964, de 24.12.2019.

§ 1º Toda central de custódia deve possuir os serviços de protocolo, com local para conferência, recepção, devolução de materiais e documentos, possibilitando a seleção, a classificação e a distribuição de materiais, devendo ser um espaço seguro e apresentar condições ambientais que não interfiram nas características do vestígio.

§ 2º Na central de custódia, a entrada e a saída de vestígio deverão ser protocoladas, consignando-se informações sobre a ocorrência no inquérito que a eles se relacionam.

§ 3º Todas as pessoas que tiverem acesso ao vestígio armazenado deverão ser identificadas e deverão ser registradas a data e a hora do acesso.

§ 4º Por ocasião da tramitação do vestígio armazenado, todas as ações deverão ser registradas, consignando-se a identificação do responsável pela tramitação, a destinação, a data e horário da ação.

Art. 158-F. Após a realização da perícia, o material deverá ser devolvido à central de custódia, devendo nela permanecer.

Artigo acrescentado pela Lei n. 13.964, de 24.12.2019.

42 | ARTS. 158-F E 159 – CÓDIGO DE PROCESSO PENAL

Parágrafo único. Caso a central de custódia não possua espaço ou condições de armazenar determinado material, deverá a autoridade policial ou judiciária determinar as condições de depósito do referido material em local diverso, mediante requerimento do diretor do órgão central de perícia oficial de natureza criminal.

Art. 159. O exame de corpo de delito e outras perícias serão realizados por perito oficial, portador de diploma de curso superior.

Caput com redação dada pela Lei n. 11.690, de 09.06.2008.

Veja art. 178, CPP.

§ 1º Na falta de perito oficial, o exame será realizado por 2 (duas) pessoas idôneas, portadoras de diploma de curso superior preferencialmente na área específica, dentre as que tiverem habilitação técnica relacionada com a natureza do exame.

Parágrafo com redação dada pela Lei n. 11.690, de 09.06.2008.

Veja art. 179, CPP.

Veja art. 2º, Lei n. 11.690, de 09.06.2008, que assim dispõe:

"Art. 2º Aqueles peritos que ingressaram sem exigência do diploma de curso superior até a data de entrada em vigor desta Lei continuarão a atuar exclusivamente nas respectivas áreas para as quais se habilitaram, ressalvados os peritos médicos."

§ 2º Os peritos não oficiais prestarão o compromisso de bem e fielmente desempenhar o encargo.

Parágrafo com redação mantida pela Lei n. 11.690, de 09.06.2008.

§ 3º Serão facultadas ao Ministério Público, ao assistente de acusação, ao ofendido, ao querelante e ao acusado a formulação de quesitos e indicação de assistente técnico.

Parágrafo acrescentado pela Lei n. 11.690, de 09.06.2008.

§ 4º O assistente técnico atuará a partir de sua admissão pelo juiz e após a conclusão dos exames e elaboração do laudo pelos peritos oficiais, sendo as partes intimadas desta decisão.

Parágrafo acrescentado pela Lei n. 11.690, de 09.06.2008.

§ 5º Durante o curso do processo judicial, é permitido às partes, quanto à perícia:

Parágrafo acrescentado pela Lei n. 11.690, de 09.06.2008.

I – requerer a oitiva dos peritos para esclarecerem a prova ou para responderem a quesitos, desde que o mandado de intimação e os quesitos ou questões a serem esclarecidas sejam encaminhados com antecedência mínima de 10 (dez) dias, podendo apresentar as respostas em laudo complementar;

Inciso acrescentado pela Lei n. 11.690, de 09.06.2008.

II – indicar assistentes técnicos que poderão apresentar pareceres em prazo a ser fixado pelo juiz ou ser inquiridos em audiência.

Inciso acrescentado pela Lei n. 11.690, de 09.06.2008.

§ 6º Havendo requerimento das partes, o material probatório que serviu de base à perícia será disponibilizado no ambiente do órgão oficial, que

CÓDIGO DE PROCESSO PENAL – ARTS. 159 A 166 | 43

manterá sempre sua guarda, e na presença de perito oficial, para exame pelos assistentes, salvo se for impossível a sua conservação.

Parágrafo acrescentado pela Lei n. 11.690, de 09.06.2008.

§ 7º Tratando-se de perícia complexa que abranja mais de uma área de conhecimento especializado, poder-se-á designar a atuação de mais de um perito oficial, e a parte indicar mais de um assistente técnico.

Parágrafo acrescentado pela Lei n. 11.690, de 09.06.2008.

Art. 160. Os peritos elaborarão o laudo pericial, onde descreverão minuciosamente o que examinarem, e responderão aos quesitos formulados.

Caput com redação dada pela Lei n. 8.862, de 28.03.1994.

Parágrafo único. O laudo pericial será elaborado no prazo máximo de 10 (dez) dias, podendo este prazo ser prorrogado, em casos excepcionais, a requerimento dos peritos.

Parágrafo com redação dada pela Lei n. 8.862, de 28.03.1994.

Veja art. 179, parágrafo único, CPP.

Art. 161. O exame de corpo de delito poderá ser feito em qualquer dia e a qualquer hora.

Art. 162. A autópsia será feita pelo menos 6 (seis) horas depois do óbito, salvo se os peritos, pela evidência dos sinais de morte, julgarem que possa ser feita antes daquele prazo, o que declararão no auto.

Parágrafo único. Nos casos de morte violenta, bastará o simples exame externo do cadáver, quando não houver infração penal que apurar, ou quando as lesões externas permitirem precisar a causa da morte e não houver necessidade de exame interno para a verificação de alguma circunstância relevante.

Art. 163. Em caso de exumação para exame cadavérico, a autoridade providenciará para que, em dia e hora previamente marcados, se realize a diligência, da qual se lavrará auto circunstanciado.

Parágrafo único. O administrador de cemitério público ou particular indicará o lugar da sepultura, sob pena de desobediência. No caso de recusa ou de falta de quem indique a sepultura, ou de encontrar-se o cadáver em lugar não destinado a inumações, a autoridade procederá às pesquisas necessárias, o que tudo constará do auto.

Veja art. 330, CP.

Art. 164. Os cadáveres serão sempre fotografados na posição em que forem encontrados, bem como, na medida do possível, todas as lesões externas e vestígios deixados no local do crime.

Artigo com redação dada pela Lei n. 8.862, de 28.03.1994.

Art. 165. Para representar as lesões encontradas no cadáver, os peritos, quando possível, juntarão ao laudo do exame provas fotográficas, esquemas ou desenhos, devidamente rubricados.

Veja Súmula n. 361, STF.

Art. 166. Havendo dúvida sobre a identidade do cadáver exumado, proceder-se-á ao reconhecimento pelo Instituto de Identificação e Estatística ou repartição congênere ou pela inquirição de testemunhas, lavrando-se

ARTS. 166 A 172 – CÓDIGO DE PROCESSO PENAL

auto de reconhecimento e de identidade, no qual se descreverá o cadáver, com todos os sinais e indicações.

Parágrafo único. Em qualquer caso, serão arrecadados e autenticados todos os objetos encontrados, que possam ser úteis para a identificação do cadáver.

Art. 167. Não sendo possível o exame de corpo de delito, por haverem desaparecido os vestígios, a prova testemunhal poderá suprir-lhe a falta.

Veja art. 564, III, *b*, CPP.

Art. 168. Em caso de lesões corporais, se o primeiro exame pericial tiver sido incompleto, proceder-se-á a exame complementar por determinação da autoridade policial ou judiciária, de ofício, ou a requerimento do Ministério Público, do ofendido ou do acusado, ou de seu defensor.

§ 1º No exame complementar, os peritos terão presente o auto de corpo de delito, a fim de suprir-lhe a deficiência ou retificá-lo.

§ 2º Se o exame tiver por fim precisar a classificação do delito no art. 129, § 1º, I, do Código Penal, deverá ser feito logo que decorra o prazo de 30 (trinta) dias, contado da data do crime.

§ 3º A falta de exame complementar poderá ser suprida pela prova testemunhal.

Art. 169. Para o efeito de exame do local onde houver sido praticada a infração, a autoridade providenciará imediatamente para que não se altere o estado das coisas até a chegada dos peritos, que poderão instruir seus laudos com fotografias, desenhos ou esquemas elucidativos.

Veja art. 166, CP.

Parágrafo único. Os peritos registrarão, no laudo, as alterações do estado das coisas e discutirão, no relatório, as consequências dessas alterações na dinâmica dos fatos.

Parágrafo acrescentado pela Lei n. 8.862, de 28.03.1994.

Art. 170. Nas perícias de laboratório, os peritos guardarão material suficiente para a eventualidade de nova perícia. Sempre que conveniente, os laudos serão ilustrados com provas fotográficas, ou microfotográficas, desenhos ou esquemas.

Veja Súmula n. 361, STF.

Art. 171. Nos crimes cometidos com destruição ou rompimento de obstáculo a subtração da coisa, ou por meio de escalada, os peritos, além de descrever os vestígios, indicarão com que instrumentos, por que meios e em que época presumem ter sido o fato praticado.

Veja art. 155, § 4º, CP.

Veja Súmula n. 361, STF.

Art. 172. Proceder-se-á, quando necessário, à avaliação de coisas destruídas, deterioradas ou que constituam produto do crime.

Parágrafo único. Se impossível a avaliação direta, os peritos procederão à avaliação por meio dos elementos existentes nos autos e dos que resultarem de diligências.

CÓDIGO DE PROCESSO PENAL – ARTS. 172 A 180 | 45

Veja arts. 155 a 180, CP.

Art. 173. No caso de incêndio, os peritos verificarão a causa e o lugar em que houver começado, o perigo que dele tiver resultado para a vida ou para o patrimônio alheio, a extensão do dano e o seu valor e as demais circunstâncias que interessarem à elucidação do fato.

Veja art. 250, CP.

Veja Súmula n. 361, STF.

Art. 174. No exame para o reconhecimento de escritos, por comparação de letra, observar-se-á o seguinte:

I – a pessoa a quem se atribua ou se possa atribuir o escrito será intimada para o ato, se for encontrada;

II – para a comparação, poderão servir quaisquer documentos que a dita pessoa reconhecer ou já tiverem sido judicialmente reconhecidos como de seu punho, ou sobre cuja autenticidade não houver dúvida;

III – a autoridade, quando necessário, requisitará, para o exame, os documentos que existirem em arquivos ou estabelecimentos públicos, ou nestes realizará a diligência, se daí não puderem ser retirados;

IV – quando não houver escritos para a comparação ou forem insuficientes os exibidos, a autoridade mandará que a pessoa escreva o que lhe for ditado. Se estiver ausente a pessoa, mas em lugar certo, esta última diligência poderá ser feita por precatória, em que se consignarão as palavras que a pessoa será intimada a escrever.

Art. 175. Serão sujeitos a exame os instrumentos empregados para a prática da infração, a fim de se lhes verificar a natureza e a eficiência.

Art. 176. A autoridade e as partes poderão formular quesitos até o ato da diligência.

Art. 177. No exame por precatória, a nomeação dos peritos far-se-á no juízo deprecado. Havendo, porém, no caso de ação privada, acordo das partes, essa nomeação poderá ser feita pelo juiz deprecante.

Veja Súmula n. 361, STF.

Parágrafo único. Os quesitos do juiz e das partes serão transcritos na precatória.

Art. 178. No caso do art. 159, o exame será requisitado pela autoridade ao diretor da repartição, juntando-se ao processo o laudo assinado pelos peritos.

Art. 179. No caso do § 1º do art. 159, o escrivão lavrará o auto respectivo, que será assinado pelos peritos e, se presente ao exame, também pela autoridade.

Veja Súmula n. 361, STF.

Parágrafo único. No caso do art. 160, parágrafo único, o laudo, que poderá ser datilografado, será subscrito e rubricado em suas folhas por todos os peritos.

Art. 180. Se houver divergência entre os peritos, serão consignadas no auto do exame as declarações e respostas de um e de outro, ou cada um redigirá separadamente o seu laudo, e a autoridade nomeará um terceiro; se

46 | ARTS. 180 A 185 – CÓDIGO DE PROCESSO PENAL

este divergir de ambos, a autoridade poderá mandar proceder a novo exame por outros peritos.

Art. 181. No caso de inobservância de formalidades, ou no caso de omissões, obscuridades ou contradições, a autoridade judiciária mandará suprir a formalidade, complementar ou esclarecer o laudo.

Caput com redação dada pela Lei n. 8.862, de 28.03.1994.

Parágrafo único. A autoridade poderá também ordenar que se proceda a novo exame, por outros peritos, se julgar conveniente.

Veja Súmula n. 361, STF.

Art. 182. O juiz não ficará adstrito ao laudo, podendo aceitá-lo ou rejeitá-lo, no todo ou em parte.

Art. 183. Nos crimes em que não couber ação pública, observar-se-á o disposto no art. 19.

Art. 184. Salvo o caso de exame de corpo de delito, o juiz ou a autoridade policial negará a perícia requerida pelas partes, quando não for necessária ao esclarecimento da verdade.

CAPÍTULO III
DO INTERROGATÓRIO DO ACUSADO

Veja art. 474, *caput*, CPP.

Veja art. 2°, Lei n. 1.579, de 18.03.1952 (CPI).

Art. 185. O acusado que comparecer perante a autoridade judiciária, no curso do processo penal, será qualificado e interrogado na presença de seu defensor, constituído ou nomeado.

Caput com redação dada pela Lei n. 10.792, de 01.12.2003.

Veja Súmula n. 523, STF.

§ 1° O interrogatório do réu preso será realizado, em sala própria, no estabelecimento em que estiver recolhido, desde que estejam garantidas a segurança do juiz, do membro do Ministério Público e dos auxiliares bem como a presença do defensor e a publicidade do ato.

Parágrafo com redação dada pela Lei n. 11.900, de 08.01.2009.

§ 2° Excepcionalmente, o juiz, por decisão fundamentada, de ofício ou a requerimento das partes, poderá realizar o interrogatório do réu preso por sistema de videoconferência ou outro recurso tecnológico de transmissão de sons e imagens em tempo real, desde que a medida seja necessária para atender a uma das seguintes finalidades:

Parágrafo com redação dada pela Lei n. 11.900, de 08.01.2009.

I – prevenir risco à segurança pública, quando exista fundada suspeita de que o preso integre organização criminosa ou de que, por outra razão, possa fugir durante o deslocamento;

Inciso acrescentado pela Lei n. 11.900, de 08.01.2009.

II – viabilizar a participação do réu no referido ato processual, quando haja relevante dificuldade para seu comparecimento em juízo, por enfermidade ou outra circunstância pessoal;

CÓDIGO DE PROCESSO PENAL – ART. 185 | 47

Inciso acrescentado pela Lei n. 11.900, de 08.01.2009.

III – impedir a influência do réu no ânimo de testemunha ou da vítima, desde que não seja possível colher o depoimento destas por videoconferência, nos termos do art. 217 deste Código;

Inciso acrescentado pela Lei n. 11.900, de 08.01.2009.

IV – responder à gravíssima questão de ordem pública.

Inciso acrescentado pela Lei n. 11.900, de 08.01.2009.

§ 3º Da decisão que determinar a realização de interrogatório por videoconferência, as partes serão intimadas com 10 (dez) dias de antecedência.

Parágrafo acrescentado pela Lei n. 11.900, de 08.01.2009.

§ 4º Antes do interrogatório por videoconferência, o preso poderá acompanhar, pelo mesmo sistema tecnológico, a realização de todos os atos da audiência única de instrução e julgamento de que tratam os arts. 400, 411 e 531 deste Código.

Parágrafo acrescentado pela Lei n. 11.900, de 08.01.2009.

§ 5º Em qualquer modalidade de interrogatório, o juiz garantirá ao réu o direito de entrevista prévia e reservada com o seu defensor; se realizado por videoconferência, fica também garantido o acesso a canais telefônicos reservados para comunicação entre o defensor que esteja no presídio e o advogado presente na sala de audiência do Fórum, e entre este e o preso.

Parágrafo acrescentado pela Lei n. 11.900, de 08.01.2009.

§ 6º A sala reservada no estabelecimento prisional para a realização de atos processuais por sistema de videoconferência será fiscalizada pelos corregedores e pelo juiz de cada causa, como também pelo Ministério Público e pela Ordem dos Advogados do Brasil.

Parágrafo acrescentado pela Lei n. 11.900, de 08.01.2009.

§ 7º Será requisitada a apresentação do réu preso em juízo nas hipóteses em que o interrogatório não se realizar na forma prevista nos §§ 1º e 2º deste artigo.

Parágrafo acrescentado pela Lei n. 11.900, de 08.01.2009.

§ 8º Aplica-se o disposto nos §§ 2º, 3º, 4º e 5º deste artigo, no que couber, à realização de outros atos processuais que dependam da participação de pessoa que esteja presa, como acareação, reconhecimento de pessoas e coisas, e inquirição de testemunha ou tomada de declarações do ofendido.

Parágrafo acrescentado pela Lei n. 11.900, de 08.01.2009.

§ 9º Na hipótese do § 8º deste artigo, fica garantido o acompanhamento do ato processual pelo acusado e seu defensor.

Parágrafo acrescentado pela Lei n. 11.900, de 08.01.2009.

§ 10. Do interrogatório deverá constar a informação sobre a existência de filhos, respectivas idades e se possuem alguma deficiência e o nome e o contato de eventual responsável pelos cuidados dos filhos, indicado pela pessoa presa.

Parágrafo acrescentado pela Lei n. 13.257, de 08.03.2016.

Art. 186. Depois de devidamente qualificado e cientificado do inteiro teor da acusação, o acusado será informado pelo juiz, antes de iniciar o interrogatório, do seu direito de permanecer calado e de não responder perguntas que lhe forem formuladas.

Caput com redação dada pela Lei n. 10.792, de 01.12.2003.

Parágrafo único. O silêncio, que não importará em confissão, não poderá ser interpretado em prejuízo da defesa.

Parágrafo acrescentado pela Lei n. 10.792, de 01.12.2003.

Art. 187. O interrogatório será constituído de duas partes: sobre a pessoa do acusado e sobre os fatos.

Caput com redação dada pela Lei n. 10.792, de 01.12.2003.

§ 1º Na primeira parte o interrogando será perguntado sobre a residência, meios de vida ou profissão, oportunidades sociais, lugar onde exerce a sua atividade, vida pregressa, notadamente se foi preso ou processado alguma vez e, em caso afirmativo, qual o juízo do processo, se houve suspensão condicional ou condenação, qual a pena imposta, se a cumpriu e outros dados familiares e sociais.

Parágrafo acrescentado pela Lei n. 10.792, de 01.12.2003.

§ 2º Na segunda parte será perguntado sobre:

Parágrafo acrescentado pela Lei n. 10.792, de 01.12.2003.

I – ser verdadeira a acusação que lhe é feita;

Inciso acrescentado pela Lei n. 10.792, de 01.12.2003.

II – não sendo verdadeira a acusação, se tem algum motivo particular a que atribuí-la, se conhece a pessoa ou pessoas a quem deva ser imputada a prática do crime, e quais sejam, e se com elas esteve antes da prática da infração ou depois dela;

Inciso acrescentado pela Lei n. 10.792, de 01.12.2003.

III – onde estava ao tempo em que foi cometida a infração e se teve notícia desta;

Inciso acrescentado pela Lei n. 10.792, de 01.12.2003.

IV – as provas já apuradas;

Inciso acrescentado pela Lei n. 10.792, de 01.12.2003.

V – se conhece as vítimas e testemunhas já inquiridas ou por inquirir, e desde quando, e se tem o que alegar contra elas;

Inciso acrescentado pela Lei n. 10.792, de 01.12.2003.

VI – se conhece o instrumento com que foi praticada a infração, ou qualquer objeto que com esta se relacione e tenha sido apreendido;

Inciso acrescentado pela Lei n. 10.792, de 01.12.2003.

VII – todos os demais fatos e pormenores que conduzam à elucidação dos antecedentes e circunstâncias da infração;

Inciso acrescentado pela Lei n. 10.792, de 01.12.2003.

VIII – se tem algo mais a alegar em sua defesa.

Inciso acrescentado pela Lei n. 10.792, de 01.12.2003.

CÓDIGO DE PROCESSO PENAL – ARTS. 188 A 196 | 49

Art. 188. Após proceder ao interrogatório, o juiz indagará das partes se restou algum fato para ser esclarecido, formulando as perguntas correspondentes se o entender pertinente e relevante.

Artigo com redação dada pela Lei n. 10.792, de 01.12.2003.

Art. 189. Se o interrogando negar a acusação, no todo ou em parte, poderá prestar esclarecimentos e indicar provas.

Artigo com redação dada pela Lei n. 10.792, de 01.12.2003.

Art. 190. Se confessar a autoria, será perguntado sobre os motivos e circunstâncias do fato e se outras pessoas concorreram para a infração, e quais sejam.

Artigo com redação dada pela Lei n. 10.792, de 01.12.2003.

Veja art. 29, CP.

Art. 191. Havendo mais de um acusado, serão interrogados separadamente.

Artigo com redação dada pela Lei n. 10.792, de 01.12.2003.

Art. 192. O interrogatório do mudo, do surdo ou do surdo-mudo será feito pela forma seguinte:

Caput com redação mantida pela Lei n. 10.792, de 01.12.2003.

Veja art. 223, CPP.

I – ao surdo serão apresentadas por escrito as perguntas, que ele responderá oralmente;

Inciso com redação mantida pela Lei n. 10.792, de 01.12.2003.

II – ao mudo as perguntas serão feitas oralmente, respondendo-as por escrito;

Inciso com redação dada pela Lei n. 10.792, de 01.12.2003.

III – ao surdo-mudo as perguntas serão formuladas por escrito e do mesmo modo dará as respostas.

Inciso com redação dada pela Lei n. 10.792, de 01.12.2003.

Parágrafo único. Caso o interrogando não saiba ler ou escrever, intervirá no ato, como intérprete e sob compromisso, pessoa habilitada a entendê-lo.

Parágrafo com redação dada pela Lei n. 10.792, de 01.12.2003.

Art. 193. Quando o interrogando não falar a língua nacional, o interrogatório será feito por meio de intérprete.

Artigo com redação dada pela Lei n. 10.792, de 01.12.2003.

Art. 194. *(Revogado pela Lei n. 10.792, de 01.12.2003.)*

Art. 195. Se o interrogado não souber escrever, não puder ou não quiser assinar, tal fato será consignado no termo.

Artigo com redação dada pela Lei n. 10.792, de 01.12.2003.

Veja art. 199, CPP.

Art. 196. A todo tempo o juiz poderá proceder a novo interrogatório de ofício ou a pedido fundamentado de qualquer das partes.

Artigo com redação dada pela Lei n. 10.792, de 01.12.2003.

50 | ARTS. 197 A 201 – CÓDIGO DE PROCESSO PENAL

CAPÍTULO IV
DA CONFISSÃO

Veja arts. 65, III, *d*, e 341, CP.

Veja art. 2º, Lei n. 1.579, de 18.03.1952 (CPI).

Art. 197. O valor da confissão se aferirá pelos critérios adotados para os outros elementos de prova, e para a sua apreciação o juiz deverá confrontá-la com as demais provas do processo, verificando se entre ela e estas existe compatibilidade ou concordância.

Art. 198. O silêncio do acusado não importará confissão, mas poderá constituir elemento para a formação do convencimento do juiz.

Art. 199. A confissão, quando feita fora do interrogatório, será tomada por termo nos autos, observado o disposto no art. 195.

Art. 200. A confissão será divisível e retratável, sem prejuízo do livre convencimento do juiz, fundado no exame das provas em conjunto.

CAPÍTULO V
DO OFENDIDO

Capítulo com denominação dada pela Lei n. 11.690, de 09.06.2008.

Art. 201. Sempre que possível, o ofendido será qualificado e perguntado sobre as circunstâncias da infração, quem seja ou presuma ser o seu autor, as provas que possa indicar, tomando-se por termo as suas declarações.

Caput com redação mantida pela Lei n. 11.690, de 09.06.2008.

§ 1º Se, intimado para esse fim, deixar de comparecer sem motivo justo, o ofendido poderá ser conduzido à presença da autoridade.

Antigo parágrafo único renumerado pela Lei n. 11.690, de 09.06.2008.

§ 2º O ofendido será comunicado dos atos processuais relativos ao ingresso e à saída do acusado da prisão, à designação de data para audiência e à sentença e respectivos acórdãos que a mantenham ou modifiquem.

Parágrafo acrescentado pela Lei n. 11.690, de 09.06.2008.

§ 3º As comunicações ao ofendido deverão ser feitas no endereço por ele indicado, admitindo-se, por opção do ofendido, o uso de meio eletrônico.

Parágrafo acrescentado pela Lei n. 11.690, de 09.06.2008.

§ 4º Antes do início da audiência e durante a sua realização, será reservado espaço separado para o ofendido.

Parágrafo acrescentado pela Lei n. 11.690, de 09.06.2008.

§ 5º Se o juiz entender necessário, poderá encaminhar o ofendido para atendimento multidisciplinar, especialmente nas áreas psicossocial, de assistência jurídica e de saúde, a expensas do ofensor ou do Estado.

Parágrafo acrescentado pela Lei n. 11.690, de 09.06.2008.

§ 6º O juiz tomará as providências necessárias à preservação da intimidade, vida privada, honra e imagem do ofendido, podendo, inclusive, determinar o segredo de justiça em relação aos dados, depoimentos e outras informações constantes dos autos a seu respeito para evitar sua exposição aos meios de comunicação.

CÓDIGO DE PROCESSO PENAL – ARTS. 201 A 209 | 51

Parágrafo acrescentado pela Lei n. 11.690, de 09.06.2008.

CAPÍTULO VI
DAS TESTEMUNHAS

Veja arts. 342 e 343, CP.

Veja art. 2º, Lei n. 1.579, de 18.03.1952 (CPI).

Art. 202. Toda pessoa poderá ser testemunha.

Art. 203. A testemunha fará, sob palavra de honra, a promessa de dizer a verdade do que souber e lhe for perguntado, devendo declarar seu nome, sua idade, seu estado e sua residência, sua profissão, lugar onde exerce sua atividade, se é parente, e em que grau, de alguma das partes, ou quais suas relações com qualquer delas, e relatar o que souber, explicando sempre as razões de sua ciência ou as circunstâncias pelas quais possa avaliar-se de sua credibilidade.

Veja art. 208, CPP.

Veja art. 307, CP.

Art. 204. O depoimento será prestado oralmente, não sendo permitido à testemunha trazê-lo por escrito.

Parágrafo único. Não será vedada à testemunha, entretanto, breve consulta a apontamentos.

Art. 205. Se ocorrer dúvida sobre a identidade da testemunha, o juiz procederá à verificação pelos meios ao seu alcance, podendo, entretanto, tomar-lhe o depoimento desde logo.

Art. 206. A testemunha não poderá eximir-se da obrigação de depor. Poderão, entretanto, recusar-se a fazê-lo o ascendente ou descendente, o afim em linha reta, o cônjuge, ainda que desquitado, o irmão e o pai, a mãe, ou o filho adotivo do acusado, salvo quando não for possível, por outro modo, obter-se ou integrar-se a prova do fato e de suas circunstâncias.

O art. 39, Lei n. 6.515, de 26.12.1977, substituiu as expressões "desquite por mútuo consentimento", "desquite" e "desquite litigioso" por "separação consensual" ou "separação judicial".

Veja art. 208, CPP.

Vide EC n. 66, de 13.07.2010.

Art. 207. São proibidas de depor as pessoas que, em razão de função, ministério, ofício ou profissão, devam guardar segredo, salvo se, desobrigadas pela parte interessada, quiserem dar o seu testemunho.

Veja art. 214, CPP.

Art. 208. Não se deferirá o compromisso a que alude o art. 203 aos doentes e deficientes mentais e aos menores de 14 (quatorze) anos, nem às pessoas a que se refere o art. 206.

Veja art. 214, CPP.

Art. 209. O juiz, quando julgar necessário, poderá ouvir outras testemunhas, além das indicadas pelas partes.

Veja arts. 401, § 2º, 410 e 411, CPP.

§ 1º Se ao juiz parecer conveniente, serão ouvidas as pessoas a que as testemunhas se referirem.

§ 2º Não será computada como testemunha a pessoa que nada souber que interesse à decisão da causa.

Art. 210. As testemunhas serão inquiridas cada uma *de per si*, de modo que umas não saibam nem ouçam os depoimentos das outras, devendo o juiz adverti-las das penas cominadas ao falso testemunho.

Caput com redação mantida pela Lei n. 11.690, de 09.06.2008.

Parágrafo único. Antes do início da audiência e durante a sua realização, serão reservados espaços separados para a garantia da incomunicabilidade das testemunhas.

Parágrafo acrescentado pela Lei n. 11.690, de 09.06.2008.

Art. 211. Se o juiz, ao pronunciar sentença final, reconhecer que alguma testemunha fez afirmação falsa, calou ou negou a verdade, remeterá cópia do depoimento à autoridade policial para a instauração de inquérito.

Veja Súmula n. 165, STJ.

Parágrafo único. Tendo o depoimento sido prestado em plenário de julgamento, o juiz, no caso de proferir decisão na audiência (art. 538, § 2º), o tribunal (art. 561), ou o conselho de sentença, após a votação dos quesitos, poderão fazer apresentar imediatamente a testemunha à autoridade policial.

Art. 212. As perguntas serão formuladas pelas partes diretamente à testemunha, não admitindo o juiz aquelas que puderem induzir a resposta, não tiverem relação com a causa ou importarem na repetição de outra já respondida.

Caput com redação dada pela Lei n. 11.690, de 09.06.2008.

Parágrafo único. Sobre os pontos não esclarecidos, o juiz poderá complementar a inquirição.

Parágrafo acrescentado pela Lei n. 11.690, de 09.06.2008.

Art. 213. O juiz não permitirá que a testemunha manifeste suas apreciações pessoais, salvo quando inseparáveis da narrativa do fato.

Art. 214. Antes de iniciado o depoimento, as partes poderão contraditar a testemunha ou arguir circunstâncias ou defeitos, que a tornem suspeita de parcialidade, ou indigna de fé. O juiz fará consignar a contradita ou arguição e a resposta da testemunha, mas só excluirá a testemunha ou não lhe deferirá compromisso nos casos previstos nos arts. 207 e 208.

Art. 215. Na redação do depoimento, o juiz deverá cingir-se, tanto quanto possível, às expressões usadas pelas testemunhas, reproduzindo fielmente as suas frases.

Art. 216. O depoimento da testemunha será reduzido a termo, assinado por ela, pelo juiz e pelas partes. Se a testemunha não souber assinar, ou não puder fazê-lo, pedirá a alguém que o faça por ela, depois de lido na presença de ambos.

Art. 217. Se o juiz verificar que a presença do réu poderá causar humilhação, temor, ou sério constrangimento à testemunha ou ao ofendido, de modo

CÓDIGO DE PROCESSO PENAL – ARTS. 217 A 221 | 53

que prejudique a verdade do depoimento, fará a inquirição por video-conferência e, somente na impossibilidade dessa forma, determinará a retirada do réu, prosseguindo na inquirição, com a presença do seu defensor.

Caput com redação dada pela Lei n. 11.690, de 09.06.2008.

Veja art. 185, § 2º, III, CPP.

Parágrafo único. A adoção de qualquer das medidas previstas no *caput* deste artigo deverá constar do termo, assim como os motivos que a determinaram.

Parágrafo acrescentado pela Lei n. 11.690, de 09.06.2008.

Art. 218. Se, regularmente intimada, a testemunha deixar de comparecer sem motivo justificado, o juiz poderá requisitar à autoridade policial a sua apresentação ou determinar seja conduzida por oficial de justiça, que poderá solicitar o auxílio da força pública.

Veja arts. 221, § 3º, e 458, CPP.

Veja art. 3º, § 1º, Lei n. 1.579, de 18.03.1952.

Art. 219. O juiz poderá aplicar à testemunha faltosa a multa prevista no art. 453, sem prejuízo do processo penal por crime de desobediência, e condená-la ao pagamento das custas da diligência.

Artigo com redação dada pela Lei n. 6.416, de 24.05.1977.

Veja art. 436, § 2º, CPP (multa de testemunha faltosa).

Veja art. 330, CP.

Veja art. 3º, § 1º, Lei n. 1.579, de 18.03.1952.

Art. 220. As pessoas impossibilitadas, por enfermidade ou por velhice, de comparecer para depor, serão inquiridas onde estiverem.

Art. 221. O Presidente e o Vice-Presidente da República, os senadores e deputados federais, os ministros de Estado, os governadores de Estados e Territórios, os secretários de Estado, os prefeitos do Distrito Federal e dos Municípios, os deputados às Assembleias Legislativas Estaduais, os membros do Poder Judiciário, os ministros e juízes dos Tribunais de Contas da União, dos Estados, do Distrito Federal, bem como os do Tribunal Marítimo serão inquiridos em local, dia e hora previamente ajustados entre eles e o juiz.

Caput com redação dada pela Lei n. 3.653, de 04.11.1959.

Veja art. 17, § 12, Lei n. 8.429, de 02.06.1992.

Veja art. 40, I, Lei n. 8.625, de 12.02.1993.

§ 1º O Presidente e o Vice-Presidente da República, os presidentes do Senado Federal, da Câmara dos Deputados e do Supremo Tribunal Federal poderão optar pela prestação de depoimento por escrito, caso em que as perguntas, formuladas pelas partes e deferidas pelo juiz, lhes serão transmitidas por ofício.

Parágrafo com redação dada pela Lei n. 6.416, de 24.05.1977.

Veja art. 17, § 12, Lei n. 8.429, de 02.06.1992.

§ 2º Os militares deverão ser requisitados à autoridade superior.

Parágrafo com redação dada pela Lei n. 6.416, de 24.05.1977.

54 | ARTS. 221 A 226 – CÓDIGO DE PROCESSO PENAL

§ 3º Aos funcionários públicos aplicar-se-á o disposto no art. 218, deven-do, porém, a expedição do mandado ser imediatamente comunicada ao che-fe da repartição em que servirem, com indicação do dia e da hora marca-dos.

Parágrafo acrescentado pela Lei n. 6.416, de 24.05.1977.

Art. 222. A testemunha que morar fora da jurisdição do juiz será inquirida pelo juiz do lugar de sua residência, expedindo-se, para esse fim, carta pre-catória, com prazo razoável, intimadas as partes.

Veja arts. 400 e 531, CPP.

§ 1º A expedição da precatória não suspenderá a instrução criminal.

Veja art. 222-A, CPP.

§ 2º Findo o prazo marcado, poderá realizar-se o julgamento, mas, a todo tempo, a precatória, uma vez devolvida, será junta aos autos.

Veja art. 222-A, CPP.

§ 3º Na hipótese prevista no *caput* deste artigo, a oitiva de testemunha poderá ser realizada por meio de videoconferência ou outro recurso tecno-lógico de transmissão de sons e imagens em tempo real, permitida a pre-sença do defensor e podendo ser realizada, inclusive, durante a realização da audiência de instrução e julgamento.

Parágrafo acrescentado pela Lei n. 11.900, de 08.01.2009.

Veja Súmula n. 523, STF.

Art. 222-A. As cartas rogatórias só serão expedidas se demonstrada pre-viamente a sua imprescindibilidade, arcando a parte requerente com os cus-tos de envio.

Artigo acrescentado pela Lei n. 11.900, de 08.01.2009.

Parágrafo único. Aplica-se às cartas rogatórias o disposto nos §§ 1º e 2º do art. 222 deste Código.

Art. 223. Quando a testemunha não conhecer a língua nacional, será no-meado intérprete para traduzir as perguntas e respostas.

Parágrafo único. Tratando-se de mudo, surdo ou surdo-mudo, proce-der-se-á na conformidade do art. 192.

Art. 224. As testemunhas comunicarão ao juiz, dentro de 1 (um) ano, qualquer mudança de residência, sujeitando-se, pela simples omissão, às penas do não comparecimento.

Art. 225. Se qualquer testemunha houver de ausentar-se, ou, por enfer-midade ou por velhice, inspirar receio de que ao tempo da instrução crimi-nal já não exista, o juiz poderá, de ofício ou a requerimento de qualquer das partes, tomar-lhe antecipadamente o depoimento.

CAPÍTULO VII
DO RECONHECIMENTO DE PESSOAS E COISAS

Veja art. 2º, Lei n. 1.579, de 18.03.1952 (CPI).

Art. 226. Quando houver necessidade de fazer-se o reconhecimento de pessoa, proceder-se-á pela seguinte forma:

CÓDIGO DE PROCESSO PENAL – ARTS. 226 A 230 | 55

I – a pessoa que tiver de fazer o reconhecimento será convidada a descrever a pessoa que deva ser reconhecida;

II – a pessoa, cujo reconhecimento se pretender, será colocada, se possível, ao lado de outras que com ela tiverem qualquer semelhança, convidando-se quem tiver de fazer o reconhecimento a apontá-la;

III – se houver razão para recear que a pessoa chamada para o reconhecimento, por efeito de intimidação ou outra influência, não diga a verdade em face da pessoa que deve ser reconhecida, a autoridade providenciará para que esta não veja aquela;

IV – do ato de reconhecimento lavrar-se-á auto pormenorizado, subscrito pela autoridade, pela pessoa chamada para proceder ao reconhecimento e por duas testemunhas presenciais.

Parágrafo único. O disposto no n. III deste artigo não terá aplicação na fase da instrução criminal ou em plenário de julgamento.

Art. 227. No reconhecimento de objeto, proceder-se-á com as cautelas estabelecidas no artigo anterior, no que for aplicável.

Art. 228. Se várias forem as pessoas chamadas a efetuar o reconhecimento de pessoa ou de objeto, cada uma fará a prova em separado, evitando-se qualquer comunicação entre elas.

CAPÍTULO VIII
DA ACAREAÇÃO

Veja art. 2º, Lei n. 1.579, de 18.03.1952 (CPI).

Art. 229. A acareação será admitida entre acusados, entre acusado e testemunha, entre testemunhas, entre acusado ou testemunha e a pessoa ofendida, e entre as pessoas ofendidas, sempre que divergirem, em suas declarações, sobre fatos ou circunstâncias relevantes.

Parágrafo único. Os acareados serão reperguntados, para que expliquem os pontos de divergência, reduzindo-se a termo o ato de acareação.

Veja art. 473, § 3º, CPP.

Art. 230. Se ausente alguma testemunha, cujas declarações divirjam das de outra, que esteja presente, a esta se darão a conhecer os pontos da divergência, consignando-se no auto o que explicar ou observar. Se subsistir a discordância, expedir-se-á precatória à autoridade do lugar onde resida a testemunha ausente, transcrevendo-se as declarações desta e as da testemunha presente, nos pontos em que divergirem, bem como o texto do referido auto, a fim de que se complete a diligência, ouvindo-se a testemunha ausente, pela mesma forma estabelecida para a testemunha presente. Esta diligência só se realizará quando não importe demora prejudicial ao processo e o juiz a entenda conveniente.

CAPÍTULO IX
DOS DOCUMENTOS

Veja art. 2º, Lei n. 1.579, de 18.03.1952 (CPI).

56 | ARTS. 231 A 240 – CÓDIGO DE PROCESSO PENAL

Art. 231. Salvo os casos expressos em lei, as partes poderão apresentar documentos em qualquer fase do processo.

Art. 232. Consideram-se documentos quaisquer escritos, instrumentos ou papéis, públicos ou particulares.

Parágrafo único. À fotografia do documento, devidamente autenticada, se dará o mesmo valor do original.

Art. 233. As cartas particulares, interceptadas ou obtidas por meios criminosos, não serão admitidas em juízo.

Parágrafo único. As cartas poderão ser exibidas em juízo pelo respectivo destinatário, para a defesa de seu direito, ainda que não haja consentimento do signatário.

Art. 234. Se o juiz tiver notícia da existência de documento relativo a ponto relevante da acusação ou da defesa, providenciará, independentemente de requerimento de qualquer das partes, para sua juntada aos autos, se possível.

Art. 235. A letra e firma dos documentos particulares serão submetidas a exame pericial, quando contestada a sua autenticidade.

Art. 236. Os documentos em língua estrangeira, sem prejuízo de sua juntada imediata, serão, se necessário, traduzidos por tradutor público, ou, na falta, por pessoa idônea nomeada pela autoridade.

Veja art. 342, CP.

Art. 237. As públicas-formas só terão valor quando conferidas com o original, em presença da autoridade.

Art. 238. Os documentos originais, juntos a processo findo, quando não exista motivo relevante que justifique a sua conservação nos autos, poderão, mediante requerimento, e ouvido o Ministério Público, ser entregues à parte que os produziu, ficando traslado nos autos.

CAPÍTULO X
DOS INDÍCIOS

Art. 239. Considera-se indício a circunstância conhecida e provada, que, tendo relação com o fato, autorize, por indução, concluir-se a existência de outra ou outras circunstâncias.

CAPÍTULO XI
DA BUSCA E DA APREENSÃO

Art. 240. A busca será domiciliar ou pessoal.

§ 1º Proceder-se-á à busca domiciliar, quando fundadas razões a autorizarem, para:

a) prender criminosos;

b) apreender coisas achadas ou obtidas por meios criminosos;

c) apreender instrumentos de falsificação ou de contrafação e objetos falsificados ou contrafeitos;

d) apreender armas e munições, instrumentos utilizados na prática de crime ou destinados a fim delituoso;

CÓDIGO DE PROCESSO PENAL – ARTS. 240 A 245 | 57

e) descobrir objetos necessários à prova de infração ou à defesa do réu;

f) apreender cartas, abertas ou não, destinadas ao acusado ou em seu poder, quando haja suspeita de que o conhecimento do seu conteúdo possa ser útil à elucidação do fato;

Veja art. 5º, XII, CF.

g) apreender pessoas vítimas de crimes;

h) colher qualquer elemento de convicção.

§ 2º Proceder-se-á à busca pessoal quando houver fundada suspeita de que alguém oculte consigo arma proibida ou objetos mencionados nas letras *b* a *f* e letra *h* do parágrafo anterior.

Art. 241. Quando a própria autoridade policial ou judiciária não a realizar pessoalmente, a busca domiciliar deverá ser precedida da expedição de mandado.

Veja art. 5º, XI, CF.

Art. 242. A busca poderá ser determinada de ofício ou a requerimento de qualquer das partes.

Art. 243. O mandado de busca deverá:

I – indicar, o mais precisamente possível, a casa em que será realizada a diligência e o nome do respectivo proprietário ou morador; ou, no caso de busca pessoal, o nome da pessoa que terá de sofrê-la ou os sinais que a identifiquem;

II – mencionar o motivo e os fins da diligência;

III – ser subscrito pelo escrivão e assinado pela autoridade que o fizer expedir.

§ 1º Se houver ordem de prisão, constará do próprio texto do mandado de busca.

§ 2º Não será permitida a apreensão de documento em poder do defensor do acusado, salvo quando constituir elemento do corpo de delito.

Veja art. 7º, II e §§ 6º e 7º, EAOAB.

Art. 244. A busca pessoal independerá de mandado, no caso de prisão ou quando houver fundada suspeita de que a pessoa esteja na posse de arma proibida ou de objetos ou papéis que constituam corpo de delito, ou quando a medida for determinada no curso de busca domiciliar.

Art. 245. As buscas domiciliares serão executadas de dia, salvo se o morador consentir que se realizem à noite, e, antes de penetrarem na casa, os executores mostrarão e lerão o mandado ao morador, ou a quem o represente, intimando-o, em seguida, a abrir a porta.

Veja art. 5º, XI, CF.

Veja art. 150, CP.

§ 1º Se a própria autoridade der a busca, declarará previamente sua qualidade e o objeto da diligência.

§ 2º Em caso de desobediência, será arrombada a porta e forçada a entrada.

Veja art. 330, CP.

58 | ARTS. 245 A 250 – CÓDIGO DE PROCESSO PENAL

§ 3º Recalcitrando o morador, será permitido o emprego de força contra coisas existentes no interior da casa, para o descobrimento do que se procura.

§ 4º Observar-se-á o disposto nos §§ 2º e 3º, quando ausentes os moradores, devendo, neste caso, ser intimado a assistir à diligência qualquer vizinho, se houver e estiver presente.

§ 5º Se é determinada a pessoa ou coisa que se vai procurar, o morador será intimado a mostrá-la.

§ 6º Descoberta a pessoa ou coisa que se procura, será imediatamente apreendida e posta sob custódia da autoridade ou de seus agentes.

§ 7º Finda a diligência, os executores lavrarão auto circunstanciado, assinando-o com duas testemunhas presenciais, sem prejuízo do disposto no § 4º.

Art. 246. Aplicar-se-á também o disposto no artigo anterior, quando se tiver de proceder a busca em compartimento habitado ou em aposento ocupado de habitação coletiva ou em compartimento não aberto ao público, onde alguém exercer profissão ou atividade.

Veja art. 5º, XI, CF.

Veja art. 150, CP.

Art. 247. Não sendo encontrada a pessoa ou coisa procurada, os motivos da diligência serão comunicados a quem tiver sofrido a busca, se o requerer.

Art. 248. Em casa habitada, a busca será feita de modo que não moleste os moradores mais do que o indispensável para o êxito da diligência.

Veja art. 5º, XI, CF.

Veja art. 150, CP.

Art. 249. A busca em mulher será feita por outra mulher, se não importar retardamento ou prejuízo da diligência.

Art. 250. A autoridade ou seus agentes poderão penetrar no território de jurisdição alheia, ainda que de outro Estado, quando, para o fim de apreensão, forem no seguimento de pessoa ou coisa, devendo apresentar-se à competente autoridade local, antes da diligência ou após, conforme a urgência desta.

§ 1º Entender-se-á que a autoridade ou seus agentes vão em seguimento da pessoa ou coisa, quando:

a) tendo conhecimento direto de sua remoção ou transporte, a seguirem sem interrupção, embora depois a percam de vista;

b) ainda que não a tenham avistado, mas sabendo, por informações fidedignas ou circunstâncias indiciárias, que está sendo removida ou transportada em determinada direção, forem ao seu encalço.

§ 2º Se as autoridades locais tiverem fundadas razões para duvidar da legitimidade das pessoas que, nas referidas diligências, entrarem pelos seus distritos, ou da legalidade dos mandados que apresentarem, poderão exigir as provas dessa legitimidade, mas de modo que não se frustre a diligência.

CÓDIGO DE PROCESSO PENAL – ARTS. 251 A 255 | 59

TÍTULO VIII
DO JUIZ, DO MINISTÉRIO PÚBLICO, DO ACUSADO E DEFENSOR, DOS ASSISTENTES E AUXILIARES DA JUSTIÇA

CAPÍTULO I
DO JUIZ

Veja EC n. 45, de 08.12.2004, sobre a Reforma do Poder Judiciário.

Art. 251. Ao juiz incumbirá prover à regularidade do processo e manter a ordem no curso dos respectivos atos, podendo, para tal fim, requisitar a força pública.

Art. 252. O juiz não poderá exercer jurisdição no processo em que:

Veja art. 267, CPP.

I – tiver funcionado seu cônjuge ou parente, consanguíneo ou afim, em linha reta ou colateral até o terceiro grau, inclusive, como defensor ou advogado, órgão do Ministério Público, autoridade policial, auxiliar da justiça ou perito;

II – ele próprio houver desempenhado qualquer dessas funções ou servido como testemunha;

III – tiver funcionado como juiz de outra instância, pronunciando-se, de fato ou de direito, sobre a questão;

Veja Súmula n. 206, STJ.

IV – ele próprio ou seu cônjuge ou parente, consanguíneo ou afim em linha reta ou colateral até o terceiro grau, inclusive, for parte ou diretamente interessado no feito.

Art. 253. Nos juízos coletivos, não poderão servir no mesmo processo os juízes que forem entre si parentes, consanguíneos ou afins, em linha reta ou colateral até o terceiro grau, inclusive.

Art. 254. O juiz dar-se-á por suspeito, e, se não o fizer, poderá ser recusado por qualquer das partes:

I – se for amigo íntimo ou inimigo capital de qualquer deles;

II – se ele, seu cônjuge, ascendente ou descendente, estiver respondendo a processo por fato análogo, sobre cujo caráter criminoso haja controvérsia;

III – se ele, seu cônjuge, ou parente, consanguíneo, ou afim, até o terceiro grau, inclusive, sustentar demanda ou responder a processo que tenha de ser julgado por qualquer das partes;

IV – se tiver aconselhado qualquer das partes;

V – se for credor ou devedor, tutor ou curador, de qualquer das partes;

VI – se for sócio, acionista ou administrador de sociedade interessada no processo.

Art. 255. O impedimento ou suspeição decorrente de parentesco por afinidade cessará pela dissolução do casamento que lhe tiver dado causa, salvo sobrevindo descendentes; mas, ainda que dissolvido o casamento sem descendentes, não funcionará como juiz o sogro, o padrasto, o cunhado, o genro ou enteado de quem for parte no processo.

60 | ARTS. 256 A 261 – CÓDIGO DE PROCESSO PENAL

Art. 256. A suspeição não poderá ser declarada nem reconhecida, quando a parte injuriar o juiz ou de propósito der motivo para criá-la.

Veja art. 565, CPP.

Veja art. 140, CP.

CAPÍTULO II
DO MINISTÉRIO PÚBLICO

Art. 257. Ao Ministério Público cabe:

Caput com redação dada pela Lei n. 11.719, de 20.06.2008.

Veja Súmula n. 234, STJ.

Veja art. 564, III, *d*, CPP.

I – promover, privativamente, a ação penal pública, na forma estabelecida neste Código; e

Inciso acrescentado pela Lei n. 11.719, de 20.06.2008.

Veja art. 42, CPP.

II – fiscalizar a execução da lei.

Inciso acrescentado pela Lei n. 11.719, de 20.06.2008.

Art. 258. Os órgãos do Ministério Público não funcionarão nos processos em que o juiz ou qualquer das partes for seu cônjuge, ou parente, consanguíneo ou afim, em linha reta ou colateral, até o terceiro grau, inclusive, e a eles se estendem, no que lhes for aplicável, as prescrições relativas à suspeição e aos impedimentos dos juízes.

Veja Súmula n. 234, STJ.

CAPÍTULO III
DO ACUSADO E SEU DEFENSOR

Art. 259. A impossibilidade de identificação do acusado com o seu verdadeiro nome ou outros qualificativos não retardará a ação penal, quando certa a identidade física. A qualquer tempo, no curso do processo, do julgamento ou da execução da sentença, se for descoberta a sua qualificação, far-se-á a retificação, por termo, nos autos, sem prejuízo da validade dos atos precedentes.

Art. 260. Se o acusado não atender à intimação para o interrogatório, reconhecimento ou qualquer outro ato que, sem ele, não possa ser realizado, a autoridade poderá mandar conduzi-lo à sua presença.

Veja ADPF ns. 395 e 444, STF.

Parágrafo único. O mandado conterá, além da ordem de condução, os requisitos mencionados no art. 352, no que lhe for aplicável.

Art. 261. Nenhum acusado, ainda que ausente ou foragido, será processado ou julgado sem defensor.

Veja Súmulas ns. 523 e 708, STF.

Parágrafo único. A defesa técnica, quando realizada por defensor público ou dativo, será sempre exercida através de manifestação fundamentada.

Parágrafo acrescentado pela Lei n. 10.792, de 01.12.2003.

CÓDIGO DE PROCESSO PENAL – ARTS. 262 A 271 | 61

Art. 262. Ao acusado menor dar-se-á curador.

Artigo tacitamente revogado pelo CC/2002.

Art. 263. Se o acusado não o tiver, ser-lhe-á nomeado defensor pelo juiz, ressalvado o seu direito de, a todo tempo, nomear outro de sua confiança, ou a si mesmo defender-se, caso tenha habilitação.

Parágrafo único. O acusado, que não for pobre, será obrigado a pagar os honorários do defensor dativo, arbitrados pelo juiz.

Art. 264. Salvo motivo relevante, os advogados e solicitadores serão obrigados, sob pena de multa de cem a quinhentos mil-réis, a prestar seu patrocínio aos acusados, quando nomeados pelo Juiz.

Art. 265. O defensor não poderá abandonar o processo senão por motivo imperioso, comunicado previamente o juiz, sob pena de multa de 10 (dez) a 100 (cem) salários mínimos, sem prejuízo das demais sanções cabíveis.

Caput com redação dada pela Lei n. 11.719, de 20.06.2008.

§ 1º A audiência poderá ser adiada se, por motivo justificado, o defensor não puder comparecer.

Antigo parágrafo único renumerado e com redação dada pela Lei n. 11.719, de 20.06.2008.

§ 2º Incumbe ao defensor provar o impedimento até a abertura da audiência. Não o fazendo, o juiz não determinará o adiamento de ato algum do processo, devendo nomear defensor substituto, ainda que provisoriamente ou só para o efeito do ato.

Parágrafo acrescentado pela Lei n. 11.719, de 20.06.2008.

Art. 266. A constituição de defensor independerá de instrumento de mandato, se o acusado o indicar por ocasião do interrogatório.

Art. 267. Nos termos do art. 252, não funcionarão como defensores os parentes do juiz.

CAPÍTULO IV
DOS ASSISTENTES

Art. 268. Em todos os termos da ação pública, poderá intervir, como assistente do Ministério Público, o ofendido ou seu representante legal, ou, na falta, qualquer das pessoas mencionadas no art. 31.

Art. 269. O assistente será admitido enquanto não passar em julgado a sentença e receberá a causa no estado em que se achar.

Art. 270. O corréu no mesmo processo não poderá intervir como assistente do Ministério Público.

Veja art. 29, CP.

Art. 271. Ao assistente será permitido propor meios de prova, requerer perguntas às testemunhas, aditar o libelo e os articulados, participar do debate oral e arrazoar os recursos interpostos pelo Ministério Público, ou por ele próprio, nos casos dos arts. 584, § 1º, e 598.

Veja Lei n. 11.689, de 09.06.2008, que alterou o procedimento referente à competência do Tribunal do Júri e extinguiu o libelo.

62 | ARTS. 271 A 280 – CÓDIGO DE PROCESSO PENAL

Veja Súmulas ns. 208 e 210, STF.

§ 1º O juiz, ouvido o Ministério Público, decidirá acerca da realização das provas propostas pelo assistente.

§ 2º O processo prosseguirá independentemente de nova intimação do assistente, quando este, intimado, deixar de comparecer a qualquer dos atos da instrução ou do julgamento, sem motivo de força maior devidamente comprovado.

Art. 272. O Ministério Público será ouvido previamente sobre a admissão do assistente.

Art. 273. Do despacho que admitir, ou não, o assistente, não caberá recurso, devendo, entretanto, constar dos autos o pedido e a decisão.

CAPÍTULO V
DOS FUNCIONÁRIOS DA JUSTIÇA

Art. 274. As prescrições sobre suspeição dos juízes estendem-se aos serventuários e funcionários da justiça, no que lhes for aplicável.

CAPÍTULO VI
DOS PERITOS E INTÉRPRETES

Veja arts. 342 e 343, CP.

Art. 275. O perito, ainda quando não oficial, estará sujeito à disciplina judiciária.

Art. 276. As partes não intervirão na nomeação do perito.

Art. 277. O perito nomeado pela autoridade será obrigado a aceitar o encargo, sob pena de multa de cem a quinhentos mil-réis, salvo escusa atendível.

Parágrafo único. Incorrerá na mesma multa o perito que, sem justa causa, provada imediatamente:

a) deixar de acudir à intimação ou ao chamado da autoridade;

b) não comparecer no dia e local designados para o exame;

c) não der o laudo, ou concorrer para que a perícia não seja feita, nos prazos estabelecidos.

Art. 278. No caso de não comparecimento do perito, sem justa causa, a autoridade poderá determinar a sua condução.

Art. 279. Não poderão ser peritos:

I – os que estiverem sujeitos à interdição de direito mencionada nos ns. I e IV do art. 69 do Código Penal;

A referência atual do antigo art. 69, I e II, é o art. 47, I e II, CP.

II – os que tiverem prestado depoimento no processo ou opinado anteriormente sobre o objeto da perícia;

III – os analfabetos e os menores de 21 (vinte e um) anos.

Veja art. 5º, *caput*, CC.

Art. 280. É extensivo aos peritos, no que lhes for aplicável, o disposto sobre suspeição dos juízes.

CÓDIGO DE PROCESSO PENAL – ARTS. 281 E 282 | 63

Art. 281. Os intérpretes são, para todos os efeitos, equiparados aos peritos.

TÍTULO IX
DA PRISÃO, DAS MEDIDAS CAUTELARES E DA LIBERDADE PROVISÓRIA

Título com denominação dada pela Lei n. 12.403, de 04.05.2011.
Veja art. 413, § 3º, CPP.

CAPÍTULO I
DISPOSIÇÕES GERAIS

Art. 282. As medidas cautelares previstas neste Título deverão ser aplicadas observando-se a:

Caput com redação dada pela Lei n. 12.403, de 04.05.2011.

I – necessidade para aplicação da lei penal, para a investigação ou a instrução criminal e, nos casos expressamente previstos, para evitar a prática de infrações penais;

Inciso acrescentado pela Lei n. 12.403, de 04.05.2011.

II – adequação da medida à gravidade do crime, circunstâncias do fato e condições pessoais do indiciado ou acusado.

Inciso acrescentado pela Lei n. 12.403, de 04.05.2011.

§ 1º As medidas cautelares poderão ser aplicadas isolada ou cumulativamente.

Parágrafo acrescentado pela Lei n. 12.403, de 04.05.2011.

§ 2º As medidas cautelares serão decretadas pelo juiz a requerimento das partes ou, quando no curso da investigação criminal, por representação da autoridade policial ou mediante requerimento do Ministério Público.

Parágrafo com redação dada pela Lei n. 13.964, de 24.12.2019.

§ 3º Ressalvados os casos de urgência ou de perigo de ineficácia da medida, o juiz, ao receber o pedido de medida cautelar, determinará a intimação da parte contrária, para se manifestar no prazo de 5 (cinco) dias, acompanhada de cópia do requerimento e das peças necessárias, permanecendo os autos em juízo, e os casos de urgência ou de perigo deverão ser justificados e fundamentados em decisão que contenha elementos do caso concreto que justifiquem essa medida excepcional.

Parágrafo com redação dada pela Lei n. 13.964, de 24.12.2019.

§ 4º No caso de descumprimento de qualquer das obrigações impostas, o juiz, mediante requerimento do Ministério Público, de seu assistente ou do querelante, poderá substituir a medida, impor outra em cumulação, ou, em último caso, decretar a prisão preventiva, nos termos do parágrafo único do art. 312 deste Código.

Parágrafo com redação dada pela Lei n. 13.964, de 24.12.2019.

§ 5º O juiz poderá, de ofício ou a pedido das partes, revogar a medida cautelar ou substituí-la quando verificar a falta de motivo para que subsista, bem como voltar a decretá-la, se sobrevierem razões que a justifiquem.

64 | ARTS. 282 A 288 – CÓDIGO DE PROCESSO PENAL

Parágrafo com redação dada pela Lei n. 13.964, de 24.12.2019.

§ 6º A prisão preventiva somente será determinada quando não for cabível a sua substituição por outra medida cautelar, observado o art. 319 deste Código, e o não cabimento da substituição por outra medida cautelar deverá ser justificado de forma fundamentada nos elementos presentes do caso concreto, de forma individualizada.

Parágrafo acrescentado pela Lei n. 13.964, de 24.12.2019.

Art. 283. Ninguém poderá ser preso senão em flagrante delito ou por ordem escrita e fundamentada da autoridade judiciária competente, em decorrência de prisão cautelar ou em virtude de condenação criminal transitada em julgado.

Caput com redação dada pela Lei n. 13.964, de 24.12.2019.

Veja art. 150, CP.

Veja art. 2º, § 4º, Lei n. 8.072, de 25.07.1990.

§ 1º As medidas cautelares previstas neste Título não se aplicam à infração a que não for isolada, cumulativa ou alternativamente cominada pena privativa de liberdade.

§ 2º A prisão poderá ser efetuada em qualquer dia e a qualquer hora, respeitadas as restrições relativas à inviolabilidade do domicílio.

Art. 284. Não será permitido o emprego de força, salvo a indispensável no caso de resistência ou de tentativa de fuga do preso.

Veja arts. 329 e 352, CP.

Veja Súmula vinculante n. 11, STF.

Art. 285. A autoridade que ordenar a prisão fará expedir o respectivo mandado.

Parágrafo único. O mandado de prisão:

a) será lavrado pelo escrivão e assinado pela autoridade;

b) designará a pessoa, que tiver de ser presa, por seu nome, alcunha ou sinais característicos;

c) mencionará a infração penal que motivar a prisão;

d) declarará o valor da fiança arbitrada, quando afiançável a infração;

e) será dirigido a quem tiver qualidade para dar-lhe execução.

Art. 286. O mandado será passado em duplicata, e o executor entregará ao preso, logo depois da prisão, um dos exemplares com declaração do dia, hora e lugar da diligência. Da entrega deverá o preso passar recibo no outro exemplar; se recusar, não souber ou não puder escrever, o fato será mencionado em declaração, assinada por duas testemunhas.

Art. 287. Se a infração for inafiançável, a falta de exibição do mandado não obstará a prisão, e o preso, em tal caso, será imediatamente apresentado ao juiz que tiver expedido o mandado, para a realização de audiência de custódia.

Artigo com redação dada pela Lei n. 13.964, de 24.12.2019.

Art. 288. Ninguém será recolhido à prisão, sem que seja exibido o mandado ao respectivo diretor ou carcereiro, a quem será entregue cópia assi-

CÓDIGO DE PROCESSO PENAL – ARTS. 288 A 289-A | 65

nada pelo executor ou apresentada a guia expedida pela autoridade competente, devendo ser passado recibo da entrega do preso, com declaração de dia e hora.

Parágrafo único. O recibo poderá ser passado no próprio exemplar do mandado, se este for o documento exibido.

Art. 289. Quando o acusado estiver no território nacional, fora da jurisdição do juiz processante, será deprecada a sua prisão, devendo constar da precatória o inteiro teor do mandado.

Caput com redação dada pela Lei n. 12.403, de 04.05.2011.

§ 1º Havendo urgência, o juiz poderá requisitar a prisão por qualquer meio de comunicação, do qual deverá constar o motivo da prisão, bem como o valor da fiança se arbitrada.

Antigo parágrafo único renumerado e com redação dada pela Lei n. 12.403, de 04.05.2011.

§ 2º A autoridade a quem se fizer a requisição tomará as precauções necessárias para averiguar a autenticidade da comunicação.

Parágrafo acrescentado pela Lei n. 12.403, de 04.05.2011.

§ 3º O juiz processante deverá providenciar a remoção do preso no prazo máximo de 30 (trinta) dias, contados da efetivação da medida.

Parágrafo acrescentado pela Lei n. 12.403, de 04.05.2011.

Art. 289-A. O juiz competente providenciará o imediato registro do mandado de prisão em banco de dados mantido pelo Conselho Nacional de Justiça para essa finalidade.

Artigo acrescentado pela Lei n. 12.403, de 04.05.2011.

Veja Res. n. 251, de 04.09.2018, CNJ.

§ 1º Qualquer agente policial poderá efetuar a prisão determinada no mandado de prisão registrado no Conselho Nacional de Justiça, ainda que fora da competência territorial do juiz que o expediu.

§ 2º Qualquer agente policial poderá efetuar a prisão decretada, ainda que sem registro no Conselho Nacional de Justiça, adotando as precauções necessárias para averiguar a autenticidade do mandado e comunicado ao juiz que a decretou, devendo este providenciar, em seguida, o registro do mandado na forma do *caput* deste artigo.

§ 3º A prisão será imediatamente comunicada ao juiz do local de cumprimento da medida o qual providenciará a certidão extraída do registro do Conselho Nacional de Justiça e informará ao juízo que a decretou.

§ 4º O preso será informado de seus direitos, nos termos do inciso LXIII do art. 5º da Constituição Federal e, caso o autuado não informe o nome de seu advogado, será comunicado à Defensoria Pública.

§ 5º Havendo dúvidas das autoridades locais sobre a legitimidade da pessoa do executor ou sobre a identidade do preso, aplica-se o disposto no § 2º do art. 290 deste Código.

§ 6º O Conselho Nacional de Justiça regulamentará o registro do mandado de prisão a que se refere o *caput* deste artigo.

66 | ARTS. 290 A 294 – CÓDIGO DE PROCESSO PENAL

Art. 290. Se o réu, sendo perseguido, passar ao território de outro município ou comarca, o executor poderá efetuar-lhe a prisão no lugar onde o alcançar, apresentando-o imediatamente à autoridade local, que, depois de lavrado, se for o caso, o auto de flagrante, providenciará para a remoção do preso.

§ 1º Entender-se-á que o executor vai em perseguição do réu, quando:

a) tendo-o avistado, for perseguindo-o sem interrupção, embora depois o tenha perdido de vista;

b) sabendo, por indícios ou informações fidedignas, que o réu tenha passado, há pouco tempo, em tal ou qual direção, pelo lugar em que o procure, for no seu encalço.

§ 2º Quando as autoridades locais tiverem fundadas razões para duvidar da legitimidade da pessoa do executor ou da legalidade do mandado que apresentar, poderão pôr em custódia o réu, até que fique esclarecida a dúvida.

Veja art. 289-A, § 5º, CPP.

Art. 291. A prisão em virtude de mandado entender-se-á feita desde que o executor, fazendo-se conhecer do réu, lhe apresente o mandado e o intime a acompanhá-lo.

Art. 292. Se houver, ainda que por parte de terceiros, resistência à prisão em flagrante ou à determinada por autoridade competente, o executor e as pessoas que o auxiliarem poderão usar dos meios necessários para defender-se ou para vencer a resistência, do que tudo se lavrará auto subscrito também por duas testemunhas.

Veja art. 329, CP.

Parágrafo único. É vedado o uso de algemas em mulheres grávidas durante os atos médico-hospitalares preparatórios para a realização do parto e durante o trabalho de parto, bem como em mulheres durante o período de puerpério imediato.

Parágrafo acrescentado pela Lei n. 13.434, de 12.04.2017.

Art. 293. Se o executor do mandado verificar, com segurança, que o réu entrou ou se encontra em alguma casa, o morador será intimado a entregá-lo, à vista da ordem de prisão. Se não for obedecido imediatamente, o executor convocará duas testemunhas e, sendo dia, entrará à força na casa, arrombando as portas, se preciso; sendo noite, o executor, depois da intimação ao morador, se não for atendido, fará guardar todas as saídas, tornando a casa incomunicável, e, logo que amanheça, arrombará as portas e efetuará a prisão.

Veja Súmula vinculante n. 11, STF.

Veja arts. 150 e 348, CP.

Parágrafo único. O morador que se recusar a entregar o réu oculto em sua casa será levado à presença da autoridade, para que se proceda contra ele como for de direito.

Art. 294. No caso de prisão em flagrante, observar-se-á o disposto no artigo anterior, no que for aplicável.

Art. 295. Serão recolhidos a quartéis ou a prisão especial, à disposição da autoridade competente, quando sujeitos a prisão antes de condenação definitiva:

Veja Súmula n. 717, STF.

I – os ministros de Estado;

II – os governadores ou interventores de Estados ou Territórios, o prefeito do Distrito Federal, seus respectivos secretários, os prefeitos municipais, os vereadores e os chefes de Polícia;

Inciso com redação dada pela Lei n. 3.181, de 11.06.1957.

III – os membros do Parlamento Nacional, do Conselho de Economia Nacional e das Assembleias Legislativas dos Estados;

IV – os cidadãos inscritos no "Livro de Mérito";

V – os oficiais das Forças Armadas e os militares dos Estados, do Distrito Federal e dos Territórios;

Inciso com redação dada pela Lei n. 10.258, de 11.07.2001.

VI – os magistrados;

VII – os diplomados por qualquer das faculdades superiores da República;

VIII – os ministros de confissão religiosa;

IX – os ministros do Tribunal de Contas;

X – os cidadãos que já tiverem exercido efetivamente a função de jurado, salvo quando excluídos da lista por motivo de incapacidade para o exercício daquela função;

XI – os delegados de polícia e os guardas-civis dos Estados e Territórios, ativos e inativos.

Inciso acrescentado pela Lei n. 4.760, de 23.08.1965, e com redação dada pela Lei n. 5.126, de 29.09.1966.

§ 1º A prisão especial, prevista neste Código ou em outras leis, consiste exclusivamente no recolhimento em local distinto da prisão comum.

Parágrafo acrescentado pela Lei n. 10.258, de 11.07.2001.

§ 2º Não havendo estabelecimento específico para o preso especial, este será recolhido em cela distinta do mesmo estabelecimento.

Parágrafo acrescentado pela Lei n. 10.258, de 11.07.2001.

§ 3º A cela especial poderá consistir em alojamento coletivo, atendidos os requisitos de salubridade do ambiente, pela concorrência dos fatores de aeração, insolação e condicionamento térmico adequados à existência humana.

Parágrafo acrescentado pela Lei n. 10.258, de 11.07.2001.

§ 4º O preso especial não será transportado juntamente com o preso comum.

Parágrafo acrescentado pela Lei n. 10.258, de 11.07.2001.

§ 5º Os demais direitos e deveres do preso especial serão os mesmos do preso comum.

Parágrafo acrescentado pela Lei n. 10.258, de 11.07.2001.

68 | ARTS. 296 A 304 – CÓDIGO DE PROCESSO PENAL

Art. 296. Os inferiores e praças de pré, onde for possível, serão recolhidos à prisão, em estabelecimentos militares, de acordo com os respectivos regulamentos.

Art. 297. Para o cumprimento de mandado expedido pela autoridade judiciária, a autoridade policial poderá expedir tantos outros quantos necessários às diligências, devendo neles ser fielmente reproduzido o teor do mandado original.

Art. 298. *(Revogado pela Lei n. 12.403, de 04.05.2011.)*

Art. 299. A captura poderá ser requisitada, à vista de mandado judicial, por qualquer meio de comunicação, tomadas pela autoridade, a quem se fizer a requisição, as precauções necessárias para averiguar a autenticidade desta.

Artigo com redação dada pela Lei n. 12.403, de 04.05.2011.

Art. 300. As pessoas presas provisoriamente ficarão separadas das que já estiverem definitivamente condenadas, nos termos da lei de execução penal.

Caput com redação dada e parágrafo acrescentado pela Lei n. 12.403, de 04.05.2011.

Parágrafo único. O militar preso em flagrante delito, após a lavratura dos procedimentos legais, será recolhido a quartel da instituição a que pertencer, onde ficará preso à disposição das autoridades competentes.

CAPÍTULO II
DA PRISÃO EM FLAGRANTE

Veja arts. 42, 121, § 4º, e 129, § 7º, CP.

Art. 301. Qualquer do povo poderá e as autoridades policiais e seus agentes deverão prender quem quer que seja encontrado em flagrante delito.

Veja art. 53, § 2º, CF.

Veja art. 7º, § 3º, EAOAB.

Veja Súmulas ns. 145 e 397, STF.

Art. 302. Considera-se em flagrante delito quem:

Veja Súmula n. 145, STF.

I – está cometendo a infração penal;

II – acaba de cometê-la;

III – é perseguido, logo após, pela autoridade, pelo ofendido ou por qualquer pessoa, em situação que faça presumir ser autor da infração;

IV – é encontrado, logo depois, com instrumentos, armas, objetos ou papéis que façam presumir ser ele autor da infração.

Art. 303. Nas infrações permanentes, entende-se o agente em flagrante delito enquanto não cessar a permanência.

Veja arts. 148 e 149, CP.

Art. 304. Apresentado o preso à autoridade competente, ouvirá esta o condutor e colherá, desde logo, sua assinatura, entregando a este cópia do termo e recibo de entrega do preso. Em seguida, procederá à oitiva das testemunhas que o acompanharem e ao interrogatório do acusado sobre a im-

CÓDIGO DE PROCESSO PENAL – ARTS. 304 A 309 | 69

putação que lhe é feita, colhendo, após cada oitiva suas respectivas assinaturas, lavrando, a autoridade, afinal, o auto.

Caput com redação dada pela Lei n. 11.113, de 13.05.2005.

§ 1º Resultando das respostas fundada a suspeita contra o conduzido, a autoridade mandará recolhê-lo à prisão, exceto no caso de livrar-se solto ou de prestar fiança, e prosseguirá nos atos do inquérito ou processo, se para isso for competente; se não o for, enviará os autos à autoridade que o seja.

§ 2º A falta de testemunhas da infração não impedirá o auto de prisão em flagrante; mas, nesse caso, com o condutor, deverão assiná-lo pelo menos duas pessoas que hajam testemunhado a apresentação do preso à autoridade.

§ 3º Quando o acusado se recusar a assinar, não souber ou não puder fazê-lo, o auto de prisão em flagrante será assinado por duas testemunhas, que tenham ouvido sua leitura na presença deste.

Parágrafo com redação dada pela Lei n. 11.113, de 13.05.2005.

§ 4º Da lavratura do auto de prisão em flagrante deverá constar a informação sobre a existência de filhos, respectivas idades e se possuem alguma deficiência e o nome e o contato de eventual responsável pelos cuidados dos filhos, indicado pela pessoa presa.

Parágrafo acrescentado pela Lei n. 13.257, de 08.03.2016.

Art. 305. Na falta ou no impedimento do escrivão, qualquer pessoa designada pela autoridade lavrará o auto, depois de prestado o compromisso legal.

Art. 306. A prisão de qualquer pessoa e o local onde se encontre serão comunicados imediatamente ao juiz competente, ao Ministério Público e à família do preso ou à pessoa por ele indicada.

Caput e parágrafos com redação dada pela Lei n. 12.403, de 04.05.2011.

§ 1º Em até 24 (vinte e quatro) horas após a realização da prisão, será encaminhado ao juiz competente o auto de prisão em flagrante e, caso o autuado não informe o nome de seu advogado, cópia integral para a Defensoria Pública.

§ 2º No mesmo prazo, será entregue ao preso, mediante recibo, a nota de culpa, assinada pela autoridade, com o motivo da prisão, o nome do condutor e os das testemunhas.

Art. 307. Quando o fato for praticado em presença da autoridade, ou contra esta, no exercício de suas funções, constarão do auto a narração deste fato, a voz de prisão, as declarações que fizer o preso e os depoimentos das testemunhas, sendo tudo assinado pela autoridade, pelo preso e pelas testemunhas e remetido imediatamente ao juiz a quem couber tomar conhecimento do fato delituoso, se não o for a autoridade que houver presidido o auto.

Veja Súmula n. 397, STF.

Art. 308. Não havendo autoridade no lugar em que se tiver efetuado a prisão, o preso será logo apresentado à do lugar mais próximo.

Art. 309. Se o réu se livrar solto, deverá ser posto em liberdade, depois de lavrado o auto de prisão em flagrante.

70 | ARTS. 310 E 311 – CÓDIGO DE PROCESSO PENAL

Art. 310. Após receber o auto de prisão em flagrante, no prazo máximo de até 24 (vinte e quatro) horas após a realização da prisão, o juiz deverá promover audiência de custódia com a presença do acusado, seu advogado constituído ou membro da Defensoria Pública e o membro do Ministério Público, e, nessa audiência, o juiz deverá, fundamentadamente:

Caput com redação dada pela Lei n. 13.964, de 24.12.2019.

Veja art. 3º-B, II, CPP.

I – relaxar a prisão ilegal; ou

II – converter a prisão em flagrante em preventiva, quando presentes os requisitos constantes do art. 312 deste Código, e se revelarem inadequadas ou insuficientes as medidas cautelares diversas da prisão; ou

III – conceder liberdade provisória, com ou sem fiança.

§ 1º Se o juiz verificar, pelo auto de prisão em flagrante, que o agente praticou o fato em qualquer das condições constantes dos incisos I, II ou III do caput do art. 23 do Decreto-lei n. 2.848, de 7 de dezembro de 1940 (Código Penal), poderá, fundamentadamente, conceder ao acusado liberdade provisória, mediante termo de comparecimento obrigatório a todos os atos processuais, sob pena de revogação.

Antigo parágrafo único renumerado e com redação dada pela Lei n. 13.964, de 24.12.2019.

§ 2º Se o juiz verificar que o agente é reincidente ou que integra organização criminosa armada ou milícia, ou que porta arma de fogo de uso restrito, deverá denegar a liberdade provisória, com ou sem medidas cautelares.

Parágrafo acrescentado pela Lei n. 13.964, de 24.12.2019.

§ 3º A autoridade que deu causa, sem motivação idônea, à não realização da audiência de custódia no prazo estabelecido no caput deste artigo responderá administrativa, civil e penalmente pela omissão.

Parágrafo acrescentado pela Lei n. 13.964, de 24.12.2019.

§ 4º Transcorridas 24 (vinte e quatro) horas após o decurso do prazo estabelecido no caput deste artigo, a não realização de audiência de custódia sem motivação idônea ensejará também a ilegalidade da prisão, a ser relaxada pela autoridade competente, sem prejuízo da possibilidade de imediata decretação de prisão preventiva.

Parágrafo acrescentado pela Lei n. 13.964, de 24.12.2019.

Veja MC na ADI n. 6.298/DF, de 22.01.2020, que suspende a eficácia deste artigo.

CAPÍTULO III
DA PRISÃO PREVENTIVA

Veja arts. 42 e 121, § 4º, CP.

Veja art. 2º, II, DL n. 201, de 27.02.1967 (crimes de responsabilidade).

Veja art. 29, Lei n. 7.492, de 16.06.1986 (crimes contra o sistema financeiro).

Art. 311. Em qualquer fase da investigação policial ou do processo penal, caberá a prisão preventiva decretada pelo juiz, a requerimento do Ministério Público, do querelante ou do assistente, ou por representação da autoridade policial.

CÓDIGO DE PROCESSO PENAL – ARTS. 311 A 313 | 71

Artigo com redação dada pela Lei n. 13.964, de 24.12.2019.

Veja Súmulas ns. 21, 52 e 64, STJ.

Art. 312. A prisão preventiva poderá ser decretada como garantia da ordem pública, da ordem econômica, por conveniência da instrução criminal ou para assegurar a aplicação da lei penal, quando houver prova da existência do crime e indício suficiente de autoria e de perigo gerado pelo estado de liberdade do imputado.

Caput com redação dada pela Lei n. 13.964, de 24.12.2019.

Veja arts. 30 e 31, Lei n. 7.492, de 16.06.1986.

Veja Lei n. 9.455, de 07.04.1997.

Veja art. 3º, Lei n. 9.613, de 03.03.1998.

Veja art. 44, *caput*, Lei n. 11.343, de 23.08.2006.

Veja Lei n. 12.850, de 02.08.2013.

§ 1º A prisão preventiva também poderá ser decretada em caso de descumprimento de qualquer das obrigações impostas por força de outras medidas cautelares (art. 282, § 4º).

Antigo parágrafo único renumerado pela Lei n. 13.964, de 24.12.2019.

§ 2º A decisão que decretar a prisão preventiva deve ser motivada e fundamentada em receio de perigo e existência concreta de fatos novos ou contemporâneos que justifiquem a aplicação da medida adotada.

Parágrafo acrescentado pela Lei n. 13.964, de 24.12.2019.

Art. 313. Nos termos do art. 312 deste Código, será admitida a decretação da prisão preventiva:

Caput e incisos com redação dada pela Lei n. 12.403, de 04.05.2011.

I – nos crimes dolosos punidos com pena privativa de liberdade máxima superior a 4 (quatro) anos;

II – se tiver sido condenado por outro crime doloso, em sentença transitada em julgado, ressalvado o disposto no inciso I do *caput* do art. 64 do Decreto-lei n. 2.848, de 7 de dezembro de 1940 – Código Penal;

III – se o crime envolver violência doméstica e familiar contra a mulher, criança, adolescente, idoso, enfermo ou pessoa com deficiência, para garantir a execução das medidas protetivas de urgência;

IV – *(Revogado pela Lei n. 12.403, de 04.05.2011.)*

§ 1º Também será admitida a prisão preventiva quando houver dúvida sobre a identidade civil da pessoa ou quando esta não fornecer elementos suficientes para esclarecê-la, devendo o preso ser colocado imediatamente em liberdade após a identificação, salvo se outra hipótese recomendar a manutenção da medida.

Antigo parágrafo único renumerado pela Lei n. 13.964, de 24.12.2019.

§ 2º Não será admitida a decretação da prisão preventiva com a finalidade de antecipação de cumprimento de pena ou como decorrência imediata de investigação criminal ou da apresentação ou recebimento de denúncia.

Parágrafo acrescentado pela Lei n. 13.964, de 24.12.2019.

72 | ARTS. 314 A 316 – CÓDIGO DE PROCESSO PENAL

Art. 314. A prisão preventiva em nenhum caso será decretada se o juiz verificar pelas provas constantes dos autos ter o agente praticado o fato nas condições previstas nos incisos I, II e III do *caput* do art. 23 do Decreto-lei n. 2.848, de 7 de dezembro de 1940 – Código Penal.

Artigo com redação dada pela Lei n. 12.403, de 04.05.2011.

Art. 315. A decisão que decretar, substituir ou denegar a prisão preventiva será sempre motivada e fundamentada.

Caput com redação dada pela Lei n. 13.964, de 24.12.2019.

§ 1º Na motivação da decretação da prisão preventiva ou de qualquer outra cautelar, o juiz deverá indicar concretamente a existência de fatos novos ou contemporâneos que justifiquem a aplicação da medida adotada.

Parágrafo acrescentado pela Lei n. 13.964, de 24.12.2019.

§ 2º Não se considera fundamentada qualquer decisão judicial, seja ela interlocutória, sentença ou acórdão, que:

Parágrafo e incisos acrescentados pela Lei n. 13.964, de 24.12.2019.

I – limitar-se à indicação, à reprodução ou à paráfrase de ato normativo, sem explicar sua relação com a causa ou a questão decidida;

II – empregar conceitos jurídicos indeterminados, sem explicar o motivo concreto de sua incidência no caso;

III – invocar motivos que se prestariam a justificar qualquer outra decisão;

IV – não enfrentar todos os argumentos deduzidos no processo capazes de, em tese, infirmar a conclusão adotada pelo julgador;

V – limitar-se a invocar precedente ou enunciado de súmula, sem identificar seus fundamentos determinantes nem demonstrar que o caso sob julgamento se ajusta àqueles fundamentos;

VI – deixar de seguir enunciado de súmula, jurisprudência ou precedente invocado pela parte, sem demonstrar a existência de distinção no caso em julgamento ou a superação do entendimento."

Art. 316. O juiz poderá, de ofício ou a pedido das partes, revogar a prisão preventiva se, no correr da investigação ou do processo, verificar a falta de motivo para que ela subsista, bem como novamente decretá-la, se sobrevierem razões que a justifiquem.

Caput com redação dada pela Lei n. 13.964, de 24.12.2019.

Parágrafo único. Decretada a prisão preventiva, deverá o órgão emissor da decisão revisar a necessidade de sua manutenção a cada 90 (noventa) dias, mediante decisão fundamentada, de ofício, sob pena de tornar a prisão ilegal.

Parágrafo acrescentado pela Lei n. 13.964, de 24.12.2019.

Veja arts. 492, II, *a*, e 647 e segs., CPP.

Veja art. 5º, LXXV, da CF.

CAPÍTULO IV
DA PRISÃO DOMICILIAR

Capítulo com denominação dada pela Lei n. 12.403, de 04.05.2011.

CÓDIGO DE PROCESSO PENAL – ARTS. 317 A 319 | 73

Veja art. 117, LEP.

Art. 317. A prisão domiciliar consiste no recolhimento do indiciado ou acusado em sua residência, só podendo dela ausentar-se com autorização judicial.

Artigo com redação dada pela Lei n. 12.403, de 04.05.2011.

Art. 318. Poderá o juiz substituir a prisão preventiva pela domiciliar quando o agente for:

Caput com redação dada pela Lei n. 12.403, de 04.05.2011.

Veja art. 318-B, CPP.

I – maior de 80 (oitenta) anos;

Inciso acrescentado pela Lei n. 12.403, de 04.05.2011.

II – extremamente debilitado por motivo de doença grave;

Inciso acrescentado pela Lei n. 12.403, de 04.05.2011.

III – imprescindível aos cuidados especiais de pessoa menor de 6 (seis) anos de idade ou com deficiência;

Inciso acrescentado pela Lei n. 12.403, de 04.05.2011.

IV – gestante;

Inciso com redação dada pela Lei n. 13.257, de 08.03.2016.

V – mulher com filho de até 12 (doze) anos de idade incompletos;

Inciso acrescentado pela Lei n. 13.257, de 08.03.2016.

VI – homem, caso seja o único responsável pelos cuidados do filho de até 12 (doze) anos de idade incompletos.

Inciso acrescentado pela Lei n. 13.257, de 08.03.2016.

Parágrafo único. Para a substituição, o juiz exigirá prova idônea dos requisitos estabelecidos neste artigo.

Parágrafo acrescentado pela Lei n. 12.403, de 04.05.2011.

Art. 318-A. A prisão preventiva imposta à mulher gestante ou que for mãe ou responsável por crianças ou pessoas com deficiência será substituída por prisão domiciliar, desde que:

Artigo acrescentado pela Lei n. 13.769, de 19.12.2018.

Veja art. 318-B, CPP.

I – não tenha cometido crime com violência ou grave ameaça a pessoa;

II – não tenha cometido o crime contra seu filho ou dependente.

Art. 318-B. A substituição de que tratam os arts. 318 e 318-A poderá ser efetuada sem prejuízo da aplicação concomitante das medidas alternativas previstas no art. 319 deste Código.

Artigo acrescentado pela Lei n. 13.769, de 19.12.2018.

CAPÍTULO V
DAS OUTRAS MEDIDAS CAUTELARES

Capítulo com denominação dada pela Lei n. 12.403, de 04.05.2011.

Art. 319. São medidas cautelares diversas da prisão:

Caput com redação dada pela Lei n. 12.403, de 04.05.2011.

Veja arts. 282, § 6º, 318-B e 321, CPP.

74 | ARTS. 319 E 320 – CÓDIGO DE PROCESSO PENAL

I – comparecimento periódico em juízo, no prazo e nas condições fixadas pelo juiz, para informar e justificar atividades;
Inciso com redação dada pela Lei n. 12.403, de 04.05.2011.

II – proibição de acesso ou frequência a determinados lugares quando, por circunstâncias relacionadas ao fato, deva o indiciado ou acusado permanecer distante desses locais para evitar o risco de novas infrações;
Inciso com redação dada pela Lei n. 12.403, de 04.05.2011.

III – proibição de manter contato com pessoa determinada quando, por circunstâncias relacionadas ao fato, deva o indiciado ou acusado dela permanecer distante;
Inciso com redação dada pela Lei n. 12.403, de 04.05.2011.

IV – proibição de ausentar-se da Comarca quando a permanência seja conveniente ou necessária para a investigação ou instrução;
Inciso acrescentado pela Lei n. 12.403, de 04.05.2011.

V – recolhimento domiciliar no período noturno e nos dias de folga quando o investigado ou acusado tenha residência e trabalho fixos;
Inciso acrescentado pela Lei n. 12.403, de 04.05.2011.

VI – suspensão do exercício de função pública ou de atividade de natureza econômica ou financeira quando houver justo receio de sua utilização para a prática de infrações penais;
Inciso acrescentado pela Lei n. 12.403, de 04.05.2011.

VII – internação provisória do acusado nas hipóteses de crimes praticados com violência ou grave ameaça, quando os peritos concluírem ser inimputável ou semi-imputável (art. 26 do Código Penal) e houver risco de reiteração;
Inciso acrescentado pela Lei n. 12.403, de 04.05.2011.

VIII – fiança, nas infrações que a admitem, para assegurar o comparecimento a atos do processo, evitar a obstrução do seu andamento ou em caso de resistência injustificada à ordem judicial;
Inciso acrescentado pela Lei n. 12.403, de 04.05.2011.

IX – monitoração eletrônica.
Inciso acrescentado pela Lei n. 12.403, de 04.05.2011.
Veja Decreto n. 7.627, de 24.11.2011.

§§ 1º a 3º *(Revogados pela Lei n. 12.403, de 04.05.2011.)*

§ 4º A fiança será aplicada de acordo com as disposições do Capítulo VI deste Título, podendo ser cumulada com outras medidas cautelares.
Parágrafo acrescentado pela Lei n. 12.403, de 04.05.2011.

Art. 320. A proibição de ausentar-se do País será comunicada pelo juiz às autoridades encarregadas de fiscalizar as saídas do território nacional, intimando-se o indiciado ou acusado para entregar o passaporte, no prazo de 24 (vinte e quatro) horas.
Artigo com redação dada pela Lei n. 12.403, de 04.05.2011.

CÓDIGO DE PROCESSO PENAL – ARTS. 321 A 324 | 75

CAPÍTULO VI
DA LIBERDADE PROVISÓRIA, COM OU SEM FIANÇA

Art. 321. Ausentes os requisitos que autorizam a decretação da prisão preventiva, o juiz deverá conceder liberdade provisória, impondo, se for o caso, as medidas cautelares previstas no art. 319 deste Código e observados os critérios constantes do art. 282 deste Código.

Caput com redação dada pela Lei n. 12.403, de 04.05.2011.

Veja art. 5°, LXVI, CF.

I e II – *(Revogados pela Lei n. 12.403, de 04.05.2011.)*

Art. 322. A autoridade policial somente poderá conceder fiança nos casos de infração cuja pena privativa de liberdade máxima não seja superior a 4 (quatro) anos.

Caput com redação dada pela Lei n. 12.403, de 04.05.2011.

Parágrafo único. Nos demais casos, a fiança será requerida ao juiz, que decidirá em 48 (quarenta e oito) horas.

Parágrafo com redação dada pela Lei n. 12.403, de 04.05.2011.

Veja art. 333, CP.

Art. 323. Não será concedida fiança:

Caput e incisos com redação dada pela Lei n. 12.403, de 04.05.2011.

Veja art. 380, CPP.

Veja Lei n. 9.613, de 03.03.1998.

I – nos crimes de racismo;

Veja art. 5°, XLII, CF.

II – nos crimes de tortura, tráfico ilícito de entorpecentes e drogas afins, terrorismo e nos definidos como crimes hediondos;

Veja art. 5°, XLIII, CF.

Veja art. 2°, II, Lei n. 8.072, de 25.07.1990.

Veja art. 1°, § 6°, Lei n. 9.455, de 07.04.1997.

Veja art. 44, Lei n. 11.343, de 23.08.2006.

III – nos crimes cometidos por grupos armados, civis ou militares, contra a ordem constitucional e o Estado Democrático;

Veja art. 5°, XLIV, CF.

IV e V – *(Revogados pela Lei n. 12.403, de 04.05.2011.)*

Art. 324. Não será, igualmente, concedida fiança:

Caput com redação dada pela Lei n. 12.403, de 04.05.2011.

I – aos que, no mesmo processo, tiverem quebrado fiança anteriormente concedida ou infringido, sem motivo justo, qualquer das obrigações a que se referem os arts. 327 e 328 deste Código;

Inciso com redação dada pela Lei n. 12.403, de 04.05.2011.

II – em caso de prisão civil ou militar;

Inciso com redação dada pela Lei n. 12.403, de 04.05.2011.

III – *(Revogado pela Lei n. 12.403, de 04.05.2011.)*

IV – quando presentes os motivos que autorizam a decretação da prisão preventiva (art. 312).

76 | ARTS. 324 A 329 – CÓDIGO DE PROCESSO PENAL

Inciso acrescentado pela Lei n. 6.416, de 24.05.1977, e com redação dada pela Lei n. 12.403, de 04.05.2011.

Art. 325. O valor da fiança será fixado pela autoridade que a conceder nos seguintes limites:

Caput com redação dada pela Lei n. 12.403, de 04.05.2011.

a) (Revogada pela Lei n. 12.403, de 04.05.2011.)
b) (Revogada pela Lei n. 12.403, de 04.05.2011.)
c) (Revogada pela Lei n. 12.403, de 04.05.2011.)

I – de 1 (um) a 100 (cem) salários mínimos, quando se tratar de infração cuja pena privativa de liberdade, no grau máximo, não for superior a 4 (quatro) anos;

Inciso acrescentado pela Lei n. 12.403, de 04.05.2011.

II – de 10 (dez) a 200 (duzentos) salários mínimos, quando o máximo da pena privativa de liberdade cominada for superior a 4 (quatro) anos.

Inciso acrescentado pela Lei n. 12.403, de 04.05.2011.

§ 1º Se assim recomendar a situação econômica do preso, a fiança poderá ser:

Parágrafo com redação dada pela Lei n. 12.403, de 04.05.2011.

I – dispensada, na forma do art. 350 deste Código;

Inciso com redação dada pela Lei n. 12.403, de 04.05.2011.

II – reduzida até o máximo de 2/3 (dois terços); ou

Inciso com redação dada pela Lei n. 12.403, de 04.05.2011.

III – aumentada em até 1.000 (mil) vezes.

Inciso acrescentado pela Lei n. 12.403, de 04.05.2011.

§ 2º *(Revogado pela Lei n. 12.403, de 04.05.2011.)*
I a III – *(Revogados pela Lei n. 12.403, de 04.05.2011.)*

Art. 326. Para determinar o valor da fiança, a autoridade terá em consideração a natureza da infração, as condições pessoais de fortuna e vida pregressa do acusado, as circunstâncias indicativas de sua periculosidade, bem como a importância provável das custas do processo, até final julgamento.

Art. 327. A fiança tomada por termo obrigará o afiançado a comparecer perante a autoridade, todas as vezes que for intimado para atos do inquérito e da instrução criminal e para o julgamento. Quando o réu não comparecer, a fiança será havida como quebrada.

Veja arts. 324, I, 329, parágrafo único, e 350, CPP.

Art. 328. O réu afiançado não poderá, sob pena de quebramento da fiança, mudar de residência, sem prévia permissão da autoridade processante, ou ausentar-se por mais de 8 (oito) dias de sua residência, sem comunicar àquela autoridade o lugar onde será encontrado.

Veja arts. 324, I, 329, parágrafo único, e 350, CPP.

Art. 329. Nos juízos criminais e delegacias de polícia, haverá um livro especial, com termos de abertura e de encerramento, numerado e rubricado em todas as suas folhas pela autoridade, destinado especialmente aos termos de fiança. O termo será lavrado pelo escrivão e assinado pela auto-

CÓDIGO DE PROCESSO PENAL – ARTS. 329 A 337 | 77

ridade e por quem prestar a fiança, e dele extrair-se-á certidão para juntar-se aos autos.

Parágrafo único. O réu e quem prestar a fiança serão pelo escrivão notificados das obrigações e da sanção previstas nos arts. 327 e 328, o que constará dos autos.

Art. 330. A fiança, que será sempre definitiva, consistirá em depósito de dinheiro, pedras, objetos ou metais preciosos, títulos da dívida pública, federal, estadual ou municipal, ou em hipoteca inscrita em primeiro lugar.

§ 1º A avaliação de imóvel, ou de pedras, objetos ou metais preciosos será feita imediatamente por perito nomeado pela autoridade.

§ 2º Quando a fiança consistir em caução de títulos da dívida pública, o valor será determinado pela sua cotação em Bolsa, e, sendo nominativos, exigir-se-á prova de que se acham livres de ônus.

Art. 331. O valor em que consistir a fiança será recolhido à repartição arrecadadora federal ou estadual, ou entregue ao depositário público, juntando-se aos autos os respectivos conhecimentos.

Parágrafo único. Nos lugares em que o depósito não se puder fazer de pronto, o valor será entregue ao escrivão ou pessoa abonada, a critério da autoridade, e dentro de 3 (três) dias dar-se-á ao valor o destino que lhe assina este artigo, o que tudo constará do termo de fiança.

Art. 332. Em caso de prisão em flagrante, será competente para conceder a fiança a autoridade que presidir ao respectivo auto, e, em caso de prisão por mandado, o juiz que o houver expedido, ou a autoridade judiciária ou policial a quem tiver sido requisitada a prisão.

Art. 333. Depois de prestada a fiança, que será concedida independentemente de audiência do Ministério Público, este terá vista do processo a fim de requerer o que julgar conveniente.

Art. 334. A fiança poderá ser prestada enquanto não transitar em julgado a sentença condenatória.

Artigo com redação dada pela Lei n. 12.403, de 04.05.2011.

Art. 335. Recusando ou retardando a autoridade policial a concessão da fiança, o preso, ou alguém por ele, poderá prestá-la, mediante simples petição, perante o juiz competente, que decidirá em 48 (quarenta e oito) horas.

Artigo com redação dada pela Lei n. 12.403, de 04.05.2011.

Art. 336. O dinheiro ou objetos dados como fiança servirão ao pagamento das custas, da indenização do dano, da prestação pecuniária e da multa, se o réu for condenado.

Caput com redação dada pela Lei n. 12.403, de 04.05.2011.

Parágrafo único. Este dispositivo terá aplicação ainda no caso da prescrição depois da sentença condenatória (art. 110 do Código Penal).

Parágrafo com redação dada pela Lei n. 12.403, de 04.05.2011.

Art. 337. Se a fiança for declarada sem efeito ou passar em julgado sentença que houver absolvido o acusado ou declarada extinta a ação penal, o

78 | ARTS. 337 A 345 – CÓDIGO DE PROCESSO PENAL

valor que a constituir, atualizado, será restituído sem desconto, salvo o disposto no parágrafo único do art. 336 deste Código.

Artigo com redação dada pela Lei n. 12.403, de 04.05.2011.

Art. 338. A fiança que se reconheça não ser cabível na espécie será cassada em qualquer fase do processo.

Art. 339. Será também cassada a fiança quando reconhecida a existência de delito inafiançável, no caso de inovação na classificação do delito.

Veja Súmula n. 81, STJ.

Art. 340. Será exigido o reforço da fiança:

I – quando a autoridade tomar, por engano, fiança insuficiente;

II – quando houver depreciação material ou perecimento dos bens hipotecados ou caucionados, ou depreciação dos metais ou pedras preciosas;

III – quando for inovada a classificação do delito.

Parágrafo único. A fiança ficará sem efeito e o réu será recolhido à prisão, quando, na conformidade deste artigo, não for reforçada.

Art. 341. Julgar-se-á quebrada a fiança quando o acusado:

Caput com redação dada pela Lei n. 12.403, de 04.05.2011.

I – regularmente intimado para ato do processo, deixar de comparecer, sem motivo justo;

Inciso acrescentado pela Lei n. 12.403, de 04.05.2011.

II – deliberadamente praticar ato de obstrução ao andamento do processo;

Inciso acrescentado pela Lei n. 12.403, de 04.05.2011.

III – descumprir medida cautelar imposta cumulativamente com a fiança;

Inciso acrescentado pela Lei n. 12.403, de 04.05.2011.

IV – resistir injustificadamente a ordem judicial;

Inciso acrescentado pela Lei n. 12.403, de 04.05.2011.

V – praticar nova infração penal dolosa.

Inciso acrescentado pela Lei n. 12.403, de 04.05.2011.

Art. 342. Se vier a ser reformado o julgamento em que se declarou quebrada a fiança, esta subsistirá em todos os seus efeitos.

Art. 343. O quebramento injustificado da fiança importará na perda de metade do seu valor, cabendo ao juiz decidir sobre a imposição de outras medidas cautelares ou, se for o caso, a decretação da prisão preventiva.

Artigo com redação dada pela Lei n. 12.403, de 04.05.2011.

Art. 344. Entender-se-á perdido, na totalidade, o valor da fiança, se, condenado, o acusado não se apresentar para o início do cumprimento da pena definitivamente imposta.

Artigo com redação dada pela Lei n. 12.403, de 04.05.2011.

Art. 345. No caso de perda da fiança, o seu valor, deduzidas as custas e mais encargos a que o acusado estiver obrigado, será recolhido ao fundo penitenciário, na forma da lei.

Artigo com redação dada pela Lei n. 12.403, de 04.05.2011.

Veja arts. 346 e 347, CPP.

CÓDIGO DE PROCESSO PENAL – ARTS. 346 A 353 | 79

Art. 346. No caso de quebramento de fiança, feitas as deduções previstas no art. 345 deste Código, o valor restante será recolhido ao fundo penitenciário, na forma da lei.

Artigo com redação dada pela Lei n. 12.403, de 04.05.2011.

Art. 347. Não ocorrendo a hipótese do art. 345, o saldo será entregue a quem houver prestado a fiança, depois de deduzidos os encargos a que o réu estiver obrigado.

Art. 348. Nos casos em que a fiança tiver sido prestada por meio de hipoteca, a execução será promovida no juízo cível pelo órgão do Ministério Público.

Art. 349. Se a fiança consistir em pedras, objetos ou metais preciosos, o juiz determinará a venda por leiloeiro ou corretor.

Art. 350. Nos casos em que couber fiança, o juiz, verificando a situação econômica do preso, poderá conceder-lhe liberdade provisória, sujeitando--o às obrigações constantes dos arts. 327 e 328 deste Código e a outras medidas cautelares, se for o caso.

Caput com redação dada pela Lei n. 12.403, de 04.05.2011.

Parágrafo único. Se o beneficiado descumprir, sem motivo justo, qualquer das obrigações ou medidas impostas, aplicar-se-á o disposto no § 4º do art. 282 deste Código.

Parágrafo com redação dada pela Lei n. 12.403, de 04.05.2011.

TÍTULO X
DAS CITAÇÕES E INTIMAÇÕES

CAPÍTULO I
DAS CITAÇÕES

Veja art. 3º, § 1º, Lei n. 1.579, de 18.03.1952 (CPI).

Art. 351. A citação inicial far-se-á por mandado, quando o réu estiver no território sujeito à jurisdição do juiz que a houver ordenado.

Art. 352. O mandado de citação indicará:

Veja art. 260, parágrafo único, CPP.

I – o nome do juiz;

II – o nome do querelante nas ações iniciadas por queixa;

III – o nome do réu, ou, se for desconhecido, os seus sinais característicos;

IV – a residência do réu, se for conhecida;

V – o fim para que é feita a citação;

VI – o juízo e o lugar, o dia e a hora em que o réu deverá comparecer;

VII – a subscrição do escrivão e a rubrica do juiz.

Art. 353. Quando o réu estiver fora do território da jurisdição do juiz processante, será citado mediante precatória.

Veja Súmula n. 155, STF.

Veja Súmula n. 273, STJ.

80 | ARTS. 354 A 362 – CÓDIGO DE PROCESSO PENAL

Art. 354. A precatória indicará:

Veja art. 356, CPP.

I – o juiz deprecado e o juiz deprecante;

II – a sede da jurisdição de um e de outro;

III – o fim para que é feita a citação, com todas as especificações;

IV – o juízo do lugar, o dia e a hora em que o réu deverá comparecer.

Art. 355. A precatória será devolvida ao juiz deprecante, independentemente de traslado, depois de lançado o "cumpra-se" e de feita a citação por mandado do juiz deprecado.

§ 1º Verificado que o réu se encontra em território sujeito à jurisdição de outro juiz, a este remeterá o juiz deprecado os autos para efetivação da diligência, desde que haja tempo para fazer-se a citação.

§ 2º Certificado pelo oficial de justiça que o réu se oculta para não ser citado, a precatória será imediatamente devolvida, para o fim previsto no art. 362.

Art. 356. Se houver urgência, a precatória, que conterá em resumo os requisitos enumerados no art. 354, poderá ser expedida por via telegráfica, depois de reconhecida a firma do juiz, o que a estação expedidora mencionará.

Art. 357. São requisitos da citação por mandado:

Veja art. 371, CPP.

I – leitura do mandado ao citando pelo oficial e entrega da contrafé, na qual se mencionarão dia e hora da citação;

II – declaração do oficial, na certidão, da entrega da contrafé, e sua aceitação ou recusa.

Art. 358. A citação do militar far-se-á por intermédio do chefe do respectivo serviço.

Art. 359. O dia designado para funcionário público comparecer em juízo, como acusado, será notificado assim a ele como ao chefe de sua repartição.

Art. 360. Se o réu estiver preso, será pessoalmente citado.

Artigo com redação dada pela Lei n. 10.792, de 01.12.2003.

Veja Súmula n. 351, STJ.

Art. 361. Se o réu não for encontrado, será citado por edital, com o prazo de 15 (quinze) dias.

Veja Súmula n. 351, STJ.

Art. 362. Verificando que o réu se oculta para não ser citado, o oficial de justiça certificará a ocorrência e procederá à citação com hora certa, na forma estabelecida nos arts. 227 a 229 da Lei n. 5.869, de 11 de janeiro de 1973 – Código de Processo Civil.

Caput com redação dada pela Lei n. 11.719, de 20.06.2008.

Refere-se ao CPC/73. Veja arts. 252 a 254, CPC.

Veja art. 355, § 2º, CPP.

CÓDIGO DE PROCESSO PENAL – ARTS. 362 A 367 | 81

Parágrafo único. Completada a citação com hora certa, se o acusado não comparecer, ser-lhe-á nomeado defensor dativo.

Parágrafo acrescentado pela Lei n. 11.719, de 20.06.2008.

Art. 363. O processo terá completada a sua formação quando realizada a citação do acusado.

Caput com redação dada pela Lei n. 11.719, de 20.06.2008.

I e II – (*Revogados pela Lei n. 11.719, de 20.06.2008.*)

§ 1º Não sendo encontrado o acusado, será procedida a citação por edital.

Parágrafo acrescentado pela Lei n. 11.719, de 20.06.2008.

§§ 2º e 3º (*Vetados.*)

Parágrafos acrescentados pela Lei n. 11.719, de 20.06.2008.

§ 4º Comparecendo o acusado citado por edital, em qualquer tempo, o processo observará o disposto nos arts. 394 e seguintes deste Código.

Parágrafo acrescentado pela Lei n. 11.719, de 20.06.2008.

Art. 364. No caso do artigo anterior, n. I, o prazo será fixado pelo juiz entre 15 (quinze) e 90 (noventa) dias, de acordo com as circunstâncias, e, no caso de n. II, o prazo será de 30 (trinta) dias.

Art. 365. O edital de citação indicará:

I – o nome do juiz que a determinar;

II – o nome do réu, ou, se não for conhecido, os seus sinais característicos, bem como sua residência e profissão, se constarem do processo;

Veja art. 259, CPP.

III – o fim para que é feita a citação;

IV – o juízo e o dia, a hora e o lugar em que o réu deverá comparecer;

V – o prazo, que será contado do dia da publicação do edital na imprensa, se houver, ou da sua afixação.

Parágrafo único. O edital será afixado à porta do edifício onde funcionar o juízo e será publicado pela imprensa, onde houver, devendo a afixação ser certificada pelo oficial que o tiver feito e a publicação provada por exemplar do jornal ou certidão do escrivão, da qual conste a página do jornal com a data da publicação.

Art. 366. Se o acusado, citado por edital, não comparecer, nem constituir advogado, ficarão suspensos o processo e o curso do prazo prescricional, podendo o juiz determinar a produção antecipada das provas consideradas urgentes e, se for o caso, decretar prisão preventiva, nos termos do disposto no art. 312.

Caput com redação dada pela Lei n. 9.271, de 17.04.1996.

Veja art. 2º, § 2º, da Lei n. 9.613, de 03.03.1998.

Veja art. 60, § 3º, Lei n. 11.343, de 23.08.2006.

Veja Súmulas ns. 415 e 455, STJ.

§ 1º (*Revogado pela Lei n. 11.719, de 20.06.2008.*)

§ 2º (*Revogado pela Lei n. 11.719, de 20.06.2008.*)

Art. 367. O processo seguirá sem a presença do acusado que, citado ou intimado pessoalmente para qualquer ato, deixar de comparecer sem motivo justificado, ou, no caso de mudança de residência, não comunicar o novo endereço ao juízo.

Artigo com redação dada pela Lei n. 9.271, de 17.04.1996.

Art. 368. Estando o acusado no estrangeiro, em lugar sabido, será citado mediante carta rogatória, suspendendo-se o curso do prazo de prescrição até o seu cumprimento.

Artigo com redação dada pela Lei n. 9.271, de 17.04.1996.

Art. 369. As citações que houverem de ser feitas em legações estrangeiras serão efetuadas mediante carta rogatória.

Artigo com redação dada pela Lei n. 9.271, de 17.04.1996.

CAPÍTULO II
DAS INTIMAÇÕES

Veja art. 3º, § 1º, Lei n. 1.579, de 18.03.1952 (CPI).

Art. 370. Nas intimações dos acusados, das testemunhas e demais pessoas que devam tomar conhecimento de qualquer ato, será observado, no que for aplicável, o disposto no Capítulo anterior.

Caput com redação dada pela Lei n. 9.271, de 17.04.1996.

Veja Súmulas ns. 155, 310, 431, 707 e 710, STF.

Veja Súmula n. 273, STJ.

§ 1º A intimação do defensor constituído, do advogado do querelante e do assistente far-se-á por publicação no órgão incumbido da publicidade dos atos judiciais da comarca, incluindo, sob pena de nulidade, o nome do acusado.

Parágrafo renumerado pela Lei n. 8.701, de 01.09.1993, e com redação dada pela Lei n. 9.271, de 17.04.1996.

Veja art. 420, II, CPP.

§ 2º Caso não haja órgão de publicação dos atos judiciais na comarca, a intimação far-se-á diretamente pelo escrivão, por mandado, ou via postal com comprovante de recebimento, ou por qualquer outro meio idôneo.

Parágrafo acrescentado pela Lei n. 8.701, de 01.09.1993, e com redação dada pela Lei n. 9.271, de 17.04.1996.

§ 3º A intimação pessoal, feita pelo escrivão, dispensará a aplicação a que alude o § 1º.

Parágrafo acrescentado pela Lei n. 9.271, de 17.04.1996.

§ 4º A intimação do Ministério Público e do defensor nomeado será pessoal.

Parágrafo acrescentado pela Lei n. 9.271, de 17.04.1996.

Art. 371. Será admissível a intimação por despacho na petição em que for requerida, observado o disposto no art. 357.

Art. 372. Adiada, por qualquer motivo, a instrução criminal, o juiz marcará desde logo, na presença das partes e testemunhas, dia e hora para seu prosseguimento, do que se lavrará termo nos autos.

CÓDIGO DE PROCESSO PENAL – ARTS. 373 A 378 | 83

TÍTULO XI
DA APLICAÇÃO PROVISÓRIA DE INTERDIÇÕES
DE DIREITOS E MEDIDAS DE SEGURANÇA

Veja arts. 147, 171 e 172, LEP, que prejudicaram os arts. 373 a 380 deste Título.

Veja arts. 43, 44 e 47, CP.

Art. 373. A aplicação provisória de interdições de direitos poderá ser determinada pelo juiz, de ofício, ou a requerimento do Ministério Público, do querelante, do assistente, do ofendido, ou de seu representante legal, ainda que este não se tenha constituído como assistente:

I – durante a instrução criminal após a apresentação da defesa ou do prazo concedido para esse fim;

II – na sentença de pronúncia;

III – na decisão confirmatória da pronúncia ou na que, em grau de recurso, pronunciar o réu;

IV – na sentença condenatória recorrível.

§ 1º No caso do n. I, havendo requerimento de aplicação da medida, o réu ou seu defensor será ouvido no prazo de 2 (dois) dias.

§ 2º Decretada a medida, serão feitas as comunicações necessárias para a sua execução, na forma do disposto no Capítulo III do Título II do Livro IV.

Art. 374. Não caberá recurso do despacho ou da parte da sentença que decretar ou denegar a aplicação provisória de interdições de direitos, mas estas poderão ser substituídas ou revogadas:

Veja art. 597, CPP.

I – se aplicadas no curso da instrução criminal, durante esta ou pelas sentenças a que se referem os ns. II, III e IV do artigo anterior;

II – se aplicadas na sentença de pronúncia, pela decisão que, em grau de recurso, a confirmar, total ou parcialmente, ou pela sentença condenatória recorrível;

III – se aplicadas na decisão a que se refere o n. III do artigo anterior, pela sentença condenatória recorrível.

Art. 375. O despacho que aplicar, provisoriamente, substituir ou revogar interdição de direito, será fundamentado.

Art. 376. A decisão que impronunciar ou absolver o réu fará cessar a aplicação provisória da interdição anteriormente determinada.

Art. 377. Transitando em julgado a sentença condenatória, serão executadas somente as interdições nela aplicadas ou que derivarem da imposição da pena principal.

Art. 378. A aplicação provisória de medida de segurança obedecerá ao disposto nos artigos anteriores, com as modificações seguintes:

Veja art. 597, CPP.

I – o juiz poderá aplicar, provisoriamente, a medida de segurança, de ofício, ou a requerimento do Ministério Público;

84 | ARTS. 378 A 383 – CÓDIGO DE PROCESSO PENAL

II – a aplicação poderá ser determinada ainda no curso do inquérito, mediante representação da autoridade policial;

III – a aplicação provisória de medida de segurança, a substituição ou a revogação da anteriormente aplicada poderão ser determinadas, também, na sentença absolutória;

IV – decretada a medida, atender-se-á ao disposto no Título V do Livro IV, no que for aplicável.

Art. 379. Transitando em julgado a sentença, observar-se-á, quanto à execução das medidas de segurança definitivamente aplicadas, o disposto no Título V do Livro IV.

Art. 380. A aplicação provisória de medida de segurança obstará a concessão de fiança, e tornará sem efeito a anteriormente concedida.

TÍTULO XII
DA SENTENÇA

Art. 381. A sentença conterá:

I – os nomes das partes ou, quando não possível, as indicações necessárias para identificá-las;

II – a exposição sucinta da acusação e da defesa;

III – a indicação dos motivos de fato e de direito em que se fundar a decisão;

Veja art. 59, CP.

IV – a indicação dos artigos de lei aplicados;

V – o dispositivo;

VI – a data e a assinatura do juiz.

Art. 382. Qualquer das partes poderá, no prazo de 2 (dois) dias, pedir ao juiz que declare a sentença, sempre que nela houver obscuridade, ambiguidade, contradição ou omissão.

Veja Súmula n. 710, STF.

Art. 383. O juiz, sem modificar a descrição do fato contida na denúncia ou queixa, poderá atribuir-lhe definição jurídica diversa, ainda que, em consequência, tenha de aplicar pena mais grave.

Caput com redação dada e parágrafos acrescentados pela Lei n. 11.719, de 20.06.2008.

Veja art. 617, CPP.

Veja Súmulas ns. 696 e 723, STF.

Veja Súmulas ns. 243 e 337, STJ.

§ 1º Se, em consequência de definição jurídica diversa, houver possibilidade de proposta de suspensão condicional do processo, o juiz procederá de acordo com o disposto na lei.

Veja art. 384, § 3º, CPP.

Veja Súmulas ns. 696 e 723, STF.

Veja Súmula n. 243, STJ.

§ 2º Tratando-se de infração da competência de outro juízo, a este serão encaminhados os autos.

CÓDIGO DE PROCESSO PENAL – ARTS. 383 A 386 | 85

Veja art. 384, § 3º, CPP.

Art. 384. Encerrada a instrução probatória, se entender cabível nova definição jurídica do fato, em consequência de prova existente nos autos de elemento ou circunstância da infração penal não contida na acusação, o Ministério Público deverá aditar a denúncia ou queixa, no prazo de 5 (cinco) dias, se em virtude desta houver sido instaurado o processo em crime de ação pública, reduzindo-se a termo o aditamento, quando feito oralmente.

Caput com redação dada pela Lei n. 11.719, de 20.06.2008.

Veja § 3º deste artigo e art. 411, § 3º, CPP.

§ 1º Não procedendo o órgão do Ministério Público ao aditamento, aplica-se o art. 28 deste Código.

Antigo parágrafo único renumerado e com redação dada pela Lei n. 11.719, de 20.06.2008.

Veja arts. 384, *caput* e § 3º, 411, § 3º, e 418, CPP.

§ 2º Ouvido o defensor do acusado no prazo de 5 (cinco) dias e admitido o aditamento, o juiz, a requerimento de qualquer das partes, designará dia e hora para continuação da audiência, com inquirição de testemunhas, novo interrogatório do acusado, realização de debates e julgamento.

Parágrafo acrescentado pela Lei n. 11.719, de 20.06.2008.

§ 3º Aplicam-se as disposições dos §§ 1º e 2º do art. 383 ao *caput* deste artigo.

Parágrafo acrescentado pela Lei n. 11.719, de 20.06.2008.

§ 4º Havendo aditamento, cada parte poderá arrolar até 3 (três) testemunhas, no prazo de 5 (cinco) dias, ficando o juiz, na sentença, adstrito aos termos do aditamento.

Parágrafo acrescentado pela Lei n. 11.719, de 20.06.2008.

§ 5º Não recebido o aditamento, o processo prosseguirá.

Parágrafo acrescentado pela Lei n. 11.719, de 20.06.2008.

Veja Súmula n. 453, STF.

Art. 385. Nos crimes de ação pública, o juiz poderá proferir sentença condenatória, ainda que o Ministério Público tenha opinado pela absolvição, bem como reconhecer agravantes, embora nenhuma tenha sido alegada.

Art. 386. O juiz absolverá o réu, mencionando a causa na parte dispositiva, desde que reconheça:

Veja art. 617, CPP.

I – estar provada a inexistência do fato;

II – não haver prova da existência do fato;

III – não constituir o fato infração penal;

IV – estar provado que o réu não concorreu para a infração penal;

Inciso acrescentado pela Lei n. 11.690, de 09.06.2008.

V – não existir prova de ter o réu concorrido para a infração penal;

Antigo inciso IV renumerado pela Lei n. 11.690, de 09.06.2008.

Veja art. 5º, LVI, CF.

VI – existirem circunstâncias que excluam o crime ou isentem o réu de pena (arts. 20, 21, 22, 23, 26 e § 1º do art. 28, todos do Código Penal), ou mesmo se houver fundada dúvida sobre sua existência;

Inciso com redação dada pela Lei n. 11.690, de 09.06.2008.

Veja arts. 96 a 99, CP.

VII – não existir prova suficiente para a condenação.

Antigo inciso VI renumerado pela Lei n. 11.690, de 09.06.2008.

Veja art. 5º, LVI, CF.

Parágrafo único. Na sentença absolutória, o juiz:

I – mandará, se for o caso, pôr o réu em liberdade;

II – ordenará a cessação das medidas cautelares e provisoriamente aplicadas;

Inciso com redação dada pela Lei n. 11.690, de 09.06.2008.

III – aplicará medida de segurança, se cabível.

Veja Súmulas ns. 422 e 525, STF.

Art. 387. O juiz, ao proferir sentença condenatória:

Veja arts. 492, I, d, e 617, CPP.

Veja arts. 26, parágrafo único, 91, I, e 98, CP.

I – mencionará as circunstâncias agravantes ou atenuantes definidas no Código Penal, e cuja existência reconhecer;

Veja arts. 61 a 67, CP.

Veja Súmulas ns. 442 e 443, STF.

II – mencionará as outras circunstâncias apuradas e tudo o mais que deva ser levado em conta na aplicação da pena, de acordo com o disposto nos arts. 59 e 60 do Decreto-lei n. 2.848, de 7 de dezembro de 1940 – Código Penal;

Inciso com redação dada pela Lei n. 11.719, de 20.06.2008.

Veja Súmula n. 716, STF.

Veja Súmulas ns. 241, 440 e 444, STJ.

III – aplicará as penas de acordo com essas conclusões;

Inciso com redação dada pela Lei n. 11.719, de 20.06.2008.

Veja art. 59, CP.

IV – fixará valor mínimo para reparação dos danos causados pela infração, considerando os prejuízos sofridos pelo ofendido;

Inciso com redação dada pela Lei n. 11.719, de 20.06.2008.

Veja arts. 63, parágrafo único, 64 e 492, I, CPP.

V – atenderá, quanto à aplicação provisória de interdições de direitos e medidas de segurança, ao disposto no Título XI deste Livro;

Veja arts. 147, 171 e 172, LEP, que prejudicaram os arts. 373 a 380 do Título XI.

VI – determinará se a sentença deverá ser publicada na íntegra ou em resumo e designará o jornal em que será feita a publicação (art. 73, § 1º, do Código Penal).

Inciso prejudicado por não haver dispositivo na redação atual da Parte Geral que corresponda ao antigo art. 73, § 1º, CP.

CÓDIGO DE PROCESSO PENAL – ARTS. 387 E 393 | 87

§ 1º O juiz decidirá, fundamentadamente, sobre a manutenção ou, se for o caso, a imposição de prisão preventiva ou de outra medida cautelar, sem prejuízo do conhecimento de apelação que vier a ser interposta.

Antigo parágrafo único renumerado pela Lei n. 12.736, de 30.11.2012.

Veja art. 5º, LVII, CF.

Veja Súmula n. 347, STJ.

§ 2º O tempo de prisão provisória, de prisão administrativa ou de internação, no Brasil ou no estrangeiro, será computado para fins de determinação do regime inicial de pena privativa de liberdade.

Parágrafo acrescentado pela Lei n. 12.736, de 30.11.2012.

Art. 388. A sentença poderá ser datilografada e neste caso o juiz a rubricará em todas as folhas.

Art. 389. A sentença será publicada em mão do escrivão, que lavrará nos autos o respectivo termo, registrando-a em livro especialmente destinado a esse fim.

Art. 390. O escrivão, dentro de 3 (três) dias após a publicação, e sob pena de suspensão de 5 (cinco) dias, dará conhecimento da sentença ao órgão do Ministério Público.

Art. 391. O querelante ou o assistente será intimado da sentença, pessoalmente ou na pessoa de seu advogado. Se nenhum deles for encontrado no lugar da sede do juízo, a intimação será feita mediante edital com o prazo de 10 (dez) dias, afixado no lugar de costume.

Art. 392. A intimação da sentença será feita:

Veja Súmulas ns. 310 e 710, STF.

I – ao réu, pessoalmente, se estiver preso;

II – ao réu, pessoalmente, ou ao defensor por ele constituído, quando se livrar solto, ou, sendo afiançável a infração, tiver prestado fiança;

III – ao defensor constituído pelo réu, se este, afiançável, ou não, a infração, expedido o mandado de prisão, não tiver sido encontrado, e assim o certificar o oficial de justiça;

IV – mediante edital, nos casos do n. II, se o réu e o defensor que houver constituído não forem encontrados, e assim o certificar o oficial de justiça;

V – mediante edital, nos casos do n. III, se o defensor que o réu houver constituído também não for encontrado, e assim o certificar o oficial de justiça;

VI – mediante edital, se o réu, não tendo constituído defensor, não for encontrado, e assim o certificar o oficial de justiça.

§ 1º O prazo do edital será de 90 (noventa) dias, se tiver sido imposta pena privativa de liberdade por tempo igual ou superior a 1 (um) ano, e de 60 (sessenta) dias, nos outros casos.

§ 2º O prazo para apelação correrá após o término do fixado no edital, salvo se, no curso deste, for feita a intimação por qualquer das outras formas estabelecidas neste artigo.

Art. 393. (*Revogado pela Lei n. 12.403, de 04.05.2011.*)

88 | ARTS. 394 A 395 – CÓDIGO DE PROCESSO PENAL

LIVRO II
DOS PROCESSOS EM ESPÉCIE

TÍTULO I
DO PROCESSO COMUM

CAPÍTULO I
DA INSTRUÇÃO CRIMINAL

Veja art. 363, § 4º, CPP.

Art. 394. O procedimento será comum ou especial.

Caput com redação dada e parágrafos e incisos acrescentados pela Lei n. 11.719, de 20.06.2008.

§ 1º O procedimento comum será ordinário, sumário ou sumaríssimo:

I – ordinário, quando tiver por objeto crime cuja sanção máxima cominada for igual ou superior a 4 (quatro) anos de pena privativa de liberdade;

II – sumário, quando tiver por objeto crime cuja sanção máxima cominada seja inferior a 4 (quatro) anos de pena privativa de liberdade;

III – sumaríssimo, para as infrações penais de menor potencial ofensivo, na forma da lei.

Veja art. 538, CPP.

Veja arts. 61 e 77 a 83, Lei n. 9.099, de 26.09.1995.

Veja Súmula n. 428, STJ.

§ 2º Aplica-se a todos os processos o procedimento comum, salvo disposições em contrário deste Código ou de lei especial.

§ 3º Nos processos de competência do Tribunal do Júri, o procedimento observará as disposições estabelecidas nos arts. 406 a 497 deste Código.

§ 4º As disposições dos arts. 395 a 398 deste Código aplicam-se a todos os procedimentos penais de primeiro grau, ainda que não regulados neste Código.

O art. 398 foi revogado pela Lei n. 11.719, de 20.06.2008.

§ 5º Aplicam-se subsidiariamente aos procedimentos especial, sumário e sumaríssimo as disposições do procedimento ordinário.

Art. 394-A. Os processos que apurem a prática de crime hediondo terão prioridade de tramitação em todas as instâncias.

Artigo acrescentado pela Lei n. 13.285, de 10.05.2016.

Art. 395. A denúncia ou queixa será rejeitada quando:

Caput com redação dada e incisos acrescentados pela Lei n. 11.719, de 20.06.2008.

Veja art. 394, § 4º, CPP.

I – for manifestamente inepta;

II – faltar pressuposto processual ou condição para o exercício da ação penal; ou

III – faltar justa causa para o exercício da ação penal.

Veja Súmulas ns. 524, 707 e 709, STF.

Parágrafo único. (*Revogado pela Lei n. 11.719, de 20.06.2008.*)

CÓDIGO DE PROCESSO PENAL – ARTS. 395 A 399 | 89

Não constava parágrafo único na redação anterior do artigo.

Art. 396. Nos procedimentos ordinário e sumário, oferecida a denúncia ou queixa, o juiz, se não a rejeitar liminarmente, recebê-la-á e ordenará a citação do acusado para responder à acusação, por escrito, no prazo de 10 (dez) dias.

Caput com redação dada pela Lei n. 11.719, de 20.06.2008.

Parágrafo único. No caso de citação por edital, o prazo para a defesa começará a fluir a partir do comparecimento pessoal do acusado ou do defensor constituído.

Parágrafo com redação dada pela Lei n. 11.719, de 20.06.2008.

Art. 396-A. Na resposta, o acusado poderá arguir preliminares e alegar tudo o que interesse à sua defesa, oferecer documentos e justificações, especificar as provas pretendidas e arrolar testemunhas, qualificando-as e requerendo sua intimação, quando necessário.

Artigo acrescentado pela Lei n. 11.719, de 20.06.2008.

Veja arts. 394, § 4°, e 397, CPP.

§ 1° A exceção será processada em apartado, nos termos dos arts. 95 a 112 deste Código.

§ 2° Não apresentada a resposta no prazo legal, ou se o acusado, citado, não constituir defensor, o juiz nomeará defensor para oferecê-la, concedendo-lhe vista dos autos por 10 (dez) dias.

Art. 397. Após o cumprimento do disposto no art. 396-A, e parágrafos, deste Código, o juiz deverá absolver sumariamente o acusado quando verificar:

Caput com redação dada pela Lei n. 11.719, de 20.06.2008.

Veja art. 394, § 4°, CPP.

I – a existência manifesta de causa excludente da ilicitude do fato;

Inciso acrescentado pela Lei n. 11.719, de 20.06.2008.

Veja arts. 23 a 25, CP.

II – a existência manifesta de causa excludente da culpabilidade do agente, salvo inimputabilidade;

Inciso acrescentado pela Lei n. 11.719, de 20.06.2008.

Veja arts. 23 a 25, CP.

III – que o fato narrado evidentemente não constitui crime; ou

Inciso acrescentado pela Lei n. 11.719, de 20.06.2008.

Veja art. 5°, XXXIX, da CF.

IV – extinta a punibilidade do agente.

Inciso acrescentado pela Lei n. 11.719, de 20.06.2008.

Veja art. 107, CP.

Art. 398. *(Revogado pela Lei n. 11.719, de 20.06.2008.)*

Art. 399. Recebida a denúncia ou queixa, o juiz designará dia e hora para a audiência, ordenando a intimação do acusado, de seu defensor, do Ministério Público e, se for o caso, do querelante e do assistente.

Caput com redação dada pela Lei n. 11.719, de 20.06.2008.

90 | ARTS. 399 A 403 – CÓDIGO DE PROCESSO PENAL

Veja arts. 3º-B, XIV, e 3º-C, CPP.

§ 1º O acusado preso será requisitado para comparecer ao interrogatório, devendo o poder público providenciar sua apresentação.

Parágrafo acrescentado pela Lei n. 11.719, de 20.06.2008.

Veja arts. 260 e 564, III, *e*, CPP.

§ 2º O juiz que presidiu a instrução deverá proferir a sentença.

Parágrafo acrescentado pela Lei n. 11.719, de 20.06.2008.

Veja art. 5º, LIII, CF.

Art. 400. Na audiência de instrução e julgamento, a ser realizada no prazo máximo de 60 (sessenta) dias, proceder-se-á à tomada de declarações do ofendido, à inquirição das testemunhas arroladas pela acusação e pela defesa, nesta ordem, ressalvado o disposto no art. 222 deste Código, bem como aos esclarecimentos dos peritos, às acareações e ao reconhecimento de pessoas e coisas, interrogando-se, em seguida, o acusado.

Caput com redação dada pela Lei n. 11.719, de 20.06.2008.

Veja arts. 185, § 4º, e 533, CPP.

§ 1º As provas serão produzidas numa só audiência, podendo o juiz indeferir as consideradas irrelevantes, impertinentes ou protelatórias.

Parágrafo acrescentado pela Lei n. 11.719, de 20.06.2008.

§ 2º Os esclarecimentos dos peritos dependerão de prévio requerimento das partes.

Parágrafo acrescentado pela Lei n. 11.719, de 20.06.2008.

Veja art. 278, CPP.

Art. 401. Na instrução poderão ser inquiridas até 8 (oito) testemunhas arroladas pela acusação e 8 (oito) pela defesa.

Caput com redação dada pela Lei n. 11.719, de 20.06.2008.

§ 1º Nesse número não se compreendem as que não prestem compromisso e as referidas.

Antigo parágrafo único renumerado e com redação dada pela Lei n. 11.719, de 20.06.2008.

Veja art. 208, CPP.

§ 2º A parte poderá desistir da inquirição de qualquer das testemunhas arroladas, ressalvado o disposto no art. 209 deste Código.

Parágrafo acrescentado pela Lei n. 11.719, de 20.06.2008.

Art. 402. Produzidas as provas, ao final da audiência, o Ministério Público, o querelante e o assistente e, a seguir, o acusado poderão requerer diligências cuja necessidade se origine de circunstâncias ou fatos apurados na instrução.

Artigo com redação dada pela Lei n. 11.719, de 20.06.2008.

Art. 403. Não havendo requerimento de diligências, ou sendo indeferido, serão oferecidas alegações finais orais por 20 (vinte) minutos, respectivamente, pela acusação e pela defesa, prorrogáveis por mais 10 (dez), proferindo o juiz, a seguir, sentença.

Caput com redação dada e parágrafos acrescentados pela Lei n. 11.719, de 20.06.2008.

CÓDIGO DE PROCESSO PENAL – ARTS. 403 A 406 | 91

§ 1º Havendo mais de um acusado, o tempo previsto para a defesa de cada um será individual.

§ 2º Ao assistente do Ministério Público, após a manifestação desse, serão concedidos 10 (dez) minutos, prorrogando-se por igual período o tempo de manifestação da defesa.

§ 3º O juiz poderá, considerada a complexidade do caso ou o número de acusados, conceder às partes o prazo de 5 (cinco) dias sucessivamente para a apresentação de memoriais. Nesse caso, terá o prazo de 10 (dez) dias para proferir a sentença.

Art. 404. Ordenado diligência considerada imprescindível, de ofício ou a requerimento da parte, a audiência será concluída sem as alegações finais.

Caput com redação dada pela Lei n. 11.719, de 20.06.2008.

Parágrafo único. Realizada, em seguida, a diligência determinada, as partes apresentarão, no prazo sucessivo de 5 (cinco) dias, suas alegações finais, por memorial, e, no prazo de 10 (dez) dias, o juiz proferirá a sentença.

Parágrafo acrescentado pela Lei n. 11.719, de 20.06.2008.

Art. 405. Do ocorrido em audiência será lavrado termo em livro próprio, assinado pelo juiz e pelas partes, contendo breve resumo dos fatos relevantes nela ocorridos.

Caput com redação dada pela Lei n. 11.719, de 20.06.2008.

§ 1º Sempre que possível, o registro dos depoimentos do investigado, indiciado, ofendido e testemunhas será feito pelos meios ou recursos de gravação magnética, estenotipia, digital ou técnica similar, inclusive audiovisual, destinada a obter maior fidelidade das informações.

Parágrafo acrescentado pela Lei n. 11.719, de 20.06.2008.

§ 2º No caso de registro por meio audiovisual, será encaminhado às partes cópia do registro original, sem necessidade de transcrição.

Parágrafo acrescentado pela Lei n. 11.719, de 20.06.2008.

CAPÍTULO II
DO PROCEDIMENTO RELATIVO AOS PROCESSOS
DA COMPETÊNCIA DO TRIBUNAL DO JÚRI

Capítulo com denominação dada pela Lei n. 11.689, de 09.06.2008.
Veja arts. 74, § 1º, e 394, § 3º, CPP.
Veja art. 5º, XXXVIII, CF.
Veja arts. 121 a 128, CP.
Veja Súmulas ns. 156, 162, 206, 603, 712, 713 e 721, STF.

Seção I
Da Acusação e da Instrução Preliminar

Seção com denominação dada pela Lei n. 11.689, de 09.06.2008.

Art. 406. O juiz, ao receber a denúncia ou a queixa, ordenará a citação do acusado para responder a acusação, por escrito, no prazo de 10 (dez) dias.

Caput com redação dada pela Lei n. 11.689, de 09.06.2008.

92 | ARTS. 406 A 411 – CÓDIGO DE PROCESSO PENAL

§ 1º O prazo previsto no *caput* deste artigo será contado a partir do efetivo cumprimento do mandado ou do comparecimento, em juízo, do acusado ou de defensor constituído, no caso de citação inválida ou por edital.
Parágrafo com redação dada pela Lei n. 11.689, de 09.06.2008.
Veja Súmula n. 710, STF.

§ 2º A acusação deverá arrolar testemunhas, até o máximo de 8 (oito), na denúncia ou na queixa.
Parágrafo com redação dada pela Lei n. 11.689, de 09.06.2008.

§ 3º Na resposta, o acusado poderá arguir preliminares e alegar tudo que interesse a sua defesa, oferecer documentos e justificações, especificar as provas pretendidas e arrolar testemunhas, até o máximo de 8 (oito), qualificando-as e requerendo sua intimação, quando necessário.
Parágrafo acrescentado pela Lei n. 11.689, de 09.06.2008.

Art. 407. As exceções serão processadas em apartado, nos termos dos arts. 95 a 112 deste Código.
Artigo com redação dada pela Lei n. 11.689, de 09.06.2008.

Art. 408. Não apresentada a resposta no prazo legal, o juiz nomeará defensor para oferecê-la em até 10 (dez) dias, concedendo-lhe vista dos autos.
Artigo com redação dada pela Lei n. 11.689, de 09.06.2008.

Art. 409. Apresentada a defesa, o juiz ouvirá o Ministério Público ou o querelante sobre preliminares e documentos, em 5 (cinco) dias.
Artigo com redação dada pela Lei n. 11.689, de 09.06.2008.

Art. 410. O juiz determinará a inquirição das testemunhas e a realização das diligências requeridas pelas partes, no prazo máximo de 10 (dez) dias.
Artigo com redação dada pela Lei n. 11.689, de 09.06.2008.

Art. 411. Na audiência de instrução, proceder-se-á à tomada de declarações do ofendido, se possível, à inquirição das testemunhas arroladas pela acusação e pela defesa, nesta ordem, bem como aos esclarecimentos dos peritos, às acareações e ao reconhecimento de pessoas e coisas, interrogando-se, em seguida, o acusado e procedendo-se o debate.
Caput com redação dada pela Lei n. 11.689, de 09.06.2008.
Veja § 8º deste artigo e art. 185, § 4º, CPP.

§ 1º Os esclarecimentos dos peritos dependerão de prévio requerimento e de deferimento pelo juiz.
Parágrafo acrescentado pela Lei n. 11.689, de 09.06.2008.

§ 2º As provas serão produzidas em uma só audiência, podendo o juiz indeferir as consideradas irrelevantes, impertinentes ou protelatórias.
Parágrafo acrescentado pela Lei n. 11.689, de 09.06.2008.

§ 3º Encerrada a instrução probatória, observar-se-á, se for o caso, o disposto no art. 384 deste Código.
Parágrafo acrescentado pela Lei n. 11.689, de 09.06.2008.

§ 4º As alegações serão orais, concedendo-se a palavra, respectivamente, à acusação e à defesa, pelo prazo de 20 (vinte) minutos, prorrogáveis por mais 10 (dez).

CÓDIGO DE PROCESSO PENAL – ARTS. 411 A 413 | 93

Parágrafo acrescentado pela Lei n. 11.689, de 09.06.2008.

§ 5º Havendo mais de 1 (um) acusado, o tempo previsto para a acusação e a defesa de cada um deles será individual.

Parágrafo acrescentado pela Lei n. 11.689, de 09.06.2008.

§ 6º Ao assistente do Ministério Público, após a manifestação deste, serão concedidos 10 (dez) minutos, prorrogando-se por igual período o tempo de manifestação da defesa.

Parágrafo acrescentado pela Lei n. 11.689, de 09.06.2008.

§ 7º Nenhum ato será adiado, salvo quando imprescindível à prova faltante, determinando o juiz a condução coercitiva de quem deva comparecer.

Parágrafo acrescentado pela Lei n. 11.689, de 09.06.2008.

§ 8º A testemunha que comparecer será inquirida, independentemente da suspensão da audiência, observada em qualquer caso a ordem estabelecida no *caput* deste artigo.

Parágrafo acrescentado pela Lei n. 11.689, de 09.06.2008.

§ 9º Encerrados os debates, o juiz proferirá a sua decisão, ou o fará em 10 (dez) dias, ordenando que os autos para isso lhe sejam conclusos.

Parágrafo acrescentado pela Lei n. 11.689, de 09.06.2008.

Art. 412. O procedimento será concluído no prazo máximo de 90 (noventa) dias.

Artigo com redação dada pela Lei n. 11.689, de 09.06.2008.

Veja art. 5º, LXXVIII, CF.

Seção II
Da Pronúncia, da Impronúncia
e da Absolvição Sumária

Seção com denominação dada pela Lei n. 11.689, de 09.06.2008.

Art. 413. O juiz, fundamentadamente, pronunciará o acusado, se convencido da materialidade do fato e da existência de indícios suficientes de autoria ou de participação.

Caput com redação dada pela Lei n. 11.689, de 09.06.2008.

Veja Súmula n. 191, STJ.

§ 1º A fundamentação da pronúncia limitar-se-á à indicação da materialidade do fato e da existência de indícios suficientes de autoria ou de participação, devendo o juiz declarar o dispositivo legal em que julgar incurso o acusado e especificar as circunstâncias qualificadoras e as causas de aumento de pena.

Parágrafo renumerado e com redação dada pela Lei n. 11.689, de 09.06.2008.

§ 2º Se o crime for afiançável, o juiz arbitrará o valor da fiança para a concessão ou manutenção da liberdade provisória.

Parágrafo acrescentado pela Lei n. 11.689, de 09.06.2008.

§ 3º O juiz decidirá, motivadamente, no caso de manutenção, revogação ou substituição da prisão ou medida restritiva de liberdade anteriormente decretada e, tratando-se de acusado solto, sobre a necessidade da decreta-

94 | ARTS. 413 A 419 – CÓDIGO DE PROCESSO PENAL

ção da prisão ou imposição de quaisquer das medidas previstas no Título IX do Livro I deste Código.

Parágrafo acrescentado pela Lei n. 11.689, de 09.06.2008.

Veja Súmula n. 21, STJ.

Art. 414. Não se convencendo da materialidade do fato ou da existência de indícios suficientes de autoria ou de participação, o juiz, fundamentadamente, impronunciará o acusado.

Caput com redação dada pela Lei n. 11.689, de 09.06.2008.

Parágrafo único. Enquanto não ocorrer a extinção da punibilidade, poderá ser formulada nova denúncia ou queixa se houver prova nova.

Parágrafo acrescentado pela Lei n. 11.689, de 09.06.2008.

Veja Súmula n. 524, STF.

Art. 415. O juiz, fundamentadamente, absolverá desde logo o acusado, quando:

Caput e incisos com redação dada pela Lei n. 11.689, de 09.06.2008.

I – provada a inexistência do fato;

II – provado não ser ele autor ou partícipe do fato;

III – o fato não constituir infração penal;

IV – demonstrada causa de isenção de pena ou de exclusão do crime.

Veja parágrafo único deste artigo.

Veja art. 26, *caput*, CP.

Parágrafo único. Não se aplica o disposto no inciso IV do *caput* deste artigo ao caso de inimputabilidade prevista no *caput* do art. 26 do Decreto-lei n. 2.848, de 7 de dezembro de 1940 – Código Penal, salvo quando esta for a única tese defensiva.

Parágrafo renumerado e com redação dada pela Lei n. 11.689, de 09.06.2008.

Art. 416. Contra a sentença de impronúncia ou de absolvição sumária caberá apelação.

Artigo com redação dada pela Lei n. 11.689, de 09.06.2008.

Art. 417. Se houver indícios de autoria ou de participação de outras pessoas não incluídas na acusação, o juiz, ao pronunciar ou impronunciar o acusado, determinará o retorno dos autos ao Ministério Público, por 15 (quinze) dias, aplicável, no que couber, o art. 80 deste Código.

Artigo com redação dada pela Lei n. 11.689, de 09.06.2008.

Art. 418. O juiz poderá dar ao fato definição jurídica diversa da constante da acusação, embora o acusado fique sujeito a pena mais grave.

Artigo com redação dada pela Lei n. 11.689, de 09.06.2008.

Veja art. 384, CPP.

Art. 419. Quando o juiz se convencer, em discordância com a acusação, da existência de crime diverso dos referidos no § 1º do art. 74 deste Código e não for competente para o julgamento, remeterá os autos ao juiz que o seja.

Caput com redação dada pela Lei n. 11.689, de 09.06.2008.

Veja Súmula n. 603, STF.

CÓDIGO DE PROCESSO PENAL – ARTS. 419 A 423 | 95

Parágrafo único. Remetidos os autos do processo a outro juiz, à disposição deste ficará o acusado preso.
Parágrafo acrescentado pela Lei n. 11.689, de 09.06.2008.
Art. 420. A intimação da decisão de pronúncia será feita:
Caput com redação dada pela Lei n. 11.689, de 09.06.2008.
Veja art. 431, CPP.
I – pessoalmente ao acusado, ao defensor nomeado e ao Ministério Público;
Inciso acrescentado pela Lei n. 11.689, de 09.06.2008.
II – ao defensor constituído, ao querelante e ao assistente do Ministério Público, na forma do disposto no § 1º do art. 370 deste Código.
Inciso acrescentado pela Lei n. 11.689, de 09.06.2008.
Parágrafo único. Será intimado por edital o acusado solto que não for encontrado.
Parágrafo acrescentado pela Lei n. 11.689, de 09.06.2008.
Art. 421. Preclusa a decisão de pronúncia, os autos serão encaminhados ao juiz presidente do Tribunal do Júri.
Caput com redação dada pela Lei n. 11.689, de 09.06.2008.
§ 1º Ainda que preclusa a decisão de pronúncia, havendo circunstância superveniente que altere a classificação do crime, o juiz ordenará a remessa dos autos ao Ministério Público.
Parágrafo renumerado e com redação dada pela Lei n. 11.689, de 09.06.2008.
§ 2º Em seguida, os autos serão conclusos ao juiz para decisão.
Parágrafo acrescentado pela Lei n. 11.689, de 09.06.2008.

Seção III
Da Preparação do Processo para Julgamento em Plenário
Seção com denominação dada pela Lei n. 11.689, de 09.06.2008.
Art. 422. Ao receber os autos, o presidente do Tribunal do Júri determinará a intimação do órgão do Ministério Público ou do querelante, no caso de queixa, e do defensor, para, no prazo de 5 (cinco) dias, apresentarem rol de testemunhas que irão depor em plenário, até o máximo de 5 (cinco), oportunidade em que poderão juntar documentos e requerer diligência.
Artigo com redação dada pela Lei n. 11.689, de 09.06.2008.
Veja art. 461, CPP.
Art. 423. Deliberando sobre os requerimentos de provas a serem produzidas ou exibidas no plenário do júri, e adotadas as providências devidas, o juiz presidente:
Caput com redação dada pela Lei n. 11.689, de 09.06.2008.
I – ordenará as diligências necessárias para sanar qualquer nulidade ou esclarecer fato que interesse ao julgamento da causa;
Inciso acrescentado pela Lei n. 11.689, de 09.06.2008.
II – fará relatório sucinto do processo, determinando sua inclusão em pauta da reunião do Tribunal do Júri.

96 | ARTS. 423 A 426 – CÓDIGO DE PROCESSO PENAL

Inciso acrescentado pela Lei n. 11.689, de 09.06.2008.

Art. 424. Quando a lei local de organização judiciária não atribuir ao presidente do Tribunal do Júri o preparo para julgamento, o juiz competente remeter-lhe-á os autos do processo preparado até 5 (cinco) dias antes do sorteio a que se refere o art. 433 deste Código.

Caput com redação dada pela Lei n. 11.689, de 09.06.2008.

Parágrafo único. Deverão ser remetidos, também, os processos preparados até o encerramento da reunião, para a realização de julgamento.

Parágrafo com redação dada pela Lei n. 11.689, de 09.06.2008.

Seção IV
Do Alistamento dos Jurados

Seção com denominação dada pela Lei n. 11.689, de 09.06.2008.

Art. 425. Anualmente, serão alistados pelo presidente do Tribunal do Júri de 800 (oitocentos) a 1.500 (um mil e quinhentos) jurados nas comarcas de mais de 1.000.000 (um milhão) de habitantes, de 300 (trezentos) a 700 (setecentos) nas comarcas de mais de 100.000 (cem mil) habitantes e de 80 (oitenta) a 400 (quatrocentos) nas comarcas de menor população.

Caput com redação dada pela Lei n. 11.689, de 09.06.2008.

§ 1º Nas comarcas onde for necessário, poderá ser aumentado o número de jurados e, ainda, organizada lista de suplentes, depositadas as cédulas em urna especial, com as cautelas mencionadas na parte final do § 3º do art. 426 deste Código.

Parágrafo renumerado e com redação dada pela Lei n. 11.689, de 09.06.2008.

§ 2º O juiz presidente requisitará às autoridades locais, associações de classe e de bairro, entidades associativas e culturais, instituições de ensino em geral, universidades, sindicatos, repartições públicas e outros núcleos comunitários a indicação de pessoas que reúnam as condições para exercer a função de jurado.

Parágrafo acrescentado pela Lei n. 11.689, de 09.06.2008.

Art. 426. A lista geral dos jurados, com indicação das respectivas profissões, será publicada pela imprensa até o dia 10 de outubro de cada ano e divulgada em editais afixados à porta do Tribunal do Júri.

Caput com redação dada pela Lei n. 11.689, de 09.06.2008.

§ 1º A lista poderá ser alterada, de ofício ou mediante reclamação de qualquer do povo ao juiz presidente até o dia 10 de novembro, data de sua publicação definitiva.

Parágrafo acrescentado pela Lei n. 11.689, de 09.06.2008.

§ 2º Juntamente com a lista, serão transcritos os arts. 436 a 446 deste Código.

Parágrafo acrescentado pela Lei n. 11.689, de 09.06.2008.

§ 3º Os nomes e endereços dos alistados, em cartões iguais, após serem verificados na presença do Ministério Público, de advogado indicado pela Seção local da Ordem dos Advogados do Brasil e de defensor indicado pe-

CÓDIGO DE PROCESSO PENAL – ARTS. 426 A 428 | 97

las Defensorias Públicas competentes, permanecerão guardados em urna fechada a chave, sob a responsabilidade do juiz presidente.

Parágrafo acrescentado pela Lei n. 11.689, de 09.06.2008.

Veja art. 425, § 1º, CPP.

§ 4º O jurado que tiver integrado o Conselho de Sentença nos 12 (doze) meses que antecederem à publicação da lista geral fica dela excluído.

Parágrafo acrescentado pela Lei n. 11.689, de 09.06.2008.

§ 5º Anualmente, a lista geral de jurados será, obrigatoriamente, completada.

Parágrafo acrescentado pela Lei n. 11.689, de 09.06.2008.

Seção V
Do Desaforamento

Seção com denominação dada pela Lei n. 11.689, de 09.06.2008.

Art. 427. Se o interesse da ordem pública o reclamar ou houver dúvida sobre a imparcialidade do júri ou a segurança pessoal do acusado, o Tribunal, a requerimento do Ministério Público, do assistente, do querelante ou do acusado ou mediante representação do juiz competente, poderá determinar o desaforamento do julgamento para outra comarca da mesma região, onde não existam aqueles motivos, preferindo-se as mais próximas.

Caput com redação dada pela Lei n. 11.689, de 09.06.2008.

Veja Súmula n. 712, STF.

§ 1º O pedido de desaforamento será distribuído imediatamente e terá preferência de julgamento na Câmara ou Turma competente.

Parágrafo renumerado e com redação dada pela Lei n. 11.689, de 09.06.2008.

§ 2º Sendo relevantes os motivos alegados, o relator poderá determinar, fundamentadamente, a suspensão do julgamento pelo júri.

Parágrafo acrescentado pela Lei n. 11.689, de 09.06.2008.

§ 3º Será ouvido o juiz presidente, quando a medida não tiver sido por ele solicitada.

Parágrafo acrescentado pela Lei n. 11.689, de 09.06.2008.

§ 4º Na pendência de recurso contra a decisão de pronúncia ou quando efetivado o julgamento, não se admitirá o pedido de desaforamento, salvo, nesta última hipótese, quanto a fato ocorrido durante ou após a realização de julgamento anulado.

Parágrafo acrescentado pela Lei n. 11.689, de 09.06.2008.

Art. 428. O desaforamento também poderá ser determinado, em razão do comprovado excesso de serviço, ouvidos o juiz presidente e a parte contrária, se o julgamento não puder ser realizado no prazo de 6 (seis) meses, contado do trânsito em julgado da decisão de pronúncia.

Caput com redação dada pela Lei n. 11.689, de 09.06.2008.

Veja Súmula n. 712, STF.

§ 1º Para a contagem do prazo referido neste artigo, não se computará o tempo de adiamentos, diligências ou incidentes de interesse da defesa.

98 | ARTS. 428 A 431 – CÓDIGO DE PROCESSO PENAL

Parágrafo acrescentado pela Lei n. 11.689, de 09.06.2008.

Veja Súmula n. 64, STJ.

§ 2º Não havendo excesso de serviço ou existência de processos aguardando julgamento em quantidade que ultrapasse a possibilidade de apreciação pelo Tribunal do Júri, nas reuniões periódicas previstas para o exercício, o acusado poderá requerer ao Tribunal que determine a imediata realização do julgamento.

Parágrafo acrescentado pela Lei n. 11.689, de 09.06.2008.

Veja Súmula n. 21, STJ.

Seção VI
Da Organização da Pauta

Seção acrescentada pela Lei n. 11.689, de 09.06.2008.

Art. 429. Salvo motivo relevante que autorize alteração na ordem dos julgamentos, terão preferência:

Caput com redação dada pela Lei n. 11.689, de 09.06.2008.

Veja art. 469, § 2º, CPP.

I – os acusados presos;

Inciso acrescentado pela Lei n. 11.689, de 09.06.2008.

II – dentre os acusados presos, aqueles que estiverem há mais tempo na prisão;

Inciso acrescentado pela Lei n. 11.689, de 09.06.2008.

III – em igualdade de condições, os precedentemente pronunciados.

Inciso acrescentado pela Lei n. 11.689, de 09.06.2008.

Veja art. 469, § 2º, CPP.

§ 1º Antes do dia designado para o primeiro julgamento da reunião periódica, será afixada na porta do edifício do Tribunal do Júri a lista dos processos a serem julgados, obedecida a ordem prevista no *caput* deste artigo.

Parágrafo com redação dada pela Lei n. 11.689, de 09.06.2008.

§ 2º O juiz presidente reservará datas na mesma reunião periódica para a inclusão de processo que tiver o julgamento adiado.

Parágrafo com redação dada pela Lei n. 11.689, de 09.06.2008.

Art. 430. O assistente somente será admitido se tiver requerido sua habilitação até 5 (cinco) dias antes da data da sessão na qual pretenda atuar.

Artigo com redação dada pela Lei n. 11.689, de 09.06.2008.

Art. 431. Estando o processo em ordem, o juiz presidente mandará intimar as partes, o ofendido, se for possível, as testemunhas e os peritos, quando houver requerimento, para a sessão de instrução e julgamento, observando, no que couber, o disposto no art. 420 deste Código.

Artigo com redação dada pela Lei n. 11.689, de 09.06.2008.

Seção VII
Do Sorteio e da Convocação dos Jurados

Seção acrescentada pela Lei n. 11.689, de 09.06.2008.

CÓDIGO DE PROCESSO PENAL – ARTS. 432 A 436 | 99

Art. 432. Em seguida à organização da pauta, o juiz presidente determinará a intimação do Ministério Público, da Ordem dos Advogados do Brasil e da Defensoria Pública para acompanharem, em dia e hora designados, o sorteio dos jurados que atuarão na reunião periódica.

Artigo com redação dada pela Lei n. 11.689, de 09.06.2008.

Art. 433. O sorteio, presidido pelo juiz, far-se-á a portas abertas, cabendo-lhe retirar as cédulas até completar o número de 25 (vinte e cinco) jurados, para a reunião periódica ou extraordinária.

Caput com redação dada pela Lei n. 11.689, de 09.06.2008.

Veja art. 424, *caput*, CPP.

§ 1º O sorteio será realizado entre o 15º (décimo quinto) e o 10º (décimo) dia útil antecedente à instalação da reunião.

Parágrafo acrescentado pela Lei n. 11.689, de 09.06.2008.

§ 2º A audiência de sorteio não será adiada pelo não comparecimento das partes.

Parágrafo acrescentado pela Lei n. 11.689, de 09.06.2008.

§ 3º O jurado não sorteado poderá ter o seu nome novamente incluído para as reuniões futuras.

Parágrafo acrescentado pela Lei n. 11.689, de 09.06.2008.

Art. 434. Os jurados sorteados serão convocados pelo correio ou por qualquer outro meio hábil para comparecer no dia e hora designados para a reunião, sob as penas da lei.

Caput com redação dada pela Lei n. 11.689, de 09.06.2008.

Veja art. 465, CPP.

Parágrafo único. No mesmo expediente de convocação serão transcritos os arts. 436 a 446 deste Código.

Parágrafo acrescentado pela Lei n. 11.689, de 09.06.2008.

Art. 435. Serão afixados na porta do edifício do Tribunal do Júri a relação dos jurados convocados, os nomes do acusado e dos procuradores das partes, além do dia, hora e local das sessões de instrução e julgamento.

Artigo com redação dada pela Lei n. 11.689, de 09.06.2008.

Veja art. 465, CPP.

Seção VIII
Da Função do Jurado

Seção acrescentada pela Lei n. 11.689, de 09.06.2008.

Veja arts. 426, § 2º, e 434, parágrafo único, CPP.

Art. 436. O serviço do júri é obrigatório. O alistamento compreenderá os cidadãos maiores de 18 (dezoito) anos de notória idoneidade.

Caput com redação dada pela Lei n. 11.689, de 09.06.2008.

§ 1º Nenhum cidadão poderá ser excluído dos trabalhos do júri ou deixar de ser alistado em razão de cor ou etnia, raça, credo, sexo, profissão, classe social ou econômica, origem ou grau de instrução.

Parágrafo renumerado e com redação dada pela Lei n. 11.689, de 09.06.2008.

100 | ARTS. 436 A 438 – CÓDIGO DE PROCESSO PENAL

§ 2º A recusa injustificada ao serviço do júri acarretará multa no valor de 1 (um) a 10 (dez) salários mínimos, a critério do juiz, de acordo com a condição econômica do jurado.

Parágrafo acrescentado pela Lei n. 11.689, de 09.06.2008.

Veja arts. 458 e 466, § 1º, CPP.

Art. 437. Estão isentos do serviço do júri:

Caput com redação dada pela Lei n. 11.689, de 09.06.2008.

I – o Presidente da República e os Ministros de Estado;

Inciso acrescentado pela Lei n. 11.689, de 09.06.2008.

II – os Governadores e seus respectivos Secretários;

Inciso acrescentado pela Lei n. 11.689, de 09.06.2008.

III – os membros do Congresso Nacional, das Assembleias Legislativas e das Câmaras Distrital e Municipais;

Inciso acrescentado pela Lei n. 11.689, de 09.06.2008.

IV – os Prefeitos Municipais;

Inciso acrescentado pela Lei n. 11.689, de 09.06.2008.

V – os Magistrados e membros do Ministério Público e da Defensoria Pública;

Inciso acrescentado pela Lei n. 11.689, de 09.06.2008.

VI – os servidores do Poder Judiciário, do Ministério Público e da Defensoria Pública;

Inciso acrescentado pela Lei n. 11.689, de 09.06.2008.

VII – as autoridades e os servidores da polícia e da segurança pública;

Inciso acrescentado pela Lei n. 11.689, de 09.06.2008.

VIII – os militares em serviço ativo;

Inciso acrescentado pela Lei n. 11.689, de 09.06.2008.

IX – os cidadãos maiores de 70 (setenta) anos que requeiram sua dispensa;

Inciso acrescentado pela Lei n. 11.689, de 09.06.2008.

X – aqueles que o requererem, demonstrando justo impedimento.

Inciso acrescentado pela Lei n. 11.689, de 09.06.2008.

Art. 438. A recusa ao serviço do júri fundada em convicção religiosa, filosófica ou política importará no dever de prestar serviço alternativo, sob pena de suspensão dos direitos políticos, enquanto não prestar o serviço imposto.

Caput com redação dada pela Lei n. 11.689, de 09.06.2008.

§ 1º Entende-se por serviço alternativo o exercício de atividades de caráter administrativo, assistencial, filantrópico ou mesmo produtivo, no Poder Judiciário, na Defensoria Pública, no Ministério Público ou em entidade conveniada para esses fins.

Parágrafo acrescentado pela Lei n. 11.689, de 09.06.2008.

§ 2º O juiz fixará o serviço alternativo atendendo aos princípios da proporcionalidade e da razoabilidade.

Parágrafo acrescentado pela Lei n. 11.689, de 09.06.2008.

CÓDIGO DE PROCESSO PENAL – ARTS. 439 A 448 | 101

Art. 439. O exercício efetivo da função de jurado constituirá serviço público relevante e estabelecerá presunção de idoneidade moral.

Artigo com redação dada pela Lei n. 12.403, de 04.05.2011.

Veja art. 440, CPP.

Art. 440. Constitui também direito do jurado, na condição do art. 439 deste Código, preferência, em igualdade de condições, nas licitações públicas e no provimento, mediante concurso, de cargo ou função pública, bem como nos casos de promoção funcional ou remoção voluntária.

Artigo com redação dada pela Lei n. 11.689, de 09.06.2008.

Art. 441. Nenhum desconto será feito nos vencimentos ou salário do jurado sorteado que comparecer à sessão do júri.

Artigo com redação dada pela Lei n. 11.689, de 09.06.2008.

Veja art. 459, CPP.

Art. 442. Ao jurado que, sem causa legítima, deixar de comparecer no dia marcado para a sessão ou retirar-se antes de ser dispensado pelo presidente será aplicada multa de 1 (um) a 10 (dez) salários mínimos, a critério do juiz, de acordo com a sua condição econômica.

Artigo com redação dada pela Lei n. 11.689, de 09.06.2008.

Art. 443. Somente será aceita escusa fundada em motivo relevante devidamente comprovado e apresentada, ressalvadas as hipóteses de força maior, até o momento da chamada dos jurados.

Artigo com redação dada pela Lei n. 11.689, de 09.06.2008.

Art. 444. O jurado somente será dispensado por decisão motivada do juiz presidente, consignada na ata dos trabalhos.

Artigo com redação dada pela Lei n. 11.689, de 09.06.2008.

Art. 445. O jurado, no exercício da função ou a pretexto de exercê-la, será responsável criminalmente nos mesmos termos em que o são os juízes togados.

Artigo com redação dada pela Lei n. 11.689, de 09.06.2008.

Veja art. 446, CPP.

Art. 446. Aos suplentes, quando convocados, serão aplicáveis os dispositivos referentes às dispensas, faltas e escusas e à equiparação de responsabilidade penal prevista no art. 445 deste Código.

Artigo com redação dada pela Lei n. 11.689, de 09.06.2008.

Seção IX
Da Composição do Tribunal do Júri
e da Formação do Conselho de Sentença

Seção acrescentada pela Lei n. 11.689, de 09.06.2008.

Art. 447. O Tribunal do Júri é composto por 1 (um) juiz togado, seu presidente e por 25 (vinte e cinco) jurados que serão sorteados dentre os alistados, 7 (sete) dos quais constituirão o Conselho de Sentença em cada sessão de julgamento.

Artigo com redação dada pela Lei n. 11.689, de 09.06.2008.

Art. 448. São impedidos de servir no mesmo Conselho:

102 | ARTS. 448 A 452 – CÓDIGO DE PROCESSO PENAL

Caput com redação dada pela Lei n. 11.689, de 09.06.2008.

Veja art. 466, CPP.

I – marido e mulher;

Inciso acrescentado pela Lei n. 11.689, de 09.06.2008.

II – ascendente e descendente;

Inciso acrescentado pela Lei n. 11.689, de 09.06.2008.

III – sogro e genro ou nora;

Inciso acrescentado pela Lei n. 11.689, de 09.06.2008.

IV – irmãos e cunhados, durante o cunhadio;

Inciso acrescentado pela Lei n. 11.689, de 09.06.2008.

V – tio e sobrinho;

Inciso acrescentado pela Lei n. 11.689, de 09.06.2008.

VI – padrasto, madrasta ou enteado.

Inciso acrescentado pela Lei n. 11.689, de 09.06.2008.

§ 1º O mesmo impedimento ocorrerá em relação às pessoas que mantenham união estável reconhecida como entidade familiar.

Parágrafo renumerado e com redação dada pela Lei n. 11.689, de 09.06.2008.

§ 2º Aplicar-se-á aos jurados o disposto sobre os impedimentos, a suspeição e as incompatibilidades dos juízes togados.

Parágrafo acrescentado pela Lei n. 11.689, de 09.06.2008.

Art. 449. Não poderá servir o jurado que:

Caput com redação dada pela Lei n. 11.689, de 09.06.2008.

Veja art. 466, CPP.

I – tiver funcionado em julgamento anterior do mesmo processo, independentemente da causa determinante do julgamento posterior;

Inciso acrescentado pela Lei n. 11.689, de 09.06.2008.

II – no caso do concurso de pessoas, houver integrado o Conselho de Sentença que julgou o outro acusado;

Inciso acrescentado pela Lei n. 11.689, de 09.06.2008.

III – tiver manifestado prévia disposição para condenar ou absolver o acusado.

Inciso acrescentado pela Lei n. 11.689, de 09.06.2008.

Art. 450. Dos impedidos entre si por parentesco ou relação de convivência, servirá o que houver sido sorteado em primeiro lugar.

Artigo com redação dada pela Lei n. 11.689, de 09.06.2008.

Art. 451. Os jurados excluídos por impedimento, suspeição ou incompatibilidade serão considerados para a constituição do número legal exigível para a realização da sessão.

Artigo com redação dada pela Lei n. 11.689, de 09.06.2008.

Veja art. 463, § 2º, CPP.

Art. 452. O mesmo Conselho de Sentença poderá conhecer de mais de um processo, no mesmo dia, se as partes o aceitarem, hipótese em que seus integrantes deverão prestar novo compromisso.

Artigo com redação dada pela Lei n. 11.689, de 09.06.2008.

CÓDIGO DE PROCESSO PENAL – ARTS. 453 A 457 | 103

Seção X
Da Reunião e das Sessões do Tribunal do Júri

Seção acrescentada pela Lei n. 11.689, de 09.06.2008.

Art. 453. O Tribunal do Júri reunir-se-á para as sessões de instrução e julgamento nos períodos e na forma estabelecida pela lei local de organização judiciária.

Artigo com redação dada pela Lei n. 11.689, de 09.06.2008.

Art. 454. Até o momento de abertura dos trabalhos da sessão, o juiz presidente decidirá os casos de isenção e dispensa de jurados e o pedido de adiamento de julgamento, mandando consignar em ata as deliberações.

Artigo com redação dada pela Lei n. 11.689, de 09.06.2008.

Art. 455. Se o Ministério Público não comparecer, o juiz presidente adiará o julgamento para o primeiro dia desimpedido da mesma reunião, cientificadas as partes e as testemunhas.

Caput com redação dada pela Lei n. 11.689, de 09.06.2008.

Parágrafo único. Se a ausência não for justificada, o fato será imediatamente comunicado ao Procurador-Geral de Justiça com a data designada para a nova sessão.

Parágrafo renumerado e com redação dada pela Lei n. 11.689, de 09.06.2008.

Art. 456. Se a falta, sem escusa legítima, for do advogado do acusado, e se outro não for por este constituído, o fato será imediatamente comunicado ao presidente da seccional da Ordem dos Advogados do Brasil, com a data designada para a nova sessão.

Caput com redação dada pela Lei n. 11.689, de 09.06.2008.

§ 1º Não havendo escusa legítima, o julgamento será adiado somente uma vez, devendo o acusado ser julgado quando chamado novamente.

Parágrafo acrescentado pela Lei n. 11.689, de 09.06.2008.

Veja o § 2º deste artigo.

§ 2º Na hipótese do § 1º deste artigo, o juiz intimará a Defensoria Pública para o novo julgamento, que será adiado para o primeiro dia desimpedido, observado o prazo mínimo de 10 (dez) dias.

Parágrafo acrescentado pela Lei n. 11.689, de 09.06.2008.

Veja Súmula n. 523, STF.

Art. 457. O julgamento não será adiado pelo não comparecimento do acusado solto, do assistente ou do advogado do querelante, que tiver sido regularmente intimado.

Caput com redação dada pela Lei n. 11.689, de 09.06.2008.

§ 1º Os pedidos de adiamento e as justificações de não comparecimento deverão ser, salvo comprovado motivo de força maior, previamente submetidos à apreciação do juiz presidente do Tribunal do Júri.

Parágrafo acrescentado pela Lei n. 11.689, de 09.06.2008.

§ 2º Se o acusado preso não for conduzido, o julgamento será adiado para o primeiro dia desimpedido da mesma reunião, salvo se houver pedido de dispensa de comparecimento subscrito por ele e seu defensor.

104 | ARTS. 457 A 464 – CÓDIGO DE PROCESSO PENAL

Parágrafo acrescentado pela Lei n. 11.689, de 09.06.2008.

Art. 458. Se a testemunha, sem justa causa, deixar de comparecer, o juiz presidente, sem prejuízo da ação penal pela desobediência, aplicar-lhe-á a multa prevista no § 2º do art. 436 deste Código.

Artigo com redação dada pela Lei n. 11.689, de 09.06.2008.

Art. 459. Aplicar-se-á às testemunhas a serviço do Tribunal do Júri o disposto no art. 441 deste Código.

Artigo com redação dada pela Lei n. 11.689, de 09.06.2008.

Art. 460. Antes de constituído o Conselho de Sentença, as testemunhas serão recolhidas a lugar onde umas não possam ouvir os depoimentos das outras.

Artigo com redação dada pela Lei n. 11.689, de 09.06.2008.

Art. 461. O julgamento não será adiado se a testemunha deixar de comparecer, salvo se uma das partes tiver requerido a sua intimação por mandado, na oportunidade de que trata o art. 422 deste Código, declarando não prescindir do depoimento e indicando a sua localização.

Caput com redação dada pela Lei n. 11.689, de 09.06.2008.

§ 1º Se, intimada, a testemunha não comparecer, o juiz presidente suspenderá os trabalhos e mandará conduzi-la ou adiará o julgamento para o primeiro dia desimpedido, ordenando a sua condução.

Parágrafo renumerado e com redação dada pela Lei n. 11.689, de 09.06.2008.

§ 2º O julgamento será realizado mesmo na hipótese de a testemunha não ser encontrada no local indicado, se assim for certificado por oficial de justiça.

Parágrafo acrescentado pela Lei n. 11.689, de 09.06.2008.

Art. 462. Realizadas as diligências referidas nos arts. 454 a 461 deste Código, o juiz presidente verificará se a urna contém as cédulas dos 25 (vinte e cinco) jurados sorteados, mandando que o escrivão proceda à chamada deles.

Artigo com redação dada pela Lei n. 11.689, de 09.06.2008.

Art. 463. Comparecendo, pelo menos, 15 (quinze) jurados, o juiz presidente declarará instalados os trabalhos, anunciando o processo que será submetido a julgamento.

Caput com redação dada pela Lei n. 11.689, de 09.06.2008.

§ 1º O oficial de justiça fará o pregão, certificando a diligência nos autos.

Parágrafo acrescentado pela Lei n. 11.689, de 09.06.2008.

§ 2º Os jurados excluídos por impedimento ou suspeição serão computados para a constituição do número legal.

Parágrafo acrescentado pela Lei n. 11.689, de 09.06.2008.

Veja art. 451, CPP.

Art. 464. Não havendo o número referido no art. 463 deste Código, proceder-se-á ao sorteio de tantos suplentes quantos necessários, e designar-se-á nova data para a sessão do júri.

Artigo com redação dada pela Lei n. 11.689, de 09.06.2008.

CÓDIGO DE PROCESSO PENAL – ARTS. 464 A 470 | 105

Veja art. 471, CPP.

Art. 465. Os nomes dos suplentes serão consignados em ata, remetendo-se o expediente de convocação, com observância do disposto nos arts. 434 e 435 deste Código.

Artigo com redação dada pela Lei n. 11.689, de 09.06.2008.

Art. 466. Antes do sorteio dos membros do Conselho de Sentença, o juiz presidente esclarecerá sobre os impedimentos, a suspeição e as incompatibilidades constantes dos arts. 448 e 449 deste Código.

Caput com redação dada pela Lei n. 11.689, de 09.06.2008.

§ 1º O juiz presidente também advertirá os jurados de que, uma vez sorteados, não poderão comunicar-se entre si e com outrem, nem manifestar sua opinião sobre o processo, sob pena de exclusão do Conselho e multa, na forma do § 2º do art. 436 deste Código.

Parágrafo com redação dada pela Lei n. 11.689, de 09.06.2008.

§ 2º A incomunicabilidade será certificada nos autos pelo oficial de justiça.

Parágrafo com redação dada pela Lei n. 11.689, de 09.06.2008.

Art. 467. Verificando que se encontram na urna as cédulas relativas aos jurados presentes, o juiz presidente sorteará 7 (sete) dentre eles para a formação do Conselho de Sentença.

Artigo com redação dada pela Lei n. 11.689, de 09.06.2008.

Art. 468. À medida que as cédulas forem sendo retiradas da urna, o juiz presidente as lerá, e a defesa e, depois dela, o Ministério Público poderão recusar os jurados sorteados, até 3 (três) cada parte, sem motivar a recusa.

Caput com redação dada pela Lei n. 11.689, de 09.06.2008.

Parágrafo único. O jurado recusado imotivadamente por qualquer das partes será excluído daquela sessão de instrução e julgamento, prosseguindo-se o sorteio para a composição do Conselho de Sentença com os jurados remanescentes.

Parágrafo acrescentado pela Lei n. 11.689, de 09.06.2008.

Art. 469. Se forem 2 (dois) ou mais os acusados, as recusas poderão ser feitas por um só defensor.

Caput com redação dada pela Lei n. 11.689, de 09.06.2008.

§ 1º A separação dos julgamentos somente ocorrerá se, em razão das recusas, não for obtido o número mínimo de 7 (sete) jurados para compor o Conselho de Sentença.

Parágrafo acrescentado pela Lei n. 11.689, de 09.06.2008.

§ 2º Determinada a separação dos julgamentos, será julgado em primeiro lugar o acusado a quem foi atribuída a autoria do fato ou, em caso de coautoria, aplicar-se-á o critério de preferência disposto no art. 429 deste Código.

Parágrafo acrescentado pela Lei n. 11.689, de 09.06.2008.

Art. 470. Desacolhida a arguição de impedimento, de suspeição ou de incompatibilidade contra o juiz presidente do Tribunal do Júri, órgão do Mi-

106 | ARTS. 470 A 474 – CÓDIGO DE PROCESSO PENAL

nistério Público, jurado ou qualquer funcionário, o julgamento não será suspenso, devendo, entretanto, constar da ata o seu fundamento e a decisão.
Artigo com redação dada pela Lei n. 11.689, de 09.06.2008.

Art. 471. Se, em consequência do impedimento, suspeição, incompatibilidade, dispensa ou recusa, não houver número para a formação do Conselho, o julgamento será adiado para o primeiro dia desimpedido, após sorteados os suplentes, com observância do disposto no art. 464 deste Código.
Artigo com redação dada pela Lei n. 11.689, de 09.06.2008.

Art. 472. Formado o Conselho de Sentença, o presidente, levantando-se, e, com ele, todos os presentes, fará aos jurados a seguinte exortação:
Em nome da lei, concito-vos a examinar esta causa com imparcialidade e a proferir a vossa decisão de acordo com a vossa consciência e os ditames da justiça.
Os jurados, nominalmente chamados pelo presidente, responderão:
Assim o prometo.
Caput com redação dada pela Lei n. 11.689, de 09.06.2008.

Parágrafo único. O jurado, em seguida, receberá cópias da pronúncia ou, se for o caso, das decisões posteriores que julgaram admissível a acusação e do relatório do processo.
Parágrafo acrescentado pela Lei n. 11.689, de 09.06.2008.

Seção XI
Da Instrução em Plenário
Seção acrescentada pela Lei n. 11.689, de 09.06.2008.

Art. 473. Prestado o compromisso pelos jurados, será iniciada a instrução plenária quando o juiz presidente, o Ministério Público, o assistente, o querelante e o defensor do acusado tomarão, sucessiva e diretamente, as declarações do ofendido, se possível, e inquirirão as testemunhas arroladas pela acusação.
Caput com redação dada pela Lei n. 11.689, de 09.06.2008.

§ 1º Para a inquirição das testemunhas arroladas pela defesa, o defensor do acusado formulará as perguntas antes do Ministério Público e do assistente, mantidos no mais a ordem e os critérios estabelecidos neste artigo.
Parágrafo acrescentado pela Lei n. 11.689, de 09.06.2008.

§ 2º Os jurados poderão formular perguntas ao ofendido e às testemunhas, por intermédio do juiz presidente.
Parágrafo acrescentado pela Lei n. 11.689, de 09.06.2008.

§ 3º As partes e os jurados poderão requerer acareações, reconhecimento de pessoas e coisas e esclarecimento dos peritos, bem como a leitura de peças que se refiram, exclusivamente, às provas colhidas por carta precatória e às provas cautelares, antecipadas ou não repetíveis.
Parágrafo acrescentado pela Lei n. 11.689, de 09.06.2008.

Art. 474. A seguir será o acusado interrogado, se estiver presente, na forma estabelecida no Capítulo III do Título VII do Livro I deste Código, com as alterações introduzidas nesta Seção.

CÓDIGO DE PROCESSO PENAL – ARTS. 474 A 477 | 107

Caput com redação dada pela Lei n. 11.689, de 09.06.2008.

§ 1º O Ministério Público, o assistente, o querelante e o defensor, nessa ordem, poderão formular, diretamente, perguntas ao acusado.

Parágrafo com redação dada pela Lei n. 11.689, de 09.06.2008.

§ 2º Os jurados formularão perguntas por intermédio do juiz presidente.

Parágrafo com redação dada pela Lei n. 11.689, de 09.06.2008.

§ 3º Não se permitirá o uso de algemas no acusado durante o período em que permanecer no plenário do júri, salvo se absolutamente necessário à ordem dos trabalhos, à segurança das testemunhas ou à garantia da integridade física dos presentes.

Parágrafo acrescentado pela Lei n. 11.689, de 09.06.2008.

Art. 475. O registro dos depoimentos e do interrogatório será feito pelos meios ou recursos de gravação magnética, eletrônica, estenotipia ou técnica similar, destinada a obter maior fidelidade e celeridade na colheita da prova.

Caput com redação dada pela Lei n. 11.689, de 09.06.2008.

Parágrafo único. A transcrição do registro, após feita a degravação, constará dos autos.

Parágrafo acrescentado pela Lei n. 11.689, de 09.06.2008.

Seção XII
Dos Debates

Seção acrescentada pela Lei n. 11.689, de 09.06.2008.

Art. 476. Encerrada a instrução, será concedida a palavra ao Ministério Público, que fará a acusação, nos limites da pronúncia ou das decisões posteriores que julgaram admissível a acusação, sustentando, se for o caso, a existência de circunstância agravante.

Caput com redação dada pela Lei n. 11.689, de 09.06.2008.

§ 1º O assistente falará depois do Ministério Público.

Parágrafo renumerado e com redação dada pela Lei n. 11.689, de 09.06.2008.

§ 2º Tratando-se de ação penal de iniciativa privada, falará em primeiro lugar o querelante e, em seguida, o Ministério Público, salvo se este houver retomado a titularidade da ação, na forma do art. 29 deste Código.

Parágrafo acrescentado pela Lei n. 11.689, de 09.06.2008.

§ 3º Finda a acusação, terá a palavra a defesa.

Parágrafo acrescentado pela Lei n. 11.689, de 09.06.2008.

§ 4º A acusação poderá replicar e a defesa treplicar, sendo admitida a reinquirição de testemunha já ouvida em plenário.

Parágrafo acrescentado pela Lei n. 11.689, de 09.06.2008.

Art. 477. O tempo destinado à acusação e à defesa será de uma hora e meia para cada, e de uma hora para a réplica e outro tanto para a tréplica.

Caput com redação dada pela Lei n. 11.689, de 09.06.2008.

§ 1º Havendo mais de um acusador ou mais de um defensor, combinarão entre si a distribuição do tempo, que, na falta de acordo, será dividido pelo juiz presidente, de forma a não exceder o determinado neste artigo.

108 | ARTS. 477 A 481 – CÓDIGO DE PROCESSO PENAL

Parágrafo acrescentado pela Lei n. 11.689, de 09.06.2008.

Veja § 2º deste artigo.

§ 2º Havendo mais de 1 (um) acusado, o tempo para a acusação e a defesa será acrescido de 1 (uma) hora e elevado ao dobro o da réplica e da tréplica, observado o disposto no § 1º deste artigo.

Parágrafo acrescentado pela Lei n. 11.689, de 09.06.2008.

Art. 478. Durante os debates as partes não poderão, sob pena de nulidade, fazer referências:

Caput com redação dada pela Lei n. 11.689, de 09.06.2008.

I – à decisão de pronúncia, às decisões posteriores que julgaram admissível a acusação ou à determinação do uso de algemas como argumento de autoridade que beneficiem ou prejudiquem o acusado;

Inciso acrescentado pela Lei n. 11.689, de 09.06.2008.

II – ao silêncio do acusado ou à ausência de interrogatório por falta de requerimento, em seu prejuízo.

Inciso acrescentado pela Lei n. 11.689, de 09.06.2008.

Art. 479. Durante o julgamento não será permitida a leitura de documento ou a exibição de objeto que não tiver sido juntado aos autos com a antecedência mínima de 3 (três) dias úteis, dando-se ciência à outra parte.

Caput com redação dada pela Lei n. 11.689, de 09.06.2008.

Parágrafo único. Compreende-se na proibição deste artigo a leitura de jornais ou qualquer outro escrito, bem como a exibição de vídeos, gravações, fotografias, laudos, quadros, croqui ou qualquer outro meio assemelhado, cujo conteúdo versar sobre a matéria de fato submetida à apreciação e julgamento dos jurados.

Parágrafo acrescentado pela Lei n. 11.689, de 09.06.2008.

Art. 480. A acusação, a defesa e os jurados poderão, a qualquer momento e por intermédio do juiz presidente, pedir ao orador que indique a folha dos autos onde se encontra a peça por ele lida ou citada, facultando-se, ainda, aos jurados solicitar-lhe, pelo mesmo meio, o esclarecimento de fato por ele alegado.

Caput com redação dada pela Lei n. 11.689, de 09.06.2008.

§ 1º Concluídos os debates, o presidente indagará dos jurados se estão habilitados a julgar ou se necessitam de outros esclarecimentos.

Parágrafo acrescentado pela Lei n. 11.689, de 09.06.2008.

§ 2º Se houver dúvida sobre questão de fato, o presidente prestará esclarecimentos à vista dos autos.

Parágrafo acrescentado pela Lei n. 11.689, de 09.06.2008.

§ 3º Os jurados, nesta fase do procedimento, terão acesso aos autos e aos instrumentos do crime se solicitarem ao juiz presidente.

Parágrafo acrescentado pela Lei n. 11.689, de 09.06.2008.

Art. 481. Se a verificação de qualquer fato, reconhecida como essencial para o julgamento da causa, não puder ser realizada imediatamente, o juiz

CÓDIGO DE PROCESSO PENAL – ARTS. 481 A 483 | 109

presidente dissolverá o Conselho, ordenando a realização das diligências entendidas necessárias.

Caput com redação dada pela Lei n. 11.689, de 09.06.2008.

Parágrafo único. Se a diligência consistir na produção de prova pericial, o juiz presidente, desde logo, nomeará perito e formulará quesitos, facultando às partes também formulá-los e indicar assistentes técnicos, no prazo de 5 (cinco) dias.

Parágrafo com redação dada pela Lei n. 11.689, de 09.06.2008.

Seção XIII
Do Questionário e sua Votação

Seção acrescentada pela Lei n. 11.689, de 09.06.2008.

Art. 482. O Conselho de Sentença será questionado sobre matéria de fato e se o acusado deve ser absolvido.

Caput com redação dada pela Lei n. 11.689, de 09.06.2008.

Parágrafo único. Os quesitos serão redigidos em proposições afirmativas, simples e distintas, de modo que cada um deles possa ser respondido com suficiente clareza e necessária precisão. Na sua elaboração, o presidente levará em conta os termos da pronúncia ou das decisões posteriores que julgaram admissível a acusação, do interrogatório e das alegações das partes.

Parágrafo acrescentado pela Lei n. 11.689, de 09.06.2008.

Art. 483. Os quesitos serão formulados na seguinte ordem, indagando sobre:

Caput com redação dada pela Lei n. 11.689, de 09.06.2008.

Veja Súmulas ns. 156 e 162, STF.

I – a materialidade do fato;

Inciso acrescentado pela Lei n. 11.689, de 09.06.2008.

Veja §§ 1º e 2º deste artigo.

II – a autoria ou participação;

Inciso acrescentado pela Lei n. 11.689, de 09.06.2008.

Veja §§ 1º e 2º deste artigo.

III – se o acusado deve ser absolvido;

Inciso acrescentado pela Lei n. 11.689, de 09.06.2008.

IV – se existe causa de diminuição de pena alegada pela defesa;

Inciso acrescentado pela Lei n. 11.689, de 09.06.2008.

V – se existe circunstância qualificadora ou causa de aumento de pena reconhecidas na pronúncia ou em decisões posteriores que julgaram admissível a acusação.

Inciso acrescentado pela Lei n. 11.689, de 09.06.2008.

§ 1º A resposta negativa, de mais de 3 (três) jurados, a qualquer dos quesitos referidos nos incisos I e II do *caput* deste artigo encerra a votação e implica a absolvição do acusado.

Parágrafo acrescentado pela Lei n. 11.689, de 09.06.2008.

110 | ARTS. 483 A 485 – CÓDIGO DE PROCESSO PENAL

Veja art. 5º, XXXVIII, *b*, CF.

§ 2º Respondidos afirmativamente por mais de 3 (três) jurados os quesitos relativos aos incisos I e II do *caput* deste artigo será formulado quesito com a seguinte redação:

O jurado absolve o acusado?

Parágrafo acrescentado pela Lei n. 11.689, de 09.06.2008.

Veja art. 5º, XXXVIII, *b*, CF.

§ 3º Decidindo os jurados pela condenação, o julgamento prossegue, devendo ser formulados quesitos sobre:

Parágrafo acrescentado pela Lei n. 11.689, de 09.06.2008.

I – causa de diminuição de pena alegada pela defesa;

Inciso acrescentado pela Lei n. 11.689, de 09.06.2008.

II – circunstância qualificadora ou causa de aumento de pena, reconhecidas na pronúncia ou em decisões posteriores que julgaram admissível a acusação.

Inciso acrescentado pela Lei n. 11.689, de 09.06.2008.

§ 4º Sustentada a desclassificação da infração para outra de competência do juiz singular, será formulado quesito a respeito, para ser respondido após o 2º (segundo) ou 3º (terceiro) quesito, conforme o caso.

Parágrafo acrescentado pela Lei n. 11.689, de 09.06.2008.

§ 5º Sustentada a tese de ocorrência do crime na sua forma tentada ou havendo divergência sobre a tipificação do delito, sendo este da competência do Tribunal do Júri, o juiz formulará quesito acerca destas questões, para ser respondido após o segundo quesito.

Parágrafo acrescentado pela Lei n. 11.689, de 09.06.2008.

§ 6º Havendo mais de um crime ou mais de um acusado, os quesitos serão formulados em séries distintas.

Parágrafo acrescentado pela Lei n. 11.689, de 09.06.2008.

Art. 484. A seguir, o presidente lerá os quesitos e indagará das partes se têm requerimento ou reclamação a fazer, devendo qualquer deles, bem como a decisão, constar da ata.

Caput com redação dada pela Lei n. 11.689, de 09.06.2008.

Parágrafo único. Ainda em plenário, o juiz presidente explicará aos jurados o significado de cada quesito.

Parágrafo com redação dada pela Lei n. 11.689, de 09.06.2008.

Art. 485. Não havendo dúvida a ser esclarecida, o juiz presidente, os jurados, o Ministério Público, o assistente, o querelante, o defensor do acusado, o escrivão e o oficial de justiça dirigir-se-ão à sala especial a fim de ser procedida a votação.

Caput com redação dada pela Lei n. 11.689, de 09.06.2008.

Veja § 1º deste artigo.

§ 1º Na falta de sala especial, o juiz presidente determinará que o público se retire, permanecendo somente as pessoas mencionadas no *caput* deste artigo.

CÓDIGO DE PROCESSO PENAL – ARTS. 485 A 492 | 111

Parágrafo acrescentado pela Lei n. 11.689, de 09.06.2008.

§ 2º O juiz presidente advertirá as partes de que não será permitida qualquer intervenção que possa perturbar a livre manifestação do Conselho e fará retirar da sala quem se portar inconvenientemente.

Parágrafo acrescentado pela Lei n. 11.689, de 09.06.2008.

Art. 486. Antes de proceder-se à votação de cada quesito, o juiz presidente mandará distribuir aos jurados pequenas cédulas, feitas de papel opaco e facilmente dobráveis, contendo 7 (sete) delas a palavra *sim*, 7 (sete) a palavra *não*.

Artigo com redação dada pela Lei n. 11.689, de 09.06.2008.

Art. 487. Para assegurar o sigilo do voto, o oficial de justiça recolherá em urnas separadas as cédulas correspondentes aos votos e as não utilizadas.

Artigo com redação dada pela Lei n. 11.689, de 09.06.2008.

Veja art. 5º, XXXVIII, *b*, CF.

Art. 488. Após a resposta, verificados os votos e as cédulas não utilizadas, o presidente determinará que o escrivão registre no termo a votação de cada quesito, bem como o resultado do julgamento.

Caput com redação dada pela Lei n. 11.689, de 09.06.2008.

Veja art. 491, CPP.

Parágrafo único. Do termo também constará a conferência das cédulas não utilizadas.

Parágrafo acrescentado pela Lei n. 11.689, de 09.06.2008.

Art. 489. As decisões do Tribunal do Júri serão tomadas por maioria de votos.

Artigo com redação dada pela Lei n. 11.689, de 09.06.2008.

Art. 490. Se a resposta a qualquer dos quesitos estiver em contradição com outra ou outras já dadas, o presidente, explicando aos jurados em que consiste a contradição, submeterá novamente à votação os quesitos a que se referirem tais respostas.

Caput com redação dada pela Lei n. 11.689, de 09.06.2008.

Parágrafo único. Se, pela resposta dada a um dos quesitos, o presidente verificar que ficam prejudicados os seguintes, assim o declarará, dando por finda a votação.

Parágrafo acrescentado pela Lei n. 11.689, de 09.06.2008.

Art. 491. Encerrada a votação, será o termo a que se refere o art. 488 deste Código assinado pelo presidente, pelos jurados e pelas partes.

Artigo com redação dada pela Lei n. 11.689, de 09.06.2008.

Seção XIV
Da Sentença

Seção acrescentada pela Lei n. 11.689, de 09.06.2008.

Art. 492. Em seguida, o presidente proferirá sentença que:

Caput com redação dada pela Lei n. 11.689, de 09.06.2008.

I – no caso de condenação:

112 | ART. 492 – CÓDIGO DE PROCESSO PENAL

Inciso com redação dada e alíneas acrescentadas pela Lei n. 11.689, de 09.06.2008.

a) fixará a pena-base;

b) considerará as circunstâncias agravantes ou atenuantes alegadas nos debates;

c) imporá os aumentos ou diminuições da pena, em atenção às causas admitidas pelo júri;

d) observará as demais disposições do art. 387 deste Código;

e) mandará o acusado recolher-se ou recomendá-lo-á à prisão em que se encontra, se presentes os requisitos da prisão preventiva, ou, no caso de condenação a uma pena igual ou superior a 15 (quinze) anos de reclusão, determinará a execução provisória das penas, com expedição do mandado de prisão, se for o caso, sem prejuízo do conhecimento de recursos que vierem a ser interpostos;

f) estabelecerá os efeitos genéricos e específicos da condenação;

II – no caso de absolvição:

Inciso e alíneas com redação dada pela Lei n. 11.689, de 09.06.2008.

a) mandará colocar em liberdade o acusado se por outro motivo não estiver preso;

b) revogará as medidas restritivas provisoriamente decretadas;

c) imporá, se for o caso, a medida de segurança cabível.

§ 1º Se houver desclassificação da infração para outra, de competência do juiz singular, ao presidente do Tribunal do Júri caberá proferir sentença em seguida, aplicando-se, quando o delito resultante da nova tipificação for considerado pela lei como infração penal de menor potencial ofensivo, o disposto nos arts. 69 e seguintes da Lei n. 9.099, de 26 de setembro de 1995.

Parágrafo com redação dada pela Lei n. 11.689, de 09.06.2008.

§ 2º Em caso de desclassificação, o crime conexo que não seja doloso contra a vida será julgado pelo juiz presidente do Tribunal do Júri, aplicando-se, no que couber, o disposto no § 1º deste artigo.

Parágrafo com redação dada pela Lei n. 11.689, de 09.06.2008.

§ 3º O presidente poderá, excepcionalmente, deixar de autorizar a execução provisória das penas de que trata a alínea e do inciso I do *caput* deste artigo, se houver questão substancial cuja resolução pelo tribunal ao qual competir o julgamento possa plausivelmente levar à revisão da condenação.

Parágrafo acrescentado pela Lei n. 13.964, de 24.12.2019.

§ 4º A apelação interposta contra decisão condenatória do Tribunal do Júri a uma pena igual ou superior a 15 (quinze) anos de reclusão não terá efeito suspensivo.

Parágrafo acrescentado pela Lei n. 13.964, de 24.12.2019.

§ 5º Excepcionalmente, poderá o tribunal atribuir efeito suspensivo à apelação de que trata o § 4º deste artigo, quando verificado cumulativamente que o recurso:

Parágrafo e incisos acrescentados pela Lei n. 13.964, de 24.12.2019.

CÓDIGO DE PROCESSO PENAL – ARTS. 492 A 495 | 113

I – não tem propósito meramente protelatório; e

II – levanta questão substancial e que pode resultar em absolvição, anulação da sentença, novo julgamento ou redução da pena para patamar inferior a 15 (quinze) anos de reclusão.

§ 6º O pedido de concessão de efeito suspensivo poderá ser feito incidentemente na apelação ou por meio de petição em separado dirigida diretamente ao relator, instruída com cópias da sentença condenatória, das razões da apelação e de prova da tempestividade, das contrarrazões e das demais peças necessárias à compreensão da controvérsia.

Parágrafo acrescentado pela Lei n. 13.964, de 24.12.2019.

Art. 493. A sentença será lida em plenário pelo presidente antes de encerrada a sessão de instrução e julgamento.

Artigo com redação dada pela Lei n. 11.689, de 09.06.2008.

Seção XV
Da Ata dos Trabalhos
Seção acrescentada pela Lei n. 11.689, de 09.06.2008.

Art. 494. De cada sessão de julgamento o escrivão lavrará ata, assinada pelo presidente e pelas partes.

Artigo com redação dada pela Lei n. 11.689, de 09.06.2008.

Art. 495. A ata descreverá fielmente todas as ocorrências, mencionando obrigatoriamente:

Caput com redação dada pela Lei n. 11.689, de 09.06.2008.

I – a data e a hora da instalação dos trabalhos;

Inciso com redação dada pela Lei n. 11.689, de 09.06.2008.

II – o magistrado que presidiu a sessão e os jurados presentes;

Inciso com redação dada pela Lei n. 11.689, de 09.06.2008.

III – os jurados que deixaram de comparecer, com escusa ou sem ela, e as sanções aplicadas;

Inciso com redação dada pela Lei n. 11.689, de 09.06.2008.

IV – o ofício ou requerimento de isenção ou dispensa;

Inciso com redação dada pela Lei n. 11.689, de 09.06.2008.

V – o sorteio dos jurados suplentes;

Inciso com redação dada pela Lei n. 11.689, de 09.06.2008.

VI – o adiamento da sessão, se houver ocorrido, com a indicação do motivo;

Inciso com redação dada pela Lei n. 11.689, de 09.06.2008.

VII – a abertura da sessão e a presença do Ministério Público, do querelante e do assistente, se houver, e a do defensor do acusado;

Inciso com redação dada pela Lei n. 11.689, de 09.06.2008.

VIII – o pregão e a sanção imposta, no caso de não comparecimento;

Inciso com redação dada pela Lei n. 11.689, de 09.06.2008.

IX – as testemunhas dispensadas de depor;

Inciso com redação dada pela Lei n. 11.689, de 09.06.2008.

114 | ARTS. 495 A 497 – CÓDIGO DE PROCESSO PENAL

X – o recolhimento das testemunhas a lugar de onde umas não pudessem ouvir o depoimento das outras;
Inciso com redação dada pela Lei n. 11.689, de 09.06.2008.
XI – a verificação das cédulas pelo juiz presidente;
Inciso com redação dada pela Lei n. 11.689, de 09.06.2008.
XII – a formação do Conselho de Sentença, com o registro dos nomes dos jurados sorteados e recusas;
Inciso com redação dada pela Lei n. 11.689, de 09.06.2008.
XIII – o compromisso e o interrogatório, com simples referência ao termo;
Inciso com redação dada pela Lei n. 11.689, de 09.06.2008.
XIV – os debates e as alegações das partes com os respectivos fundamentos;
Inciso com redação dada pela Lei n. 11.689, de 09.06.2008.
XV – os incidentes;
Inciso com redação dada pela Lei n. 11.689, de 09.06.2008.
XVI – o julgamento da causa;
Inciso com redação dada pela Lei n. 11.689, de 09.06.2008.
XVII – a publicidade dos atos da instrução plenária, das diligências e da sentença.
Inciso com redação dada pela Lei n. 11.689, de 09.06.2008.
Art. 496. A falta da ata sujeitará o responsável a sanções administrativa e penal.
Artigo com redação dada pela Lei n. 11.689, de 09.06.2008.

Seção XVI
Das Atribuições
do Presidente do Tribunal do Júri
Seção acrescentada pela Lei n. 11.689, de 09.06.2008.
Art. 497. São atribuições do juiz presidente do Tribunal do Júri, além de outras expressamente referidas neste Código:
Caput com redação dada pela Lei n. 11.689, de 09.06.2008.
Veja Súmula n. 523, STF.
I – regular a polícia das sessões e prender os desobedientes;
Inciso com redação dada pela Lei n. 11.689, de 09.06.2008.
II – requisitar o auxílio da força pública, que ficará sob sua exclusiva autoridade;
Inciso com redação dada pela Lei n. 11.689, de 09.06.2008.
III – dirigir os debates, intervindo em caso de abuso, excesso de linguagem ou mediante requerimento de uma das partes;
Inciso com redação dada pela Lei n. 11.689, de 09.06.2008.
IV – resolver as questões incidentes que não dependam de pronunciamento do júri;

CÓDIGO DE PROCESSO PENAL – ARTS. 497 A 512 | 115

Inciso com redação dada pela Lei n. 11.689, de 09.06.2008.

V – nomear defensor ao acusado, quando considerá-lo indefeso, podendo, neste caso, dissolver o Conselho e designar novo dia para o julgamento, com a nomeação ou a constituição de novo defensor;

Inciso com redação dada pela Lei n. 11.689, de 09.06.2008.

VI – mandar retirar da sala o acusado que dificultar a realização do julgamento, o qual prosseguirá sem a sua presença;

Inciso com redação dada pela Lei n. 11.689, de 09.06.2008.

VII – suspender a sessão pelo tempo indispensável à realização das diligências requeridas ou entendidas necessárias, mantida a incomunicabilidade dos jurados;

Inciso com redação dada pela Lei n. 11.689, de 09.06.2008.

VIII – interromper a sessão por tempo razoável, para proferir sentença e para repouso ou refeição dos jurados;

Inciso com redação dada pela Lei n. 11.689, de 09.06.2008.

IX – decidir, de ofício, ouvidos o Ministério Público e a defesa, ou a requerimento de qualquer destes, a arguição de extinção de punibilidade;

Inciso com redação dada pela Lei n. 11.689, de 09.06.2008.

Veja art. 107, IV, CP.

X – resolver as questões de direito suscitadas no curso do julgamento;

Inciso com redação dada pela Lei n. 11.689, de 09.06.2008.

XI – determinar, de ofício ou a requerimento das partes ou de qualquer jurado, as diligências destinadas a sanar nulidade ou a suprir falta que prejudique o esclarecimento da verdade;

Inciso com redação dada pela Lei n. 11.689, de 09.06.2008.

XII – regulamentar, durante os debates, a intervenção de uma das partes, quando a outra estiver com a palavra, podendo conceder até 3 (três) minutos para cada aparte requerido, que serão acrescidos ao tempo desta última.

Inciso acrescentado pela Lei n. 11.689, de 09.06.2008.

CAPÍTULO III
DO PROCESSO E DO JULGAMENTO
DOS CRIMES DA COMPETÊNCIA DO JUIZ SINGULAR

Arts. 498 a 502. (*Revogados pela Lei n. 11.719, de 20.06.2008.*)

TÍTULO II
DOS PROCESSOS ESPECIAIS

CAPÍTULO I
DO PROCESSO E DO JULGAMENTO DOS CRIMES DE FALÊNCIA

Arts. 503 a 512. (*Revogados pela Lei n. 11.101, de 09.02.2005.*)

Veja arts. 183 a 188, Lei n. 11.101, de 09.02.2005 (Lei de Falências e Recuperação de Empresas).

116 | ARTS. 513 A 520 – CÓDIGO DE PROCESSO PENAL

CAPÍTULO II
DO PROCESSO E DO JULGAMENTO DOS CRIMES
DE RESPONSABILIDADE DOS FUNCIONÁRIOS PÚBLICOS

Veja arts. 312 a 327 e 359-A a 359-H, CP.

Art. 513. Nos crimes de responsabilidade dos funcionários públicos, cujo processo e julgamento competirão aos juízes de direito, a queixa ou a denúncia será instruída com documentos ou justificação que façam presumir a existência do delito ou com declaração fundamentada da impossibilidade de apresentação de qualquer dessas provas.

Art. 514. Nos crimes afiançáveis, estando a denúncia ou queixa em devida forma, o juiz mandará autuá-la e ordenará a notificação do acusado, para responder por escrito, dentro do prazo de 15 (quinze) dias.

Veja Súmula n. 330, STJ.

Parágrafo único. Se não for conhecida a residência do acusado, ou este se achar fora da jurisdição do juiz, ser-lhe-á nomeado defensor, a quem caberá apresentar a resposta preliminar.

Art. 515. No caso previsto no artigo anterior, durante o prazo concedido para a resposta, os autos permanecerão em cartório, onde poderão ser examinados pelo acusado ou por seu defensor.

Parágrafo único. A resposta poderá ser instruída com documentos e justificações.

Art. 516. O juiz rejeitará a queixa ou denúncia, em despacho fundamentado, se convencido, pela resposta do acusado ou do seu defensor, da inexistência do crime ou da improcedência da ação.

Art. 517. Recebida a denúncia ou a queixa, será o acusado citado, na forma estabelecida no Capítulo I do Título X do Livro I.

Art. 518. Na instrução criminal e nos demais termos do processo, observar-se-á o disposto nos Capítulos I e III, Título I, deste Livro.

Os arts. 498 a 502 do Capítulo III foram revogados pela Lei n. 11.719, de 20.06.2008.

CAPÍTULO III
DO PROCESSO E DO JULGAMENTO
DOS CRIMES DE CALÚNIA E INJÚRIA,
DE COMPETÊNCIA DO JUIZ SINGULAR

Veja arts. 138 a 145, CP.

Veja CE.

Veja Lei n. 7.170, de 14.12.1983 (crimes contra a segurança nacional).

Art. 519. No processo por crime de calúnia ou injúria, para o qual não haja outra forma estabelecida em lei especial, observar-se-á o disposto nos Capítulos I e III, Título I, deste Livro, com as modificações constantes dos artigos seguintes.

Art. 520. Antes de receber a queixa, o juiz oferecerá às partes oportunidade para se reconciliarem, fazendo-as comparecer em juízo e ouvindo-as, separadamente, sem a presença dos seus advogados, não se lavrando termo.

CÓDIGO DE PROCESSO PENAL – ARTS. 521 A 529 | 117

Art. 521. Se depois de ouvir o querelante e o querelado, o juiz achar provável a reconciliação, promoverá entendimento entre eles, na sua presença.

Art. 522. No caso de reconciliação, depois de assinado pelo querelante o termo da desistência, a queixa será arquivada.

Art. 523. Quando for oferecida a exceção da verdade ou da notoriedade do fato imputado, o querelante poderá contestar a exceção no prazo de 2 (dois) dias, podendo ser inquiridas as testemunhas arroladas na queixa, ou outras indicadas naquele prazo, em substituição às primeiras, ou para completar o máximo legal.

Veja arts. 138, § 3º, e 139, parágrafo único, CP.

CAPÍTULO IV
DO PROCESSO E DO JULGAMENTO DOS
CRIMES CONTRA A PROPRIEDADE IMATERIAL

Art. 524. No processo e julgamento dos crimes contra a propriedade imaterial, observar-se-á o disposto nos Capítulos I e III do Título I deste Livro, com as modificações constantes dos artigos seguintes.

Veja art. 530-A, CPP.

Veja arts. 183 a 210, Lei n. 9.279, de 14.05.1996.

Art. 525. No caso de haver o crime deixado vestígio, a queixa ou a denúncia não será recebida se não for instruída com o exame pericial dos objetos que constituam o corpo de delito.

Veja art. 530-A, CPP.

Art. 526. Sem a prova de direito à ação, não será recebida a queixa, nem ordenada qualquer diligência preliminarmente requerida pelo ofendido.

Veja art. 530-A, CPP.

Art. 527. A diligência de busca ou de apreensão será realizada por dois peritos nomeados pelo juiz, que verificarão a existência de fundamento para a apreensão, e quer esta se realize, quer não, o laudo pericial será apresentado dentro de 3 (três) dias após o encerramento da diligência.

Veja art. 530-A, CPP.

Parágrafo único. O requerente da diligência poderá impugnar o laudo contrário à apreensão, e o juiz ordenará que esta se efetue, se reconhecer a improcedência das razões aduzidas pelos peritos.

Art. 528. Encerradas as diligências, os autos serão conclusos ao juiz para homologação do laudo.

Veja art. 530-A, CPP.

Art. 529. Nos crimes de ação privativa do ofendido, não será admitida queixa com fundamento em apreensão e em perícia, se decorrido o prazo de 30 (trinta) dias, após a homologação do laudo.

Veja art. 530-A, CPP.

Parágrafo único. Será dada vista ao Ministério Público dos autos de busca e apreensão requeridas pelo ofendido, se o crime for de ação pública e não tiver sido oferecida queixa no prazo fixado neste artigo.

118 | ARTS. 530 A 530-G – CÓDIGO DE PROCESSO PENAL

Art. 530. Se ocorrer prisão em flagrante e o réu não for posto em liberdade, o prazo a que se refere o artigo anterior será de 8 (oito) dias.

Art. 530-A. O disposto nos arts. 524 a 530 será aplicável aos crimes em que se proceda mediante queixa.

Artigo acrescentado pela Lei n. 10.695, de 01.07.2003.

Art. 530-B. Nos casos das infrações previstas nos §§ 1º, 2º e 3º do art. 184 do Código Penal, a autoridade policial procederá à apreensão dos bens ilicitamente produzidos ou reproduzidos, em sua totalidade, juntamente com os equipamentos, suportes e materiais que possibilitaram a sua existência, desde que estes se destinem precipuamente à prática do ilícito.

Artigo acrescentado pela Lei n. 10.695, de 01.07.2003.

Veja art. 530-I, CPP.

Art. 530-C. Na ocasião da apreensão será lavrado termo, assinado por 2 (duas) ou mais testemunhas, com a descrição de todos os bens apreendidos e informações sobre suas origens, o qual deverá integrar o inquérito policial ou o processo.

Artigo acrescentado pela Lei n. 10.695, de 01.07.2003.

Veja art. 530-I, CPP.

Art. 530-D. Subsequente à apreensão, será realizada, por perito oficial, ou, na falta deste, por pessoa tecnicamente habilitada, perícia sobre todos os bens apreendidos e elaborado o laudo que deverá integrar o inquérito policial ou o processo.

Artigo acrescentado pela Lei n. 10.695, de 01.07.2003.

Veja art. 530-I, CPP.

Art. 530-E. Os titulares de direito de autor e os que lhe são conexos serão os fiéis depositários de todos os bens apreendidos, devendo colocá-los à disposição do juiz quando do ajuizamento da ação.

Artigo acrescentado pela Lei n. 10.695, de 01.07.2003.

Veja art. 530-I, CPP.

Art. 530-F. Ressalvada a possibilidade de se preservar o corpo de delito, o juiz poderá determinar, a requerimento da vítima, a destruição da produção ou reprodução apreendida quando não houver impugnação quanto à sua ilicitude ou quando a ação penal não puder ser iniciada por falta de determinação de quem seja o autor do ilícito.

Artigo acrescentado pela Lei n. 10.695, de 01.07.2003.

Veja art. 530-I, CPP.

Art. 530-G. O juiz, ao prolatar a sentença condenatória, poderá determinar a destruição dos bens ilicitamente produzidos ou reproduzidos e o perdimento dos equipamentos apreendidos, desde que precipuamente destinados à produção e reprodução dos bens, em favor da Fazenda Nacional, que deverá destruí-los ou doá-los aos Estados, Municípios e Distrito Federal, a instituições públicas de ensino e pesquisa ou de assistência social, bem como incorporá-los, por economia ou interesse público, ao patrimônio da União, que não poderão retorná-los aos canais de comércio.

CÓDIGO DE PROCESSO PENAL – ARTS. 530-G A 534 | 119

Artigo acrescentado pela Lei n. 10.695, de 01.07.2003.

Veja art. 530-I, CPP.

Art. 530-H. As associações de titulares de direitos de autor e os que lhes são conexos poderão, em seu próprio nome, funcionar como assistente da acusação nos crimes previstos no art. 184 do Código Penal, quando praticado em detrimento de qualquer de seus associados.

Artigo acrescentado pela Lei n. 10.695, de 01.07.2003.

Veja art. 530-I, CPP.

Art. 530-I. Nos crimes em que caiba ação penal pública incondicionada ou condicionada, observar-se-ão as normas constantes dos arts. 530-B, 530-C, 530-D, 530-E, 530-F, 530-G e 530-H.

Artigo acrescentado pela Lei n. 10.695, de 01.07.2003.

CAPÍTULO V
DO PROCESSO SUMÁRIO

Veja art. 17, LCP.

Art. 531. Na audiência de instrução e julgamento, a ser realizada no prazo máximo de 30 (trinta) dias, proceder-se-á à tomada de declarações do ofendido, se possível, à inquirição das testemunhas arroladas pela acusação e pela defesa, nesta ordem, ressalvado o disposto no art. 222 deste Código, bem como aos esclarecimentos dos peritos, às acareações e ao reconhecimento de pessoas e coisas, interrogando-se, em seguida, o acusado e procedendo-se, finalmente, ao debate.

Artigo com redação dada pela Lei n. 11.719, de 20.06.2008.

Veja arts. 185, § 4º, e 536, CPP.

Veja arts. 60 e 61, Lei n. 9.099, de 26.09.1995.

Art. 532. Na instrução, poderão ser inquiridas até 5 (cinco) testemunhas arroladas pela acusação e 5 (cinco) pela defesa.

Artigo com redação dada pela Lei n. 11.719, de 20.06.2008.

Art. 533. Aplica-se ao procedimento sumário o disposto nos parágrafos do art. 400 deste Código.

Caput com redação dada pela Lei n. 11.719, de 20.06.2008.

§§ 1º a 4º *(Revogados pela Lei n. 11.719, de 20.06.2008.)*

Art. 534. As alegações finais serão orais, concedendo-se a palavra, respectivamente, à acusação e à defesa, pelo prazo de 20 (vinte) minutos, prorrogáveis por mais 10 (dez), proferindo o juiz, a seguir, sentença.

Caput com redação dada pela Lei n. 11.719, de 20.06.2008.

§ 1º Havendo mais de um acusado, o tempo previsto para a defesa de cada um será individual.

Parágrafo acrescentado pela Lei n. 11.719, de 20.06.2008.

§ 2º Ao assistente do Ministério Público, após a manifestação deste, serão concedidos 10 (dez) minutos, prorrogando-se por igual período o tempo de manifestação da defesa.

Parágrafo acrescentado pela Lei n. 11.719, de 20.06.2008.

120 | ARTS. 535 A 543 – CÓDIGO DE PROCESSO PENAL

Art. 535. Nenhum ato será adiado, salvo quando imprescindível a prova faltante, determinando o juiz a condução coercitiva de quem deva comparecer.

Caput com redação dada pela Lei n. 11.719, de 20.06.2008.

§§ 1º e 2º *(Revogados pela Lei n. 11.719, de 20.06.2008.)*

Art. 536. A testemunha que comparecer será inquirida, independentemente da suspensão da audiência, observada em qualquer caso a ordem estabelecida no art. 531 deste Código.

Artigo com redação dada pela Lei n. 11.719, de 20.06.2008.

Art. 537. *(Revogado pela Lei n. 11.719, de 20.06.2008.)*

Art. 538. Nas infrações penais de menor potencial ofensivo, quando o juizado especial criminal encaminhar ao juízo comum as peças existentes para a adoção de outro procedimento, observar-se-á o procedimento sumário previsto neste Capítulo.

Caput com redação dada pela Lei n. 11.719, de 20.06.2008.

§§ 1º a 4º *(Revogados pela Lei n. 11.719, de 20.06.2008.)*

Arts. 539 e 540. *(Revogado pela Lei n. 11.719, de 20.06.2008.)*

CAPÍTULO VI
DO PROCESSO DE RESTAURAÇÃO DE AUTOS
EXTRAVIADOS OU DESTRUÍDOS

Art. 541. Os autos originais de processo penal extraviados ou destruídos, em primeira ou segunda instância, serão restaurados.

§ 1º Se existir e for exibida cópia autêntica ou certidão do processo, será uma ou outra considerada como original.

§ 2º Na falta de cópia autêntica ou certidão do processo, o juiz mandará, de ofício, ou a requerimento de qualquer das partes, que:

a) o escrivão certifique o estado do processo, segundo a sua lembrança, e reproduza o que houver a respeito em seus protocolos e registros;

b) sejam requisitadas cópias do que constar a respeito no Instituto Médico-Legal, no Instituto de Identificação e Estatística ou em estabelecimentos congêneres, repartições públicas, penitenciárias ou cadeias;

c) as partes sejam citadas pessoalmente, ou, se não forem encontradas, por edital, com o prazo de 10 (dez) dias, para o processo de restauração dos autos.

§ 3º Proceder-se-á à restauração na primeira instância, ainda que os autos se tenham extraviado na segunda.

Art. 542. No dia designado, as partes serão ouvidas, mencionando-se em termo circunstanciado os pontos em que estiverem acordes e a exibição e a conferência das certidões e mais reproduções do processo apresentadas e conferidas.

Art. 543. O juiz determinará as diligências necessárias para a restauração, observando-se o seguinte:

CÓDIGO DE PROCESSO PENAL – ARTS. 543 A 549 | 121

I – caso ainda não tenha sido proferida a sentença, reinquirir-se-ão as testemunhas, podendo ser substituídas as que tiverem falecido ou se encontrarem em lugar não sabido;

II – os exames periciais, quando possível, serão repetidos, e de preferência pelos mesmos peritos;

III – a prova documental será reproduzida por meio de cópia autêntica ou, quando impossível, por meio de testemunhas;

IV – poderão também ser inquiridas sobre os atos do processo, que deverá ser restaurado, as autoridades, os serventuários, os peritos e mais pessoas que tenham nele funcionado;

V – o Ministério Público e as partes poderão oferecer testemunhas e produzir documentos, para provar o teor do processo extraviado ou destruído.

Art. 544. Realizadas as diligências que, salvo motivo de força maior, deverão concluir-se dentro de 20 (vinte) dias, serão os autos conclusos para julgamento.

Parágrafo único. No curso do processo, e depois de subirem os autos conclusos para sentença, o juiz poderá, dentro em 5 (cinco) dias, requisitar de autoridades ou de repartições todos os esclarecimentos para a restauração.

Art. 545. Os selos e as taxas judiciárias, já pagos nos autos originais, não serão novamente cobrados.

Art. 546. Os causadores de extravio de autos responderão pelas custas, em dobro, sem prejuízo da responsabilidade criminal.

Art. 547. Julgada a restauração, os autos respectivos valerão pelos originais.

Parágrafo único. Se no curso da restauração aparecerem os autos originais, nestes continuará o processo, apensos a eles os autos da restauração.

Art. 548. Até à decisão que julgue restaurados os autos, a sentença condenatória em execução continuará a produzir efeito, desde que conste da respectiva guia arquivada na cadeia ou na penitenciária, onde o réu estiver cumprindo a pena, ou de registro que torne a sua existência inequívoca.

CAPÍTULO VII
DO PROCESSO DE APLICAÇÃO DE MEDIDA DE SEGURANÇA POR FATO NÃO CRIMINOSO

Veja arts. 96 a 99, CP.

Art. 549. Se a autoridade policial tiver conhecimento de fato que, embora não constituindo infração penal, possa determinar a aplicação de medida de segurança (Código Penal, arts. 14 e 27), deverá proceder a inquérito, a fim de apurá-lo e averiguar todos os elementos que possam interessar à verificação da periculosidade do agente.

Após a Reforma Penal de 1984 não se aplica mais medida de segurança ao autor do chamado quase-crime.

As referências atuais dos antigos arts. 14 e 27 são os arts. 17 e 31, CP.

122 | ARTS. 549 A 562 – CÓDIGO DE PROCESSO PENAL

Veja art. 96, CP.

Art. 550. O processo será promovido pelo Ministério Público, mediante requerimento que conterá a exposição sucinta do fato, as suas circunstâncias e todos os elementos em que se fundar o pedido.

Art. 551. O juiz, ao deferir o requerimento, ordenará a intimação do interessado para comparecer em juízo, a fim de ser interrogado.

Art. 552. Após o interrogatório ou dentro do prazo de 2 (dois) dias, o interessado ou seu defensor poderá oferecer alegações.

Parágrafo único. O juiz nomeará defensor ao interessado que não o tiver.

Art. 553. O Ministério Público, ao fazer o requerimento inicial, e a defesa, no prazo estabelecido no artigo anterior, poderão requerer exames, diligências e arrolar até três testemunhas.

Art. 554. Após o prazo de defesa ou a realização dos exames e diligências ordenados pelo juiz, de ofício ou a requerimento das partes, será marcada audiência, em que, inquiridas as testemunhas e produzidas alegações orais pelo órgão do Ministério Público e pelo defensor, dentro de 10 (dez) minutos para cada um, o juiz proferirá sentença.

Parágrafo único. Se o juiz não se julgar habilitado a proferir a decisão, designará, desde logo, outra audiência, que se realizará dentro de 5 (cinco) dias, para publicar a sentença.

Art. 555. Quando, instaurado processo por infração penal, o juiz, absolvendo ou impronunciando o réu, reconhecer a existência de qualquer dos fatos previstos no art. 14 ou no art. 27 do Código Penal, aplicar-lhe-á, se for caso, medida de segurança.

Após a Reforma Penal de 1984 não se aplica mais medida de segurança ao autor do chamado quase-crime.

As referências atuais dos antigos arts. 14 e 27 são os arts. 17 e 31, CP.

Veja art. 549, CPP.

Veja art. 96, CP.

TÍTULO III
DOS PROCESSOS DE COMPETÊNCIA DO
SUPREMO TRIBUNAL FEDERAL E DOS TRIBUNAIS DE APELAÇÃO
Título revogado pela Lei n. 8.658, de 26.05.1993.

CAPÍTULO I
DA INSTRUÇÃO

Arts. 556 a 560. *(Revogados pela Lei n. 8.658, de 26.05.1993.)*

CAPÍTULO II
DO JULGAMENTO

Arts. 561 e 562. *(Revogados pela Lei n. 8.658, de 26.05.1993.)*

CÓDIGO DE PROCESSO PENAL – ARTS. 563 E 564 | 123

LIVRO III
DAS NULIDADES E DOS RECURSOS EM GERAL

TÍTULO I
DAS NULIDADES

Art. 563. Nenhum ato será declarado nulo, se da nulidade não resultar prejuízo para a acusação ou para a defesa.

Veja Súmula n. 523, STF.

Art. 564. A nulidade ocorrerá nos seguintes casos:

I – por incompetência, suspeição ou suborno do juiz;

II – por ilegitimidade de parte;

III – por falta das fórmulas ou dos termos seguintes:

Veja art. 603, CPP.

a) a denúncia ou a queixa e a representação e, nos processos de contravenções penais, a portaria ou o auto de prisão em flagrante;

b) o exame do corpo de delito nos crimes que deixam vestígios, ressalvado o disposto no art. 167;

c) a nomeação de defensor ao réu presente, que o não tiver, ou ao ausente, e de curador ao menor de 21 (vinte e um) anos;

Veja art. 5º, *caput*, CC.

Veja Súmulas ns. 352, 523 e 708, STF.

d) a intervenção do Ministério Público em todos os termos da ação por ele intentada e nos da intentada pela parte ofendida, quando se tratar de crime de ação pública;

Veja art. 572, CPP.

e) a citação do réu para ver-se processar, o seu interrogatório, quando presente, e os prazos concedidos à acusação e à defesa;

Veja art. 572, CPP.

Veja Súmulas ns. 707 e 708, STF.

f) a sentença de pronúncia, o libelo e a entrega da respectiva cópia, com o rol de testemunhas, nos processos perante o Tribunal do Júri;

Veja Lei n. 11.689, de 09.06.2008, que alterou o procedimento referente à competência do Tribunal do Júri e extinguiu o libelo.

g) a intimação do réu para a sessão de julgamento, pelo Tribunal do Júri, quando a lei não permitir o julgamento à revelia;

Veja art. 572, CPP.

Veja Súmula n. 712, STF.

h) a intimação das testemunhas arroladas no libelo e na contrariedade, nos termos estabelecidos pela lei;

Veja art. 572, CPP.

i) a presença pelo menos de 15 (quinze) jurados para a constituição do júri;

j) o sorteio dos jurados do conselho de sentença em número legal e sua incomunicabilidade;

124 | ARTS. 564 A 571 – CÓDIGO DE PROCESSO PENAL

k) os quesitos e as respectivas respostas;
Veja Súmulas ns. 156 e 162, STF.
l) a acusação e a defesa, na sessão de julgamento;
m) a sentença;
n) o recurso de ofício, nos casos em que a lei o tenha estabelecido;
Veja Súmula n. 423, STF.
o) a intimação, nas condições estabelecidas pela lei, para ciência de sentenças e despachos de que caiba recurso;
p) no Supremo Tribunal Federal e nos Tribunais de Apelação, o *quorum* legal para o julgamento;
A expressão "Tribunais de Apelação" foi atualizada para "Tribunais de Justiça".
IV – por omissão de formalidade que constitua elemento essencial do ato;
Veja art. 572, CPP.
V – em decorrência de decisão carente de fundamentação.
Inciso acrescentado pela Lei n. 13.964, de 24.12.2019.
Parágrafo único. Ocorrerá ainda a nulidade, por deficiência dos quesitos ou das suas respostas, e contradição entre estas.
Parágrafo acrescentado pela Lei n. 263, de 23.02.1948.
Veja Súmulas ns. 156 e 162, STF.
Art. 565. Nenhuma das partes poderá arguir nulidade a que haja dado causa, ou para que tenha concorrido, ou referente a formalidade cuja observância só à parte contrária interesse.
Art. 566. Não será declarada a nulidade de ato processual que não houver influído na apuração da verdade substancial ou na decisão da causa.
Veja Súmulas ns. 352 e 366, STF.
Art. 567. A incompetência do juízo anula somente os atos decisórios, devendo o processo, quando for declarada a nulidade, ser remetido ao juiz competente.
Art. 568. A nulidade por ilegitimidade do representante da parte poderá ser a todo tempo sanada, mediante ratificação dos atos processuais.
Art. 569. As omissões da denúncia ou da queixa, da representação, ou, nos processos das contravenções penais, da portaria ou do auto de prisão em flagrante, poderão ser supridas a todo o tempo, antes da sentença final.
Art. 570. A falta ou a nulidade da citação, da intimação ou notificação estará sanada, desde que o interessado compareça, antes de o ato consumar-se, embora declare que o faz para o único fim de argui-la. O juiz ordenará, todavia, a suspensão ou o adiamento do ato, quando reconhecer que a irregularidade poderá prejudicar direito da parte.
Art. 571. As nulidades deverão ser arguidas:
Veja Súmula n. 155, STF.
I – as da instrução criminal dos processos da competência do júri, nos prazos a que se refere o art. 406;

CÓDIGO DE PROCESSO PENAL – ARTS. 571 A 573 | 125

Veja art. 411, CPP.

II – as da instrução criminal dos processos de competência do juiz singular e dos processos especiais, salvo os dos Capítulos V e VII do Título II do Livro II, nos prazos a que se refere o art. 500;

O art. 500 foi revogado pela Lei n. 11.719, de 20.06.2008.

Veja art. 400, CPP.

III – as do processo sumário, no prazo a que se refere o art. 537, ou, se verificadas depois desse prazo, logo depois de aberta a audiência e apregoadas as partes;

O art. 537 foi revogado pela Lei n. 11.719, de 20.06.2008.

Veja art. 531, CPP.

Veja Lei n. 9.099, de 26.09.1995.

IV – as do processo regulado no Capítulo VII do Título II do Livro II, logo depois de aberta a audiência;

V – as ocorridas posteriormente à pronúncia, logo depois de anunciado o julgamento e apregoadas as partes (art. 447);

O art. 477 teve sua redação alterada pela Lei n. 11.689, de 09.06.2008. A referência atual é o art. 454.

VI – as de instrução criminal dos processos de competência do Supremo Tribunal Federal e dos Tribunais de Apelação, nos prazos a que se refere o art. 500;

A expressão "Tribunais de Apelação" foi atualizada para "Tribunais de Justiça".

O art. 500 foi revogado pela Lei n. 11.719, de 20.06.2008.

Veja arts. 400 e 610, CPP.

Veja art. 102, CF.

VII – se verificadas após a decisão da primeira instância, nas razões de recurso ou logo depois de anunciado o julgamento do recurso e apregoadas as partes;

VIII – as do julgamento em plenário, em audiência ou em sessão do tribunal, logo depois de ocorrerem.

Art. 572. As nulidades previstas no art. 564, III, *d* e *e*, segunda parte, *g* e *h*, e IV, considerar-se-ão sanadas:

I – se não forem arguidas, em tempo oportuno, de acordo com o disposto no artigo anterior;

II – se, praticado por outra forma, o ato tiver atingido o seu fim;

Veja Súmula n. 366, STF.

III – se a parte, ainda que tacitamente, tiver aceito os seus efeitos.

Art. 573. Os atos, cuja nulidade não tiver sido sanada, na forma dos artigos anteriores, serão renovados ou retificados.

§ 1º A nulidade de um ato, uma vez declarada, causará a dos atos que dele diretamente dependam ou sejam consequência.

§ 2º O juiz que pronunciar a nulidade declarará os atos a que ela se estende.

126 | ARTS. 574 A 580 – CÓDIGO DE PROCESSO PENAL

TÍTULO II
DOS RECURSOS EM GERAL

CAPÍTULO I
DISPOSIÇÕES GERAIS

Art. 574. Os recursos serão voluntários, excetuando-se os seguintes casos, em que deverão ser interpostos, de ofício, pelo juiz:

I – da sentença que conceder *habeas corpus*;

Veja Súmula n. 344, STF.

II – da que absolver desde logo o réu com fundamento na existência de circunstância que exclua o crime ou isente o réu de pena, nos termos do art. 411.

O art. 411 teve sua redação alterada pela Lei n. 11.689, de 09.06.2008. As referências atuais são os arts. 415 e 416.

Art. 575. Não serão prejudicados os recursos que, por erro, falta ou omissão dos funcionários, não tiverem seguimento ou não forem apresentados dentro do prazo.

Veja Súmulas ns. 320, 428 e 705, STF.

Art. 576. O Ministério Público não poderá desistir de recurso que haja interposto.

Veja arts. 17 e 42, CPP.

Art. 577. O recurso poderá ser interposto pelo Ministério Público, ou pelo querelante, ou pelo réu, seu procurador ou seu defensor.

Veja Súmulas ns. 210 e 448, STF.

Parágrafo único. Não se admitirá, entretanto, recurso da parte que não tiver interesse na reforma ou modificação da decisão.

Art. 578. O recurso será interposto por petição ou por termo nos autos, assinado pelo recorrente ou por seu representante.

Veja Súmulas ns. 160 e 428, STF.

§ 1º Não sabendo ou não podendo o réu assinar o nome, o termo será assinado por alguém, a seu rogo, na presença de duas testemunhas.

§ 2º A petição de interposição de recurso, com o despacho do juiz, será, até o dia seguinte ao último do prazo, entregue ao escrivão, que certificará no termo da juntada a data da entrega.

§ 3º Interposto por termo o recurso, o escrivão, sob pena de suspensão por 10 (dez) a 30 (trinta) dias, fará conclusos os autos ao juiz, até o dia seguinte ao último do prazo.

Art. 579. Salvo a hipótese de má-fé, a parte não será prejudicada pela interposição de um recurso por outro.

Parágrafo único. Se o juiz, desde logo, reconhecer a impropriedade do recurso interposto pela parte, mandará processá-lo de acordo com o rito do recurso cabível.

Art. 580. No caso de concurso de agentes (Código Penal, art. 25), a decisão do recurso interposto por um dos réus, se fundado em motivos que não sejam de caráter exclusivamente pessoal, aproveitará aos outros.

CÓDIGO DE PROCESSO PENAL – ARTS. 580 E 581 | 127

A referência atual do antigo art. 25 é o art. 29, CP.

CAPÍTULO II
DO RECURSO EM SENTIDO ESTRITO

Art. 581. Caberá recurso, no sentido estrito, da decisão, despacho ou sentença:

Veja art. 593, § 4°, CPP.

Veja Súmula n. 604, STJ.

I – que não receber a denúncia ou a queixa;

Veja art. 583, II, CPP.

Veja Súmula n. 707, STF.

II – que concluir pela incompetência do juízo;

III – que julgar procedentes as exceções, salvo a de suspeição;

Veja art. 583, II, CPP.

IV – que pronunciar o réu;

Inciso com redação dada pela Lei n. 11.689, de 09.06.2008.

Veja art. 583, II, CPP.

V – que conceder, negar, arbitrar, cassar ou julgar inidônea a fiança, indeferir requerimento de prisão preventiva ou revogá-la, conceder liberdade provisória ou relaxar a prisão em flagrante;

Inciso com redação dada pela Lei n. 7.780, de 22.06.1989.

Veja art. 582, CPP.

Veja art. 2°, Lei n. 7.960, de 21.12.1989 (prisão temporária).

VI – *(Revogado pela Lei n. 11.689, de 09.06.2008.)*

VII – que julgar quebrada a fiança ou perdido o seu valor;

VIII – que decretar a prescrição ou julgar, por outro modo, extinta a punibilidade;

Veja arts. 583, II, e 584, § 1°, CPP.

Veja arts. 107 a 120, CP.

IX – que indeferir o pedido de reconhecimento da prescrição ou de outra causa extintiva da punibilidade;

Veja arts. 107 a 120, CP.

X – que conceder ou negar a ordem de *habeas corpus*;

Veja arts. 582 e 583, II, CPP.

XI – que conceder, negar ou revogar a suspensão condicional da pena;

XII – que conceder, negar ou revogar livramento condicional;

Veja arts. 131 a 146 e 197, LEP.

XIII – que anular o processo da instrução criminal, no todo ou em parte;

XIV – que incluir jurado na lista geral ou desta o excluir;

Veja arts. 582 e 586, parágrafo único, CPP.

XV – que denegar a apelação ou a julgar deserta;

Veja art. 584, CPP.

XVI – que ordenar a suspensão do processo, em virtude de questão prejudicial;

128 | ARTS. 581 A 584 – CÓDIGO DE PROCESSO PENAL

XVII – que decidir sobre a unificação de penas;
Veja art. 584, CPP.
XVIII – que decidir o incidente de falsidade;
XIX – que decretar medida de segurança, depois de transitar a sentença em julgado;
Veja arts. 96 a 99, CP.
Veja arts. 171 a 179 e 197, LEP.
XX – que impuser medida de segurança por transgressão de outra;
Veja arts. 96 a 99, CP.
Veja arts. 171 a 179 e 197, LEP.
XXI – que mantiver ou substituir a medida de segurança, nos casos do art. 774;
Veja arts. 96 a 99, CP.
Veja arts. 171 a 179 e 197, LEP.
XXII – que revogar a medida de segurança;
Veja arts. 96 a 99, CP.
Veja arts. 171 a 179 e 197, LEP.
XXIII – que deixar de revogar a medida de segurança, nos casos em que a lei admita a revogação;
Veja arts. 96 a 99, CP.
Veja arts. 171 a 179 e 197, LEP.
XXIV – que converter a multa em detenção ou em prisão simples;
Veja art. 584, CPP.
Veja art. 51, CP.
XXV – que recusar homologação à proposta de acordo de não persecução penal, previsto no art. 28-A desta Lei.
Inciso acrescentado pela Lei n. 13.964, de 24.12.2019.
Art. 582. Os recursos serão sempre para o Tribunal de Apelação, salvo nos casos dos ns. V, X e XIV.
A expressão "Tribunais de Apelação" foi atualizada para "Tribunais de Justiça".
Parágrafo único. O recurso, no caso do n. XIV, será para o presidente do Tribunal de Apelação.
Art. 583. Subirão nos próprios autos os recursos:
I – quando interpostos de ofício;
II – nos casos do art. 581, I, III, IV, VI, VIII e X;
O inciso VI do art. 581 foi revogado.
III – quando o recurso não prejudicar o andamento do processo.
Parágrafo único. O recurso da pronúncia subirá em traslado, quando, havendo dois ou mais réus, qualquer deles se conformar com a decisão ou todos não tiverem sido ainda intimados da pronúncia.
Art. 584. Os recursos terão efeito suspensivo nos casos de perda da fiança, de concessão de livramento condicional e dos ns. XV, XVII e XXIV do art. 581.
Veja Súmula n. 604, STJ.

CÓDIGO DE PROCESSO PENAL – ARTS. 584 A 591 | 129

§ 1º Ao recurso interposto de sentença de impronúncia ou no caso do n. VIII do art. 581, aplicar-se-á o disposto nos arts. 596 e 598.

Veja art. 271, CPP.

§ 2º O recurso da pronúncia suspenderá tão somente o julgamento.

§ 3º O recurso do despacho que julgar quebrada a fiança suspenderá unicamente o efeito de perda da metade do seu valor.

Art. 585. O réu não poderá recorrer da pronúncia senão depois de preso, salvo se prestar fiança, nos casos em que a lei a admitir.

Art. 586. O recurso voluntário poderá ser interposto no prazo de 5 (cinco) dias.

Parágrafo único. No caso do art. 581, XIV, o prazo será de 20 (vinte) dias, contado da data da publicação definitiva da lista de jurados.

Art. 587. Quando o recurso houver de subir por instrumento, a parte indicará, no respectivo termo, ou em requerimento avulso, as peças dos autos de que pretenda traslado.

Parágrafo único. O traslado será extraído, conferido e concertado no prazo de 5 (cinco) dias, e dele constarão sempre a decisão recorrida, a certidão de sua intimação, se por outra forma não for possível verificar-se a oportunidade do recurso, e o termo de interposição.

Art. 588. Dentro de 2 (dois) dias, contados da interposição do recurso, ou do dia em que o escrivão, extraído o traslado, o fizer com vista ao recorrente, este oferecerá as razões e, em seguida, será aberta vista ao recorrido por igual prazo.

Veja art. 643, CPP.

Veja Súmula n. 707, STF.

Parágrafo único. Se o recorrido for o réu, será intimado do prazo na pessoa do defensor.

Art. 589. Com a resposta do recorrido ou sem ela, será o recurso concluso ao juiz, que, dentro de 2 (dois) dias, reformará ou sustentará o seu despacho, mandando instruir o recurso com os traslados que lhe parecerem necessários.

Veja art. 643, CPP.

Parágrafo único. Se o juiz reformar o despacho recorrido, a parte contrária, por simples petição, poderá recorrer da nova decisão, se couber recurso, não sendo mais lícito ao juiz modificá-la. Neste caso, independentemente de novos arrazoados, subirá o recurso nos próprios autos ou em traslado.

Art. 590. Quando for impossível ao escrivão extrair o traslado no prazo da lei, poderá o juiz prorrogá-lo até o dobro.

Veja art. 643, CPP.

Art. 591. Os recursos serão apresentados ao juiz ou tribunal *ad quem*, dentro de 5 (cinco) dias da publicação da resposta do juiz *a quo*, ou entregues ao Correio dentro do mesmo prazo.

Veja art. 643, CPP.

130 | ARTS. 592 E 593 – CÓDIGO DE PROCESSO PENAL

Art. 592. Publicada a decisão do juiz ou do tribunal *ad quem*, deverão os autos ser devolvidos, dentro de 5 (cinco) dias, ao juiz *a quo*.

Veja art. 643, CPP.

CAPÍTULO III
DA APELAÇÃO

Veja Súmulas ns. 320, 428 e 710, STF.

Art. 593. Caberá apelação no prazo de 5 (cinco) dias:

Caput com redação dada pela Lei n. 263, de 23.02.1948.

Veja Súmula n. 604, STJ.

I – das sentenças definitivas de condenação ou absolvição proferidas por juiz singular;

Inciso com redação dada pela Lei n. 263, de 23.02.1948.

II – das decisões definitivas, ou com força de definitivas, proferidas por juiz singular nos casos não previstos no Capítulo anterior;

Inciso com redação dada pela Lei n. 263, de 23.02.1948.

III – das decisões do Tribunal do Júri, quando:

Inciso com redação dada pela Lei n. 263, de 23.02.1948.

a) ocorrer nulidade posterior à pronúncia;

Alínea com redação dada pela Lei n. 263, de 23.02.1948.

b) for a sentença do juiz-presidente contrária à lei expressa ou à decisão dos jurados;

Alínea com redação dada pela Lei n. 263, de 23.02.1948.

c) houver erro ou injustiça no tocante à aplicação da pena ou da medida de segurança;

Alínea com redação dada pela Lei n. 263, de 23.02.1948.

d) for a decisão dos jurados manifestamente contrária à prova dos autos.

Alínea com redação dada pela Lei n. 263, de 23.02.1948.

§ 1º Se a sentença do juiz-presidente for contrária à lei expressa ou divergir das respostas dos jurados aos quesitos, o tribunal *ad quem* fará a devida retificação.

Parágrafo acrescentado pela Lei n. 263, de 23.02.1948.

§ 2º Interposta a apelação com fundamento no n. III, *c*, deste artigo, o tribunal *ad quem*, se lhe der provimento, retificará a aplicação da pena ou da medida de segurança.

Parágrafo acrescentado pela Lei n. 263, de 23.02.1948.

§ 3º Se a apelação se fundar no n. III, *d*, deste artigo, e o tribunal *ad quem* se convencer de que a decisão dos jurados é manifestamente contrária à prova dos autos, dar-lhe-á provimento para sujeitar o réu a um novo julgamento; não se admite, porém, pelo mesmo motivo, segunda apelação.

Parágrafo acrescentado pela Lei n. 263, de 23.02.1948.

§ 4º Quando cabível a apelação, não poderá ser usado o recurso em sentido estrito, ainda que somente de parte da decisão se recorra.

CÓDIGO DE PROCESSO PENAL – ARTS. 593 A 600 | 131

Antigo parágrafo único renumerado pela Lei n. 263, de 23.02.1948.

Art. 594. *(Revogado pela Lei n. 11.719, de 20.06.2008.)*

Art. 595. *(Revogado pela Lei n. 12.403, de 04.05.2011.)*

Art. 596. A apelação da sentença absolutória não impedirá que o réu seja posto imediatamente em liberdade.

Caput com redação dada pela Lei n. 5.941, de 22.11.1973.

Veja art. 584, § 1º, CPP.

Parágrafo único. A apelação não suspenderá a execução da medida de segurança aplicada provisoriamente.

Parágrafo com redação dada pela Lei n. 5.941, de 22.11.1973, e tacitamente revogado pela Reforma Penal de 1984.

Veja arts. 96 a 99, CP.

Art. 597. A apelação de sentença condenatória terá efeito suspensivo, salvo o disposto no art. 393, a aplicação provisória de interdições de direitos e de medidas de segurança (arts. 374 e 378), e o caso de suspensão condicional de pena.

Veja Súmula n. 604, STJ.

Art. 598. Nos crimes de competência do Tribunal do Júri, ou do juiz singular, se da sentença não for interposta apelação pelo Ministério Público no prazo legal, o ofendido ou qualquer das pessoas enumeradas no art. 31, ainda que não se tenha habilitado como assistente, poderá interpor apelação, que não terá, porém, efeito suspensivo.

Veja arts. 271 e 584, § 1º, CPP.

Veja Súmulas ns. 210 e 713, STF.

Parágrafo único. O prazo para interposição desse recurso será de 15 (quinze) dias e correrá do dia em que terminar o do Ministério Público.

Art. 599. As apelações poderão ser interpostas quer em relação a todo o julgado, quer em relação a parte dele.

Veja Súmula n. 160, STF.

Art. 600. Assinado o termo de apelação, o apelante e, depois dele, o apelado terão o prazo de 8 (oito) dias cada um para oferecer razões, salvo nos processos de contravenção, em que o prazo será de 3 (três) dias.

§ 1º Se houver assistente, este arrazoará, no prazo de 3 (três) dias, após o Ministério Público.

§ 2º Se a ação penal for movida pela parte ofendida, o Ministério Público terá vista dos autos, no prazo do parágrafo anterior.

§ 3º Quando forem dois ou mais os apelantes ou apelados, os prazos serão comuns.

§ 4º Se o apelante declarar, na petição ou no termo, ao interpor a apelação, que deseja arrazoar na superior instância serão os autos remetidos ao tribunal *ad quem* onde será aberta vista às partes, observados os prazos legais, notificadas as partes pela publicação oficial.

Parágrafo acrescentado pela Lei n. 4.336, de 01.06.1964.

132 | ARTS. 601 A 610 – CÓDIGO DE PROCESSO PENAL

Art. 601. Findos os prazos para razões, os autos serão remetidos à instância superior, com as razões ou sem elas, no prazo de 5 (cinco) dias, salvo no caso do art. 603, segunda parte, em que o prazo será de 30 (trinta) dias.

§ 1º Se houver mais de um réu, e não houverem todos sido julgados, ou não tiverem todos apelado, caberá ao apelante promover extração do traslado dos autos, o qual deverá ser remetido à instância superior no prazo de 30 (trinta) dias, contado da data da entrega das últimas razões de apelação, ou do vencimento do prazo para a apresentação das do apelado.

§ 2º As despesas do traslado correrão por conta de quem o solicitar, salvo se o pedido for de réu pobre ou do Ministério Público.

Art. 602. Os autos serão, dentro dos prazos do artigo anterior, apresentados ao tribunal *ad quem* ou entregues ao Correio, sob registro.

Art. 603. A apelação subirá nos autos originais e, a não ser no Distrito Federal e nas comarcas que forem sede de Tribunal de Apelação, ficará em cartório traslado dos termos essenciais do processo referidos no art. 564, III.

Veja art. 601, CPP.

Arts. 604 a 606. *(Revogados pela Lei n. 263, de 23.02.1948.)*

CAPÍTULO IV
DO PROTESTO POR NOVO JÚRI

Art. 607. *(Revogado pela Lei n. 11.689, de 09.06.2008.)*

Art. 608. *(Revogado pela Lei n. 11.689, de 09.06.2008.)*

CAPÍTULO V
DO PROCESSO E DO JULGAMENTO DOS RECURSOS EM SENTIDO
ESTRITO E DAS APELAÇÕES, NOS TRIBUNAIS DE APELAÇÃO

A expressão "Tribunais de Apelação" foi atualizada para "Tribunais de Justiça".

Art. 609. Os recursos, apelações e embargos serão julgados pelos Tribunais de Justiça, câmaras ou turmas criminais, de acordo com a competência estabelecida nas leis de organização judiciária.

Caput com redação dada pela Lei n. 1.720-B, de 03.11.1952.

Parágrafo único. Quando não for unânime a decisão de segunda instância, desfavorável ao réu, admitem-se embargos infringentes e de nulidade, que poderão ser opostos dentro de 10 (dez) dias, a contar da publicação de acórdão, na forma do art. 613. Se o desacordo for parcial, os embargos serão restritos à matéria objeto de divergência.

Parágrafo acrescentado pela Lei n. 1.720-B, de 03.11.1952.

Veja Súmula n. 293, STF.

Art. 610. Nos recursos em sentido estrito, com exceção do *habeas corpus*, e nas apelações interpostas das sentenças em processo de contravenção ou de crime a que a lei comine pena de detenção, os autos irão imediatamente com vista ao procurador-geral pelo prazo de 5 (cinco) dias, e, em seguida, passarão, por igual prazo, ao relator, que pedirá designação de dia para o julgamento.

CÓDIGO DE PROCESSO PENAL – ARTS. 610 A 618 | 133

Veja arts. 613 e 614, CPP.

Parágrafo único. Anunciado o julgamento pelo presidente, e apregoadas as partes, com a presença destas ou à sua revelia, o relator fará a exposição do feito e, em seguida, o presidente concederá, pelo prazo de 10 (dez) minutos, a palavra aos advogados ou às partes que a solicitarem e ao procurador-geral, quando o requerer, por igual prazo.

Veja Leis ns. 9.099, de 26.09.1995, e 10.259, de 12.07.2011, que prejudicaram a aplicação deste dispositivo.

Art. 611. *(Revogado pelo DL n. 552, de 25.04.1969.)*

Art. 612. Os recursos de *habeas corpus*, designado o relator, serão julgados na primeira sessão.

Veja Súmula n. 431, STF.

Art. 613. As apelações interpostas das sentenças proferidas em processos por crime a que a lei comine pena de reclusão, deverão ser processadas e julgadas pela forma estabelecida no art. 610, com as seguintes modificações:

Veja arts. 609, parágrafo único, e 614, CPP.

I – exarado o relatório nos autos, passarão estes ao revisor, que terá igual prazo para o exame do processo e pedirá designação de dia para o julgamento;

II – os prazos serão ampliados ao dobro;

III – o tempo para os debates será de um quarto de hora.

Art. 614. No caso de impossibilidade de observância de qualquer dos prazos marcados nos arts. 610 e 613, os motivos da demora serão declarados nos autos.

Art. 615. O tribunal decidirá por maioria de votos.

§ 1º Havendo empate de votos no julgamento de recursos, se o presidente do tribunal, câmara ou turma, não tiver tomado parte na votação, proferirá o voto de desempate; no caso contrário, prevalecerá a decisão mais favorável ao réu.

§ 2º O acórdão será apresentado à conferência na primeira sessão seguinte à do julgamento, ou no prazo de duas sessões, pelo juiz incumbido de lavrá-lo.

Art. 616. No julgamento das apelações poderá o tribunal, câmara ou turma proceder a novo interrogatório do acusado, reinquirir testemunhas ou determinar outras diligências.

Art. 617. O tribunal, câmara ou turma atenderá nas suas decisões ao disposto nos arts. 383, 386 e 387, no que for aplicável, não podendo, porém, ser agravada a pena, quando somente o réu houver apelado da sentença.

Veja Súmulas ns. 160, 453 e 525, STF.

Art. 618. Os regimentos dos Tribunais de Apelação estabelecerão as normas complementares para o processo e julgamento dos recursos e apelações.

A expressão "Tribunais de Apelação" foi atualizada para "Tribunais de Justiça".

134 | ARTS. 619 A 624 – CÓDIGO DE PROCESSO PENAL

CAPÍTULO VI
DOS EMBARGOS

Art. 619. Aos acórdãos proferidos pelos Tribunais de Apelação, câmaras ou turmas, poderão ser opostos embargos de declaração, no prazo de 2 (dois) dias contado da sua publicação, quando houver na sentença ambiguidade, obscuridade, contradição ou omissão.

A expressão "Tribunais de Apelação" foi atualizada para "Tribunais de Justiça".

Veja Súmula n. 710, STF.

Art. 620. Os embargos de declaração serão deduzidos em requerimento de que constem os pontos em que o acórdão é ambíguo, obscuro, contraditório ou omisso.

§ 1º O requerimento será apresentado pelo relator e julgado, independentemente de revisão, na primeira sessão.

§ 2º Se não preenchidas as condições enumeradas neste artigo, o relator indeferirá desde logo o requerimento.

CAPÍTULO VII
DA REVISÃO

Art. 621. A revisão dos processos findos será admitida:

I – quando a sentença condenatória for contrária ao texto expresso da lei penal ou à evidência dos autos;

II – quando a sentença condenatória se fundar em depoimentos, exames ou documentos comprovadamente falsos;

III – quando, após a sentença, se descobrirem novas provas de inocência do condenado ou de circunstância que determine ou autorize diminuição especial da pena.

Veja Súmula n. 611, STF.

Art. 622. A revisão poderá ser requerida em qualquer tempo, antes da extinção da pena ou após.

Parágrafo único. Não será admissível a reiteração do pedido, salvo se fundado em novas provas.

Art. 623. A revisão poderá ser pedida pelo próprio réu ou por procurador legalmente habilitado ou, no caso de morte do réu, pelo cônjuge, ascendente, descendente ou irmão.

Veja arts. 127 e 133, CF.

Veja Súmula n. 393, STF.

Art. 624. As revisões criminais serão processadas e julgadas:

Caput com redação dada pelo DL n. 504, de 18.03.1969.

I – pelo Supremo Tribunal Federal, quanto às condenações por ele proferidas;

Inciso com redação dada pelo DL n. 504, de 18.03.1969.

II – pelo Tribunal Federal de Recursos, Tribunais de Justiça ou de Alçada, nos demais casos.

Inciso com redação dada pelo DL n. 504, de 18.03.1969.

CÓDIGO DE PROCESSO PENAL – ARTS. 624 A 627 | 135

O art. 27, ADCT, extinguiu o Tribunal Federal de Recursos. A EC n. 45, de 08.12.2004, extinguiu os Tribunais de Alçada, que passaram a integrar os Tribunais de Justiça.

§ 1º No Supremo Tribunal Federal e no Tribunal Federal de Recursos o processo e julgamento obedecerão ao que for estabelecido no respectivo regimento interno.

Parágrafo renumerado e com redação dada pelo DL n. 504, de 18.03.1969.

§ 2º Nos Tribunais de Justiça ou de Alçada, o julgamento será efetuado pelas câmaras ou turmas criminais, reunidas em sessão conjunta, quando houver mais de uma, e, no caso contrário, pelo tribunal pleno.

Parágrafo acrescentado pelo DL n. 504, de 18.03.1969.

§ 3º Nos tribunais onde houver quatro ou mais câmaras ou turmas criminais, poderão ser constituídos dois ou mais grupos de câmaras ou turmas para o julgamento de revisão, obedecido o que for estabelecido no respectivo regimento interno.

Parágrafo acrescentado pelo DL n. 504, de 18.03.1969.

Art. 625. O requerimento será distribuído a um relator e a um revisor, devendo funcionar como relator um desembargador que não tenha pronunciado decisão em qualquer fase do processo.

§ 1º O requerimento será instruído com a certidão de haver passado em julgado a sentença condenatória e com as peças necessárias à comprovação dos fatos arguidos.

§ 2º O relator poderá determinar que se apensem os autos originais, se daí não advier dificuldade à execução normal da sentença.

§ 3º Se o relator julgar insuficientemente instruído o pedido e inconveniente ao interesse da justiça que se apensem os autos originais, indeferi-lo-á *in limine*, dando recurso para as câmaras reunidas ou para o tribunal, conforme o caso (art. 624, parágrafo único).

A referência ao art. 624, parágrafo único, foi prejudicada pelas modificações do DL n. 504, de 18.03.1969.

§ 4º Interposto o recurso por petição e independentemente de termo, o relator apresentará o processo em mesa para o julgamento e o relatará, sem tomar parte na discussão.

§ 5º Se o requerimento não for indeferido *in limine*, abrir-se-á vista dos autos ao procurador-geral, que dará parecer no prazo de 10 (dez) dias. Em seguida, examinados os autos, sucessivamente, em igual prazo, pelo relator e revisor, julgar-se-á o pedido na sessão que o presidente designar.

Art. 626. Julgando procedente a revisão, o tribunal poderá alterar a classificação da infração, absolver o réu, modificar a pena ou anular o processo.

Veja Súmulas ns. 160 e 453, STF.

Parágrafo único. De qualquer maneira, não poderá ser agravada a pena imposta pela decisão revista.

Art. 627. A absolvição implicará o restabelecimento de todos os direitos perdidos em virtude da condenação, devendo o tribunal, se for caso, impor a medida de segurança cabível.

136 | ARTS. 627 A 640 – CÓDIGO DE PROCESSO PENAL

Veja arts. 96 a 99, CP.

Art. 628. Os regimentos internos dos Tribunais de Apelação estabelecerão as normas complementares para o processo e julgamento das revisões criminais.

A expressão "Tribunais de Apelação" foi atualizada para "Tribunais de Justiça".

Art. 629. À vista da certidão do acórdão que cassar a sentença condenatória, o juiz mandará juntá-la imediatamente aos autos, para inteiro cumprimento da decisão.

Art. 630. O tribunal, se o interessado o requerer, poderá reconhecer o direito a uma justa indenização pelos prejuízos sofridos.

§ 1º Por essa indenização, que será liquidada no juízo cível, responderá a União, se a condenação tiver sido proferida pela justiça do Distrito Federal ou de Território, ou o Estado, se o tiver sido pela respectiva justiça.

§ 2º A indenização não será devida:

a) se o erro ou a injustiça da condenação proceder de ato ou falta imputável ao próprio impetrante, como a confissão ou a ocultação de prova em seu poder;

b) se a acusação houver sido meramente privada.

Art. 631. Quando, no curso da revisão, falecer a pessoa, cuja condenação tiver de ser revista, o presidente do tribunal nomeará curador para a defesa.

CAPÍTULO VIII
DO RECURSO EXTRAORDINÁRIO

Arts. 632 a 636. *(Revogados pela Lei n. 3.396, de 02.06.1958.)*

Art. 637. O recurso extraordinário não tem efeito suspensivo, e uma vez arrazoados pelo recorrido os autos do traslado, os originais baixarão à primeira instância, para a execução da sentença.

Veja Súmula n. 267, STJ.

Art. 638. O recurso extraordinário e o recurso especial serão processados e julgados no Supremo Tribunal Federal e no Superior Tribunal de Justiça na forma estabelecida por leis especiais, pela lei processual civil e pelos respectivos regimentos internos.

Artigo com redação dada pela Lei n. 13.964, de 24.12.2019.

CAPÍTULO IX
DA CARTA TESTEMUNHÁVEL

Art. 639. Dar-se-á carta testemunhável:

I – da decisão que denegar o recurso;

II – da que, admitindo embora o recurso, obstar à sua expedição e seguimento para o juízo *ad quem.*

Art. 640. A carta testemunhável será requerida ao escrivão, ou ao secretário do tribunal, conforme o caso, nas 48 (quarenta e oito) horas seguintes ao despacho que denegar o recurso, indicando o requerente as peças do processo que deverão ser trasladadas.

CÓDIGO DE PROCESSO PENAL – ARTS. 641 A 649 | 137

Art. 641. O escrivão, ou o secretário do tribunal, dará recibo da petição à parte e, no prazo máximo de 5 (cinco) dias, no caso de recurso no sentido estrito, ou de 60 (sessenta) dias, no caso de recurso extraordinário, fará entrega da carta, devidamente conferida e concertada.

Art. 642. O escrivão, ou o secretário do tribunal, que se negar a dar o recibo, ou deixar de entregar, sob qualquer pretexto, o instrumento, será suspenso por 30 (trinta) dias. O juiz, ou o presidente do Tribunal de Apelação, em face de representação do testemunhante, imporá a pena e mandará que seja extraído o instrumento, sob a mesma sanção, pelo substituto do escrivão ou do secretário do tribunal. Se o testemunhante não for atendido, poderá reclamar ao presidente do tribunal *ad quem*, que avocará os autos, para o efeito do julgamento do recurso e imposição da pena.

A expressão "Tribunais de Apelação" foi atualizada para "Tribunais de Justiça".

Art. 643. Extraído e autuado o instrumento, observar-se-á o disposto nos arts. 588 a 592, no caso de recurso em sentido estrito, ou o processo estabelecido para o recurso extraordinário, se deste se tratar.

Art. 644. O tribunal, câmara ou turma a que competir o julgamento da carta, se desta tomar conhecimento, mandará processar o recurso, ou, se estiver suficientemente instruída, decidirá logo, *de meritis*.

Art. 645. O processo da carta testemunhável na instância superior seguirá o processo do recurso denegado.

Art. 646. A carta testemunhável não terá efeito suspensivo.

CAPÍTULO X
DO *HABEAS CORPUS* E SEU PROCESSO

Art. 647. Dar-se-á *habeas corpus* sempre que alguém sofrer ou se achar na iminência de sofrer violência ou coação ilegal na sua liberdade de ir e vir, salvo nos casos de punição disciplinar.

Veja art. 2º, § 7º, Lei n. 7.960, de 21.12.1989 (prisão temporária).

Veja Súmulas ns. 395, 693 e 694, STF.

Art. 648. A coação considerar-se-á ilegal:

I – quando não houver justa causa;

II – quando alguém estiver preso por mais tempo do que determina a lei;

Veja art. 2º, § 7º, Lei n. 7.960, de 21.12.1989 (prisão temporária).

III – quando quem ordenar a coação não tiver competência para fazê-lo;

IV – quando houver cessado o motivo que autorizou a coação;

V – quando não for alguém admitido a prestar fiança, nos casos em que a lei a autoriza;

VI – quando o processo for manifestamente nulo;

VII – quando extinta a punibilidade.

Veja arts. 107 a 120, CP.

Art. 649. O juiz ou o tribunal, dentro dos limites da sua jurisdição, fará passar imediatamente a ordem impetrada, nos casos em que tenha cabimento, seja qual for a autoridade coatora.

138 | ARTS. 649 A 655 – CÓDIGO DE PROCESSO PENAL

Veja Súmula n. 606, STF.

Art. 650. Competirá conhecer, originariamente, do pedido de *habeas corpus*:

I – ao Supremo Tribunal Federal, nos casos previstos no art. 101, I, *g*, da Constituição;

Refere-se à CF/37.

Veja art. 102, I, *d* e *i*, CF.

II – aos Tribunais de Apelação, sempre que os atos de violência ou coação forem atribuídos aos governadores ou interventores dos Estados ou Territórios e ao prefeito do Distrito Federal, ou a seus secretários, ou aos chefes de Polícia.

A expressão "Tribunais de Apelação" foi atualizada para "Tribunais de Justiça".

§ 1º A competência do juiz cessará sempre que a violência ou coação provier de autoridade judiciária de igual ou superior jurisdição.

§ 2º Não cabe o *habeas corpus* contra a prisão administrativa, atual ou iminente, dos responsáveis por dinheiro ou valor pertencente à Fazenda Pública, alcançados ou omissos em fazer o seu recolhimento nos prazos legais, salvo se o pedido for acompanhado de prova de quitação ou de depósito do alcance verificado, ou se a prisão exceder o prazo legal.

Veja art. 5º, LXI, CF.

Art. 651. A concessão do *habeas corpus* não obstará, nem porá termo ao processo, desde que este não esteja em conflito com os fundamentos daquela.

Art. 652. Se o *habeas corpus* for concedido em virtude de nulidade do processo, este será renovado.

Art. 653. Ordenada a soltura do paciente em virtude de *habeas corpus*, será condenada nas custas a autoridade que, por má-fé ou evidente abuso de poder, tiver determinado a coação.

Parágrafo único. Neste caso, será remetida ao Ministério Público cópia das peças necessárias para ser promovida a responsabilidade da autoridade.

Art. 654. O *habeas corpus* poderá ser impetrado por qualquer pessoa, em seu favor ou de outrem, bem como pelo Ministério Público.

§ 1º A petição de *habeas corpus* conterá:

Veja art. 662, CPP.

a) o nome da pessoa que sofre ou está ameaçada de sofrer violência ou coação e o de quem exercer a violência, coação ou ameaça;

b) a declaração da espécie de constrangimento ou, em caso de simples ameaça de coação, as razões em que funda o seu temor;

c) a assinatura do impetrante, ou de alguém a seu rogo, quando não souber ou não puder escrever, e a designação das respectivas residências.

§ 2º Os juízes e os tribunais têm competência para expedir de ofício ordem de *habeas corpus*, quando no curso de processo verificarem que alguém sofre ou está na iminência de sofrer coação ilegal.

Art. 655. O carcereiro ou o diretor da prisão, o escrivão, o oficial de justiça ou a autoridade judiciária ou policial que embaraçar ou procrastinar a expedição de ordem de *habeas corpus*, as informações sobre a causa da prisão, a

CÓDIGO DE PROCESSO PENAL – ARTS. 655 A 660 | 139

condução e apresentação do paciente, ou a sua soltura, será multado na quantia de duzentos mil-réis a um conto de réis, sem prejuízo das penas em que incorrer. As multas serão impostas pelo juiz do tribunal que julgar o *habeas corpus*, salvo quando se tratar de autoridade judiciária, caso em que caberá ao Supremo Tribunal Federal ou ao Tribunal de Apelação impor as multas.

A expressão "Tribunais de Apelação" foi atualizada para "Tribunais de Justiça".

Art. 656. Recebida a petição de *habeas corpus*, o juiz, se julgar necessário, e estiver preso o paciente, mandará que este lhe seja imediatamente apresentado em dia e hora que designar.

Parágrafo único. Em caso de desobediência, será expedido mandado de prisão contra o detentor, que será processado na forma da lei, e o juiz providenciará para que o paciente seja tirado da prisão e apresentado em juízo.

Veja art. 330, CP.

Art. 657. Se o paciente estiver preso, nenhum motivo escusará a sua apresentação, salvo:

I – grave enfermidade do paciente;

II – não estar ele sob a guarda da pessoa a quem se atribui a detenção;

III – se o comparecimento não tiver sido determinado pelo juiz ou pelo tribunal.

Parágrafo único. O juiz poderá ir ao local em que o paciente se encontrar, se este não puder ser apresentado por motivo de doença.

Art. 658. O detentor declarará à ordem de quem o paciente estiver preso.

Art. 659. Se o juiz ou o tribunal verificar que já cessou a violência ou coação ilegal, julgará prejudicado o pedido.

Veja Súmula n. 695, STF.

Art. 660. Efetuadas as diligências, e interrogado o paciente, o juiz decidirá, fundamentadamente, dentro de 24 (vinte e quatro) horas.

§ 1º Se a decisão for favorável ao paciente, será logo posto em liberdade, salvo se por outro motivo dever ser mantido na prisão.

§ 2º Se os documentos que instruírem a petição evidenciarem a ilegalidade da coação, o juiz ou o tribunal ordenará que cesse imediatamente o constrangimento.

Veja Súmula n. 431, STF.

§ 3º Se a ilegalidade decorrer do fato de não ter sido o paciente admitido a prestar fiança, o juiz arbitrará o valor desta, que poderá ser prestada perante ele, remetendo, neste caso, à autoridade os respectivos autos, para serem anexados aos do inquérito policial ou aos do processo judicial.

§ 4º Se a ordem de *habeas corpus* for concedida para evitar ameaça de violência ou coação ilegal, dar-se-á ao paciente salvo-conduto assinado pelo juiz.

§ 5º Será *incontinenti* enviada cópia da decisão à autoridade que tiver ordenado a prisão ou tiver o paciente à sua disposição, a fim de juntar-se aos autos do processo.

140 | ARTS. 660 A 667 – CÓDIGO DE PROCESSO PENAL

§ 6º Quando o paciente estiver preso em lugar que não seja o da sede do juízo ou do tribunal que conceder a ordem, o alvará de soltura será expedido pelo telégrafo, se houver, observadas as formalidades estabelecidas no art. 289, parágrafo único, *in fine*, ou por via postal.

Art. 661. Em caso de competência originária do Tribunal de Apelação, a petição de *habeas corpus* será apresentada ao secretário, que a enviará imediatamente ao presidente do tribunal, ou da câmara criminal, ou da turma, que estiver reunida, ou primeiro tiver de reunir-se.

A expressão "Tribunais de Apelação" foi atualizada para "Tribunais de Justiça".

Art. 662. Se a petição contiver os requisitos do art. 654, § 1º, o presidente, se necessário, requisitará da autoridade indicada como coatora informações por escrito. Faltando, porém, qualquer daqueles requisitos, o presidente mandará preenchê-lo, logo que lhe for apresentada a petição.

Art. 663. As diligências do artigo anterior não serão ordenadas, se o presidente entender que o *habeas corpus* deva ser indeferido *in limine*. Nesse caso, levará a petição ao tribunal, câmara ou turma, para que delibere a respeito.

Veja Súmula n. 395, STF.

Art. 664. Recebidas as informações, ou dispensadas, o *habeas corpus* será julgado na primeira sessão, podendo, entretanto, adiar-se o julgamento para a sessão seguinte.

Veja Súmula n. 431, STF.

Parágrafo único. A decisão será tomada por maioria de votos. Havendo empate, se o presidente não tiver tomado parte na votação, proferirá voto de desempate; no caso contrário, prevalecerá a decisão mais favorável ao paciente.

Art. 665. O secretário do tribunal lavrará a ordem que, assinada pelo presidente do tribunal, câmara ou turma, será dirigida, por ofício ou telegrama, ao detentor, ao carcereiro ou autoridade que exercer ou ameaçar exercer o constrangimento.

Parágrafo único. A ordem transmitida por telegrama obedecerá ao disposto no art. 289, parágrafo único, *in fine*.

Art. 666. Os regimentos dos Tribunais de Apelação estabelecerão as normas complementares para o processo e julgamento do pedido de *habeas corpus* de sua competência originária.

A expressão "Tribunais de Apelação" foi atualizada para "Tribunais de Justiça".

Art. 667. No processo e julgamento do *habeas corpus* de competência originária do Supremo Tribunal Federal, bem como nos de recurso das decisões de última ou única instância, denegatórias de *habeas corpus*, observar-se-á, no que lhes for aplicável, o disposto nos artigos anteriores, devendo o regimento interno do tribunal estabelecer as regras complementares.

Veja Súmula n. 431, STF.

CÓDIGO DE PROCESSO PENAL – ARTS. 668 A 674 | 141

LIVRO IV
DA EXECUÇÃO

Veja a LEP, que prejudicou os artigos deste Livro.

TÍTULO I
DISPOSIÇÕES GERAIS

Art. 668. A execução, onde não houver juiz especial, incumbirá ao juiz da sentença, ou, se a decisão for do Tribunal do Júri, ao seu presidente.

Parágrafo único. Se a decisão for de tribunal superior, nos casos de sua competência originária, caberá ao respectivo presidente prover-lhe a execução.

Art. 669. Só depois de passar em julgado, será exequível a sentença, salvo:

Veja art. 105, LEP.

I – quando condenatória, para o efeito de sujeitar o réu a prisão, ainda no caso de crime afiançável, enquanto não for prestada a fiança;

II – quando absolutória, para o fim de imediata soltura do réu, desde que não proferida em processo por crime a que a lei comine pena de reclusão, no máximo, por tempo igual ou superior a 8 (oito) anos.

Art. 670. No caso de decisão absolutória confirmada ou proferida em grau de apelação, incumbirá ao relator fazer expedir o alvará de soltura, de que dará imediatamente conhecimento ao juiz de primeira instância.

Art. 671. Os incidentes da execução serão resolvidos pelo respectivo juiz.

Art. 672. Computar-se-á na pena privativa da liberdade o tempo:

I – de prisão preventiva no Brasil ou no estrangeiro;

II – de prisão provisória no Brasil ou no estrangeiro;

III – de internação em hospital ou manicômio.

Art. 673. Verificado que o réu, pendente a apelação por ele interposta, já sofreu prisão por tempo igual ao da pena a que foi condenado, o relator do feito mandará pô-lo imediatamente em liberdade, sem prejuízo do julgamento do recurso, salvo se, no caso de crime a que a lei comine pena de reclusão, no máximo, por tempo igual ou superior a 8 (oito) anos, o querelante ou o Ministério Público também houver apelado da sentença condenatória.

TÍTULO II
DA EXECUÇÃO DAS PENAS EM ESPÉCIE

CAPÍTULO I
DAS PENAS PRIVATIVAS DE LIBERDADE

Veja arts. 105 a 146, LEP.

Art. 674. Transitando em julgado a sentença que impuser pena privativa de liberdade, se o réu já estiver preso, ou vier a ser preso, o juiz ordenará a expedição de carta de guia para o cumprimento da pena.

142 | ARTS. 674 A 681 – CÓDIGO DE PROCESSO PENAL

Parágrafo único. Na hipótese do art. 82, última parte, a expedição da carta de guia será ordenada pelo juiz competente para a soma ou unificação das penas.

Art. 675. No caso de ainda não ter sido expedido mandado de prisão, por tratar-se de infração penal em que o réu se livra solto ou por estar afiançado, o juiz, ou o presidente da câmara ou tribunal, se tiver havido recurso, fará expedir o mandado de prisão, logo que transite em julgado a sentença condenatória.

§ 1º No caso de reformada pela superior instância, em grau de recurso, a sentença absolutória, estando o réu solto, o presidente da câmara ou do tribunal fará, logo após a sessão de julgamento, remeter ao chefe de Polícia o mandado de prisão do condenado.

§ 2º Se o réu estiver em prisão especial, deverá, ressalvado o disposto na legislação relativa aos militares, ser expedida ordem para sua imediata remoção para prisão comum, até que se verifique a expedição de carta de guia para o cumprimento da pena.

Art. 676. A carta de guia, extraída pelo escrivão e assinada pelo juiz, que a rubricará em todas as folhas, será remetida ao diretor do estabelecimento em que tenha de ser cumprida a sentença condenatória, e conterá:

I – o nome do réu e a alcunha por que for conhecido;

II – a sua qualificação civil (naturalidade, filiação, idade, estado, profissão), instrução e, se constar, número do registro geral do Instituto de Identificação e Estatística ou de repartição congênere;

III – o teor integral da sentença condenatória e a data da terminação da pena.

Parágrafo único. Expedida carta de guia para cumprimento de uma pena, se o réu estiver cumprindo outra, só depois de terminada a execução desta será aquela executada. Retificar-se-á a carta de guia sempre que sobrevenha modificação quanto ao início da execução ou ao tempo de duração da pena.

Art. 677. Da carta de guia e seus aditamentos se remeterá cópia ao Conselho Penitenciário.

Art. 678. O diretor do estabelecimento, em que o réu tiver de cumprir a pena, passará recibo da carta de guia para juntar-se aos autos do processo.

Art. 679. As cartas de guia serão registradas em livro especial, segundo a ordem cronológica do recebimento, fazendo-se no curso da execução as anotações necessárias.

Art. 680. Computar-se-á no tempo da pena o período em que o condenado, por sentença irrecorrível, permanecer preso em estabelecimento diverso do destinado ao cumprimento dela.

Art. 681. Se impostas cumulativamente penas privativas da liberdade, será executada primeiro a de reclusão, depois a de detenção e por último a de prisão simples.

CÓDIGO DE PROCESSO PENAL – ARTS. 682 A 687 | 143

Art. 682. O sentenciado a que sobrevier doença mental, verificada por perícia médica, será internado em manicômio judiciário, ou, à falta, em outro estabelecimento adequado, onde lhe seja assegurada a custódia.

Veja art. 154, CPP.

§ 1º Em caso de urgência, o diretor do estabelecimento penal poderá determinar a remoção do sentenciado, comunicando imediatamente a providência ao juiz, que, em face da perícia médica, ratificará ou revogará a medida.

§ 2º Se a internação se prolongar até o término do prazo restante da pena e não houver sido imposta medida de segurança detentiva, o indivíduo terá o destino aconselhado pela sua enfermidade, feita a devida comunicação ao juiz de incapazes.

Art. 683. O diretor da prisão a que o réu tiver sido recolhido provisoriamente ou em cumprimento de pena comunicará imediatamente ao juiz o óbito, a fuga ou a soltura do detido ou sentenciado para que fique constando dos autos.

Parágrafo único. A certidão de óbito acompanhará a comunicação.

Art. 684. A recaptura do réu evadido não depende de prévia ordem judicial e poderá ser efetuada por qualquer pessoa.

Art. 685. Cumprida ou extinta a pena, o condenado será posto, imediatamente, em liberdade, mediante alvará do juiz, no qual se ressalvará a hipótese de dever o condenado continuar na prisão por outro motivo legal.

Parágrafo único. Se tiver sido imposta medida de segurança detentiva, o condenado será removido para estabelecimento adequado (art. 762).

Veja arts. 96 a 99, CP.

CAPÍTULO II
DAS PENAS PECUNIÁRIAS

Veja arts. 164 a 170, LEP.

Art. 686. A pena de multa será paga dentro em 10 (dez) dias após haver transitado em julgado a sentença que a impuser.

Parágrafo único. Se interposto recurso da sentença, esse prazo será contado do dia em que o juiz ordenar o cumprimento da decisão da superior instância.

Art. 687. O juiz poderá, desde que o condenado o requeira:

I – prorrogar o prazo do pagamento da multa até 3 (três) meses, se as circunstâncias justificarem essa prorrogação;

II – permitir, nas mesmas circunstâncias, que o pagamento se faça em parcelas mensais, no prazo que fixar, mediante caução real ou fidejussória, quando necessário.

Inciso com redação dada pela Lei n. 6.416, de 24.05.1977.

§ 1º O requerimento, tanto no caso do n. I, como no do n. II, será feito dentro do decêndio concedido para o pagamento da multa.

144 | ARTS. 687 A 689 – CÓDIGO DE PROCESSO PENAL

§ 2º A permissão para o pagamento em parcelas será revogada, se o juiz verificar que o condenado dela se vale para fraudar a execução da pena. Nesse caso, a caução resolver-se-á em valor monetário, devolvendo-se ao condenado o que exceder à satisfação da multa e das custas processuais.

Parágrafo com redação dada pela Lei n. 6.416, de 24.05.1977.

Art. 688. Findo o decêndio ou a prorrogação sem que o condenado efetue o pagamento, ou ocorrendo a hipótese prevista no § 2º do artigo anterior, observar-se-á o seguinte:

Veja art. 720, CPP.

I – possuindo o condenado bens sobre os quais possa recair a execução, será extraída certidão da sentença condenatória, a fim de que o Ministério Público proceda à cobrança judicial;

II – sendo o condenado insolvente, far-se-á a cobrança:

a) mediante desconto de quarta parte de sua remuneração (arts. 29, § 1º, e 37 do Código Penal), quando cumprir pena privativa da liberdade, cumulativamente imposta com a de multa;

As referências atuais dos antigos arts. 29, § 1º, e 37 são os arts. 34, § 1º, e 50, CP.

b) mediante desconto em seu vencimento ou salário, se, cumprida a pena privativa da liberdade, ou concedido o livramento condicional, a multa não houver sido resgatada;

c) mediante esse desconto, se a multa for a única pena imposta ou no caso de suspensão condicional da pena.

§ 1º O desconto, nos casos das letras *b* e *c*, será feito mediante ordem ao empregador, à repartição competente ou à administração da entidade paraestatal, e, antes de fixá-lo, o juiz requisitará informações e ordenará diligências, inclusive arbitramento, quando necessário, para observância do art. 37, § 3º, do Código Penal.

A referência atual do antigo art. 37, § 3º, é o art. 50, § 2º, CP.

§ 2º Sob pena de desobediência e sem prejuízo da execução a que ficará sujeito, o empregador será intimado a recolher mensalmente, até o dia fixado pelo juiz, a importância correspondente ao desconto, em selo penitenciário, que será inutilizado nos autos pelo juiz.

Veja art. 330, CP.

§ 3º Se o condenado for funcionário estadual ou municipal ou empregado de entidade paraestatal, a importância do desconto será, semestralmente, recolhida ao Tesouro Nacional, delegacia fiscal ou coletoria federal, como receita do selo penitenciário.

§ 4º As quantias descontadas em folha de pagamento de funcionário federal constituirão renda do selo penitenciário.

Art. 689. A multa será convertida, à razão de dez mil-réis por dia, em detenção ou prisão simples, no caso de crime ou de contravenção:

I – se o condenado solvente frustrar o pagamento da multa;

II – se não forem pagas pelo condenado solvente as parcelas mensais autorizadas sem garantia.

CÓDIGO DE PROCESSO PENAL – ARTS. 689 A 694 | 145

Inciso com redação dada pela Lei n. 6.416, de 24.05.1977.

§ 1º Se o juiz reconhecer desde logo a existência de causa para a conversão, a ela procederá de ofício ou a requerimento do Ministério Público, independentemente de audiência do condenado; caso contrário, depois de ouvir o condenado, se encontrado no lugar da sede do juízo, poderá admitir a apresentação de prova pelas partes, inclusive testemunhal, no prazo de 3 (três) dias.

§ 2º O juiz, desde que transite em julgado a decisão, ordenará a expedição de mandado de prisão ou aditamento à carta de guia, conforme esteja o condenado solto ou em cumprimento de pena privativa da liberdade.

§ 3º Na hipótese do inciso II deste artigo, a conversão será feita pelo valor das parcelas não pagas.

Parágrafo acrescentado pela Lei n. 6.416, de 24.05.1977.

Veja art. 51, CP.

Art. 690. O juiz tornará sem efeito a conversão, expedindo alvará de soltura ou cassando a ordem de prisão, se o condenado, em qualquer tempo:

I – pagar a multa;

II – prestar caução real ou fidejussória que lhe assegure o pagamento.

Parágrafo único. No caso do n. II, antes de homologada a caução, será ouvido o Ministério Público dentro do prazo de 2 (dois) dias.

Veja art. 51, CP.

CAPÍTULO III
DAS PENAS ACESSÓRIAS

A nova Parte Geral do Código Penal extinguiu as penas acessórias.

Veja art. 373, § 2º, CPP.

Art. 691. O juiz dará à autoridade administrativa competente conhecimento da sentença transitada em julgado, que impuser ou de que resultar a perda da função pública ou a incapacidade temporária para investidura em função pública ou para exercício de profissão ou atividade.

Art. 692. No caso de incapacidade temporária ou permanente para o exercício do pátrio poder, da tutela ou da curatela, o juiz providenciará para que sejam acautelados, no juízo competente, a pessoa e os bens do menor ou do interdito.

De acordo com o CC/2002 e o ECA, a expressão "pátrio poder" foi atualizada para "poder familiar".

Art. 693. A incapacidade permanente ou temporária para o exercício da autoridade marital ou do pátrio poder será averbada no registro civil.

De acordo com o CC/2002 e o ECA, a expressão "pátrio poder" foi atualizada para "poder familiar".

Art. 694. As penas acessórias consistentes em interdições de direitos serão comunicadas ao Instituto de Identificação e Estatística ou estabelecimento congênere, figurarão na folha de antecedentes do condenado e serão mencionadas no rol de culpados.

146 | ARTS. 695 A 698 – CÓDIGO DE PROCESSO PENAL

Art. 695. Iniciada a execução das interdições temporárias (art. 72, *a* e *b*, do Código Penal), o juiz, de ofício, a requerimento do Ministério Público ou do condenado, fixará o seu termo final, completando as providências determinadas nos artigos anteriores.

Não há dispositivo na redação atual da Parte Geral que corresponda ao antigo art. 72, *a* e *b*, CP.

TÍTULO III
DOS INCIDENTES DA EXECUÇÃO

CAPÍTULO I
DA SUSPENSÃO CONDICIONAL DA PENA

Veja arts. 77 a 82, CP.

Veja arts. 156 a 163, LEP.

Art. 696. O juiz poderá suspender, por tempo não inferior a 2 (dois) nem superior a 6 (seis) anos, a execução das penas de reclusão e de detenção que não excedam a 2 (dois) anos, ou, por tempo não inferior a 1 (um) nem superior a 3 (três) anos, a execução da pena de prisão simples, desde que o sentenciado:

Caput com redação dada pela Lei n. 6.416, de 24.05.1977.

I – não haja sofrido, no País ou no estrangeiro, condenação irrecorrível por outro crime a pena privativa da liberdade, salvo o disposto no parágrafo único do art. 46 do Código Penal;

Inciso com redação dada pela Lei n. 6.416, de 24.05.1977.

A referência atual do antigo art. 46, parágrafo único, é o art. 64, I, CP.

II – os antecedentes e a personalidade do sentenciado, os motivos e as circunstâncias do crime autorizem a presunção de que não tornará a delinquir.

Parágrafo único. Processado o beneficiário por outro crime ou contravenção, considerar-se-á prorrogado o prazo da suspensão da pena até o julgamento definitivo.

Art. 697. O juiz ou tribunal, na decisão que aplicar pena privativa da liberdade não superior a 2 (dois) anos, deverá pronunciar-se, motivadamente, sobre a suspensão condicional, quer a conceda quer a denegue.

Artigo com redação dada pela Lei n. 6.416, de 24.05.1977.

Art. 698. Concedida a suspensão, o juiz especificará as condições a que fica sujeito o condenado, pelo prazo previsto, começando este a correr da audiência em que se der conhecimento da sentença ao beneficiário e lhe for entregue documento similar ao descrito no art. 724.

Caput com redação dada pela Lei n. 6.416, de 24.05.1977.

Veja art. 718, CPP.

§ 1º As condições serão adequadas ao delito e à personalidade do condenado.

Parágrafo acrescentado pela Lei n. 6.416, de 24.05.1977.

Veja art. 718, CPP.

CÓDIGO DE PROCESSO PENAL – ARTS. 698 A 700 | 147

§ 2º Poderão ser impostas, além das estabelecidas no art. 767, como normas de conduta e obrigações, as seguintes condições:

Parágrafo acrescentado pela Lei n. 6.416, de 24.05.1977.

Veja art. 718, CPP.

I – frequentar curso de habilitação profissional ou de instrução escolar;

Inciso acrescentado pela Lei n. 6.416, de 24.05.1977.

II – prestar serviços em favor da comunidade;

Inciso acrescentado pela Lei n. 6.416, de 24.05.1977.

III – atender aos encargos de família;

Inciso acrescentado pela Lei n. 6.416, de 24.05.1977.

IV – submeter-se a tratamento de desintoxicação.

Inciso acrescentado pela Lei n. 6.416, de 24.05.1977.

§ 3º O juiz poderá fixar, a qualquer tempo, de ofício ou a requerimento do Ministério Público, outras condições além das especificadas na sentença e das referidas no parágrafo anterior, desde que as circunstâncias o aconselhem.

Parágrafo acrescentado pela Lei n. 6.416, de 24.05.1977.

§ 4º A fiscalização do cumprimento das condições deverá ser regulada, nos Estados, Territórios e Distrito Federal, por normas supletivas e atribuída a serviço social penitenciário, patronato, conselho de comunidade ou entidades similares, inspecionadas pelo Conselho Penitenciário, pelo Ministério Público ou ambos, devendo o juiz da execução na comarca suprir, por ato, a falta das normas supletivas.

Parágrafo acrescentado pela Lei n. 6.416, de 24.05.1977.

§ 5º O beneficiário deverá comparecer periodicamente à entidade fiscalizadora, para comprovar a observância das condições a que está sujeito, comunicando, também, a sua ocupação, os salários ou proventos de que vive, as economias que conseguiu realizar e as dificuldades materiais ou sociais que enfrenta.

Parágrafo acrescentado pela Lei n. 6.416, de 24.05.1977.

Veja art. 718, CPP.

§ 6º A entidade fiscalizadora deverá comunicar imediatamente ao órgão de inspeção, para os fins legais (arts. 730 e 731), qualquer fato capaz de acarretar a revogação do benefício, a prorrogação do prazo ou a modificação das condições.

Parágrafo acrescentado pela Lei n. 6.416, de 24.05.1977.

§ 7º Se for permitido ao beneficiário mudar-se, será feita comunicação ao juiz e à entidade fiscalizadora do local da nova residência, aos quais deverá apresentar-se imediatamente.

Parágrafo acrescentado pela Lei n. 6.416, de 24.05.1977.

Art. 699. No caso de condenação pelo Tribunal do Júri, a suspensão condicional da pena competirá ao seu presidente.

Art. 700. A suspensão não compreende a multa, as penas acessórias, os efeitos da condenação nem as custas.

148 | ARTS. 701 A 709 – CÓDIGO DE PROCESSO PENAL

Art. 701. O juiz, ao conceder a suspensão, fixará, tendo em conta as condições econômicas ou profissionais do réu, o prazo para o pagamento, integral ou em prestações, das custas do processo e taxa penitenciária.

Art. 702. Em caso de coautoria, a suspensão poderá ser concedida a uns e negada a outros réus.

Art. 703. O juiz que conceder a suspensão lerá ao réu, em audiência, a sentença respectiva, e o advertirá das consequências de nova infração penal e da transgressão das obrigações impostas.

Veja art. 705, CPP.

Art. 704. Quando for concedida a suspensão pela superior instância, a esta caberá estabelecer-lhe as condições, podendo a audiência ser presidida por qualquer membro do tribunal ou câmara, pelo juiz do processo ou por outro designado pelo presidente do tribunal ou câmara.

Art. 705. Se, intimado pessoalmente ou por edital com prazo de 20 (vinte) dias, o réu não comparecer à audiência a que se refere o art. 703, a suspensão ficará sem efeito e será executada imediatamente a pena, salvo prova de justo impedimento, caso em que será marcada nova audiência.

Art. 706. A suspensão também ficará sem efeito se, em virtude de recurso, for aumentada a pena de modo que exclua a concessão do benefício.

Artigo com redação dada pela Lei n. 6.416, de 24.05.1977.

Art. 707. A suspensão será revogada se o beneficiário:

Caput com redação dada pela Lei n. 6.416, de 24.05.1977.

I – é condenado, por sentença irrecorrível, a pena privativa da liberdade;

Inciso com redação dada pela Lei n. 6.416, de 24.05.1977.

II – frustra, embora solvente, o pagamento da multa, ou não efetua, sem motivo justificado, a reparação do dano.

Inciso com redação dada pela Lei n. 6.416, de 24.05.1977.

Parágrafo único. O juiz poderá revogar a suspensão, se o beneficiário deixa de cumprir qualquer das obrigações constantes da sentença, de observar proibições inerentes à pena acessória, ou é irrecorrivelmente condenado a pena que não seja privativa da liberdade; se não a revogar, deverá advertir o beneficiário, ou exacerbar as condições ou, ainda, prorrogar o período da suspensão até o máximo, se esse limite não foi o fixado.

Parágrafo com redação dada pela Lei n. 6.416, de 24.05.1977.

Art. 708. Expirado o prazo de suspensão ou a prorrogação, sem que tenha ocorrido motivo de revogação, a pena privativa de liberdade será declarada extinta.

Parágrafo único. O juiz, quando julgar necessário, requisitará, antes do julgamento, nova folha de antecedentes do beneficiário.

Art. 709. A condenação será inscrita, com a nota de suspensão, em livros especiais do Instituto de Identificação e Estatística, ou repartição congênere, averbando-se, mediante comunicação do juiz ou do tribunal, a revogação da suspensão ou a extinção da pena. Em caso de revogação, será feita a averbação definitiva no registro geral.

CÓDIGO DE PROCESSO PENAL – ARTS. 709 A 714 | 149

§ 1º Nos lugares onde não houver Instituto de Identificação e Estatística ou repartição congênere, o registro e a averbação serão feitos em livro próprio no juízo ou no tribunal.

§ 2º O registro será secreto, salvo para efeito de informações requisitadas por autoridade judiciária, no caso de novo processo.

§ 3º Não se aplicará o disposto no § 2º, quando houver sido imposta ou resultar de condenação pena acessória consistente em interdição de direitos.

CAPÍTULO II
DO LIVRAMENTO CONDICIONAL

Veja arts. 83 a 90, CP.

Veja arts. 131 a 146, LEP.

Art. 710. O livramento condicional poderá ser concedido ao condenado a pena privativa da liberdade igual ou superior a 2 (dois) anos, desde que se verifiquem as condições seguintes:

Caput com redação dada pela Lei n. 6.416, de 24.05.1977.

I – cumprimento de mais da metade da pena, ou mais de três quartos, se reincidente o sentenciado;

Inciso com redação dada pela Lei n. 6.416, de 24.05.1977.

Veja art. 717, CPP.

II – ausência ou cessação de periculosidade;

III – bom comportamento durante a vida carcerária;

IV – aptidão para prover à própria subsistência mediante trabalho honesto;

V – reparação do dano causado pela infração, salvo impossibilidade de fazê-lo.

Inciso com redação dada pela Lei n. 6.416, de 24.05.1977.

Art. 711. As penas que correspondem a infrações diversas podem somar-se, para efeito do livramento.

Artigo com redação dada pela Lei n. 6.416, de 24.05.1977.

Art. 712. O livramento condicional poderá ser concedido mediante requerimento do sentenciado, de seu cônjuge ou de parente em linha reta, ou por proposta do diretor do estabelecimento penal, ou por iniciativa do Conselho Penitenciário.

Caput com redação dada pelo DL n. 6.109, de 16.12.1943.

Parágrafo único. No caso do artigo anterior, a concessão do livramento competirá ao juiz da execução da pena que o condenado estiver cumprindo.

Art. 713. As condições de admissibilidade, conveniência e oportunidade da concessão do livramento serão verificadas pelo Conselho Penitenciário, a cujo parecer não ficará, entretanto, adstrito o juiz.

Art. 714. O diretor do estabelecimento penal remeterá ao Conselho Penitenciário minucioso relatório sobre:

150 | ARTS. 714 A 718 – CÓDIGO DE PROCESSO PENAL

I – o caráter do sentenciado, revelado pelos seus antecedentes e conduta na prisão;

II – o procedimento do liberando na prisão, sua aplicação ao trabalho e seu trato com os companheiros e funcionários do estabelecimento;

III – suas relações, quer com a família, quer com estranhos;

IV – seu grau de instrução e aptidão profissional, com a indicação dos serviços em que haja sido empregado e da especialização anterior ou adquirida na prisão;

V – sua situação financeira, e seus propósitos quanto ao seu futuro meio de vida, juntando o diretor, quando dada por pessoa idônea, promessa escrita de colocação do liberando, com indicação do serviço e do salário.

Parágrafo único. O relatório será, dentro do prazo de 15 (quinze) dias, remetido ao Conselho, com o prontuário do sentenciado, e, na falta, o Conselho opinará livremente, comunicando à autoridade competente a omissão do diretor da prisão.

Art. 715. Se tiver sido imposta medida de segurança detentiva, o livramento não poderá ser concedido sem que se verifique, mediante exame das condições do sentenciado, a cessação da periculosidade.

Veja arts. 96 a 99, CP.

Veja Lei n. 7.209, de 11.07.1984, que prejudicou o artigo.

Parágrafo único. Consistindo a medida de segurança em internação em casa de custódia e tratamento, proceder-se-á a exame mental do sentenciado.

Art. 716. A petição ou a proposta de livramento será remetida ao juiz ou ao tribunal por ofício do presidente do Conselho Penitenciário, com a cópia do respectivo parecer e do relatório do diretor da prisão.

§ 1º Para emitir parecer, o Conselho poderá determinar diligências e requisitar os autos do processo.

§ 2º O juiz ou o tribunal mandará juntar a petição ou a proposta, com o ofício ou documento que a acompanhar, aos autos do processo, e proferirá sua decisão, previamente ouvido o Ministério Público.

Art. 717. Na ausência da condição prevista no art. 710, I, o requerimento será liminarmente indeferido.

Artigo com redação dada pela Lei n. 6.416, de 24.05.1977.

Art. 718. Deferido o pedido, o juiz, ao especificar as condições a que ficará subordinado o livramento, atenderá ao disposto no art. 698, §§ 1º, 2º e 5º.

Caput com redação dada pela Lei n. 6.416, de 24.05.1977.

§ 1º Se for permitido ao liberado residir fora da jurisdição do juiz da execução, remeter-se-á cópia da sentença do livramento à autoridade judiciária do lugar para onde ele se houver transferido, e à entidade de observação cautelar e proteção.

Parágrafo com redação dada pela Lei n. 6.416, de 24.05.1977.

CÓDIGO DE PROCESSO PENAL – ARTS. 718 A 724 | 151

§ 2º O liberado será advertido da obrigação de apresentar-se imediatamente à autoridade judiciária e à entidade de observação cautelar e proteção.

Parágrafo com redação dada pela Lei n. 6.416, de 24.05.1977.

Art. 719. O livramento ficará também subordinado à obrigação de pagamento das custas do processo e da taxa penitenciária, salvo caso de insolvência comprovada.

Parágrafo único. O juiz poderá fixar o prazo para o pagamento integral ou em prestações, tendo em consideração as condições econômicas ou profissionais do liberado.

Art. 720. A forma de pagamento da multa, ainda não paga pelo liberando, será determinada de acordo com o disposto no art. 688.

Art. 721. Reformada a sentença denegatória do livramento, os autos baixarão ao juiz da primeira instância, a fim de que determine as condições que devam ser impostas ao liberando.

Art. 722. Concedido o livramento, será expedida carta de guia, com a cópia integral da sentença em duas vias, remetendo-se uma ao diretor do estabelecimento penal e outra ao presidente do Conselho Penitenciário.

Art. 723. A cerimônia do livramento condicional será realizada solenemente, em dia marcado pela autoridade que deva presidi-la, observando-se o seguinte:

I – a sentença será lida ao liberando, na presença dos demais presos, salvo motivo relevante, pelo presidente do Conselho Penitenciário, ou pelo seu representante junto ao estabelecimento penal, ou, na falta, pela autoridade judiciária local;

Veja art. 731, CPP.

II – o diretor do estabelecimento penal chamará a atenção do liberando para as condições impostas na sentença de livramento;

Veja art. 731, CPP.

III – o preso declarará se aceita as condições.

Veja art. 731, CPP.

§ 1º De tudo, em livro próprio, se lavrará termo, subscrito por quem presidir a cerimônia, e pelo liberando, ou alguém a seu rogo, se não souber ou não puder escrever.

Veja art. 731, CPP.

§ 2º Desse termo, se remeterá cópia ao juiz do processo.

Veja art. 731, CPP.

Art. 724. Ao sair da prisão o liberado, ser-lhe-á entregue, além do saldo do seu pecúlio e do que lhe pertencer, uma caderneta que exibirá à autoridade judiciária ou administrativa sempre que lhe for exigido. Essa caderneta conterá:

Veja art. 698, CPP.

I – a reprodução da ficha de identidade, ou o retrato do liberado, sua qualificação e sinais característicos;

152 | ARTS. 724 A 729 – CÓDIGO DE PROCESSO PENAL

II – o texto impresso dos artigos do presente capítulo;

III – as condições impostas ao liberado;

IV – a pena acessória a que esteja sujeito.

Inciso acrescentado pela Lei n. 6.416, de 24.05.1977.

§ 1º Na falta de caderneta, será entregue ao liberado um salvo-conduto, em que constem as condições do livramento e a pena acessória, podendo substituir-se a ficha de identidade ou o retrato do liberado pela descrição dos sinais que possam identificá-lo.

Parágrafo acrescentado pela Lei n. 6.416, de 24.05.1977.

§ 2º Na caderneta e no salvo-conduto deve haver espaço para consignar o cumprimento das condições referidas no art. 718.

Parágrafo acrescentado pela Lei n. 6.416, de 24.05.1977.

Art. 725. A observação cautelar e proteção realizadas por serviço social penitenciário, patronato, conselho de comunidade ou entidades similares, terá a finalidade de:

Caput com redação dada pela Lei n. 6.416, de 24.05.1977.

I – fazer observar o cumprimento da pena acessória, bem como das condições especificadas na sentença concessiva do benefício;

Inciso com redação dada pela Lei n. 6.416, de 24.05.1977.

II – proteger o beneficiário, orientando-o na execução de suas obrigações e auxiliando-o na obtenção de atividade laborativa.

Inciso com redação dada pela Lei n. 6.416, de 24.05.1977.

Parágrafo único. As entidades encarregadas de observação cautelar e proteção do liberado apresentarão relatório ao Conselho Penitenciário, para efeito da representação prevista nos arts. 730 e 731.

Parágrafo com redação dada pela Lei n. 6.416, de 24.05.1977.

Art. 726. Revogar-se-á o livramento condicional, se o liberado vier, por crime ou contravenção, a ser condenado por sentença irrecorrível a pena privativa de liberdade.

Art. 727. O juiz pode, também, revogar o livramento, se o liberado deixar de cumprir qualquer das obrigações constantes da sentença, de observar proibições inerentes à pena acessória ou for irrecorrivelmente condenado, por crime, à pena que não seja privativa da liberdade.

Caput com redação dada pela Lei n. 6.416, de 24.05.1977.

Parágrafo único. Se o juiz não revogar o livramento, deverá advertir o liberado ou exacerbar as condições.

Parágrafo acrescentado pela Lei n. 6.416, de 24.05.1977.

Art. 728. Se a revogação for motivada por infração penal anterior à vigência do livramento, computar-se-á no tempo da pena o período em que esteve solto o liberado, sendo permitida, para a concessão de novo livramento, a soma do tempo das duas penas.

Art. 729. No caso de revogação por outro motivo, não se computará na pena o tempo em que esteve solto o liberado, e tampouco se concederá, em relação à mesma pena, novo livramento.

CÓDIGO DE PROCESSO PENAL – ARTS. 730 A 736 | 153

Art. 730. A revogação do livramento será decretada mediante representação do Conselho Penitenciário, ou a requerimento do Ministério Público, ou de ofício, pelo juiz, que, antes, ouvirá o liberado, podendo ordenar diligências e permitir a produção de prova, no prazo de 5 (cinco) dias.

Artigo com redação dada pela Lei n. 6.416, de 24.05.1977.

Veja arts. 698, § 6º, e 725, parágrafo único, CPP.

Art. 731. O juiz, de ofício, a requerimento do Ministério Público, ou mediante representação do Conselho Penitenciário, poderá modificar as condições ou normas de conduta especificadas na sentença, devendo a respectiva decisão ser lida ao liberado por uma das autoridades ou por um dos funcionários indicados no inciso I do art. 723, observado o disposto nos incisos II e III, e §§ 1º e 2º do mesmo artigo.

Artigo com redação dada pela Lei n. 6.416, de 24.05.1977.

Veja arts. 698, § 6º, e 725, parágrafo único, CPP.

Art. 732. Praticada pelo liberado nova infração, o juiz ou o tribunal poderá ordenar a sua prisão, ouvido o Conselho Penitenciário, suspendendo o curso do livramento condicional, cuja revogação ficará, entretanto, dependendo da decisão final no novo processo.

Art. 733. O juiz, de ofício, ou a requerimento do interessado, do Ministério Público, ou do Conselho Penitenciário, julgará extinta a pena privativa de liberdade, se expirar o prazo do livramento sem revogação, ou na hipótese do artigo anterior, for o liberado absolvido por sentença irrecorrível.

TÍTULO IV
DA GRAÇA, DO INDULTO, DA ANISTIA E DA REABILITAÇÃO

CAPÍTULO I
DA GRAÇA, DO INDULTO E DA ANISTIA

Veja art. 84, XII, CF.

Veja arts. 187 a 193, LEP.

Art. 734. A graça poderá ser provocada por petição do condenado, de qualquer pessoa do povo, do Conselho Penitenciário, ou do Ministério Público, ressalvada, entretanto, ao Presidente da República, a faculdade de concedê-la espontaneamente.

Art. 735. A petição de graça, acompanhada dos documentos com que o impetrante a instruir, será remetida ao Ministro da Justiça por intermédio do Conselho Penitenciário.

Art. 736. O Conselho Penitenciário, à vista dos autos do processo, e depois de ouvir o diretor do estabelecimento penal a que estiver recolhido o condenado, fará, em relatório, a narração do fato criminoso, examinará as provas, mencionará qualquer formalidade ou circunstância omitida na petição e exporá os antecedentes do condenado e seu procedimento depois de preso, opinando sobre o mérito do pedido.

Art. 737. Processada no Ministério da Justiça, com os documentos e o relatório do Conselho Penitenciário, a petição subirá a despacho do Presidente da República, a quem serão presentes os autos do processo ou a certidão de qualquer de suas peças, se ele o determinar.

Art. 738. Concedida a graça e junta aos autos cópia do decreto, o juiz declarará extinta a pena ou penas, ou ajustará a execução aos termos do decreto, no caso de redução ou comutação de pena.

Veja art. 741, CPP.

Art. 739. O condenado poderá recusar a comutação da pena.

Art. 740. Os autos da petição de graça serão arquivados no Ministério da Justiça.

Art. 741. Se o réu for beneficiado por indulto, o juiz, de ofício ou a requerimento do interessado, do Ministério Público ou por iniciativa do Conselho Penitenciário, providenciará de acordo com o disposto no art. 738.

Art. 742. Concedida a anistia após transitar em julgado a sentença condenatória, o juiz, de ofício ou a requerimento do interessado, do Ministério Público ou por iniciativa do Conselho Penitenciário, declarará extinta a pena.

CAPÍTULO II
DA REABILITAÇÃO

Veja arts. 93 a 95, CP.

Art. 743. A reabilitação será requerida ao juiz da condenação, após o decurso de 4 (quatro) ou 8 (oito) anos, pelo menos, conforme se trate de condenado ou reincidente, contados do dia em que houver terminado a execução da pena principal ou da medida de segurança detentiva, devendo o requerente indicar as comarcas em que haja residido durante aquele tempo.

O correto parece ser "condenado primário ou reincidente" em vez de "condenado ou reincidente".

Art. 744. O requerimento será instruído com:

I – certidões comprobatórias de não ter o requerente respondido, nem estar respondendo a processo penal, em qualquer das comarcas em que houver residido durante o prazo a que se refere o artigo anterior;

II – atestados de autoridades policiais ou outros documentos que comprovem ter residido nas comarcas indicadas e mantido, efetivamente, bom comportamento;

III – atestados de bom comportamento fornecidos por pessoas a cujo serviço tenha estado;

IV – quaisquer outros documentos que sirvam como prova de sua regeneração;

V – prova de haver ressarcido o dano causado pelo crime ou persistir a impossibilidade de fazê-lo.

Art. 745. O juiz poderá ordenar as diligências necessárias para apreciação do pedido, cercando-as do sigilo possível e, antes da decisão final, ouvirá o Ministério Público.

CÓDIGO DE PROCESSO PENAL – ARTS. 746 A 753 | 155

Art. 746. Da decisão que conceder a reabilitação haverá recurso de ofício.
Veja Súmula n. 423, STF.

Art. 747. A reabilitação, depois de sentença irrecorrível, será comunicada ao Instituto de Identificação e Estatística ou repartição congênere.

Art. 748. A condenação ou condenações anteriores não serão mencionadas na folha de antecedentes do reabilitado, nem em certidão extraída dos livros do juízo, salvo quando requisitadas por juiz criminal.

Art. 749. Indeferida a reabilitação, o condenado não poderá renovar o pedido senão após o decurso de 2 (dois) anos, salvo se o indeferimento tiver resultado de falta ou insuficiência de documentos.

Art. 750. A revogação de reabilitação (Código Penal, art. 120) será decretada pelo juiz, de ofício ou a requerimento do Ministério Público.
A referência atual do antigo art. 120 é o art. 95, CP.

TÍTULO V
DA EXECUÇÃO DAS MEDIDAS DE SEGURANÇA
Veja arts. 171 a 179, LEP.

Art. 751. Durante a execução da pena ou durante o tempo em que a ela se furtar o condenado, poderá ser imposta medida de segurança, se:
Veja arts. 754 e 755, CPP.

I – o juiz ou o tribunal, na sentença:

a) omitir sua decretação, nos casos de periculosidade presumida;
Veja art. 756, CPP.

b) deixar de aplicá-la ou de excluí-la expressamente;
Veja art. 756, CPP.

c) declarar os elementos constantes do processo insuficientes para a imposição ou exclusão da medida e ordenar indagações para a verificação da periculosidade do condenado;
Veja art. 757, CPP.

II – tendo sido, expressamente, excluída na sentença a periculosidade do condenado, novos fatos demonstrarem ser ele perigoso.
Veja art. 757, CPP.

Art. 752. Poderá ser imposta medida de segurança, depois de transitar em julgado a sentença, ainda quando não iniciada a execução da pena, por motivo diverso de fuga ou ocultação do condenado:
Veja arts. 754, 755 e 757, CPP.

I – no caso da letra *a* do n. I do artigo anterior, bem como no da letra *b*, se tiver sido alegada a periculosidade;
Veja art. 756, CPP.

II – no caso da letra *c* do n. I do mesmo artigo.

Art. 753. Ainda depois de transitar em julgado a sentença absolutória, poderá ser imposta a medida de segurança, enquanto não decorrido tempo equivalente ao da sua duração mínima, a indivíduo que a lei presuma perigoso.

156 | ARTS. 753 A 762 – CÓDIGO DE PROCESSO PENAL

Veja arts. 754, 755 e 759, CPP.

Art. 754. A aplicação da medida de segurança, nos casos previstos nos arts. 751 e 752, competirá ao juiz da execução da pena, e, no caso do art. 753, ao juiz da sentença.

Art. 755. A imposição da medida de segurança, nos casos dos arts. 751 a 753, poderá ser decretada de ofício ou a requerimento do Ministério Público.

Parágrafo único. O diretor do estabelecimento penal, que tiver conhecimento de fatos indicativos da periculosidade do condenado a quem não tenha sido imposta medida de segurança, deverá logo comunicá-los ao juiz.

Art. 756. Nos casos do n. I, *a* e *b*, do art. 751, e n. I do art. 752, poderá ser dispensada nova audiência do condenado.

Art. 757. Nos casos do n. I, *c*, e n. II do art. 751 e n. II do art. 752, o juiz, depois de proceder às diligências que julgar convenientes, ouvirá o Ministério Público e concederá ao condenado o prazo de 3 (três) dias para alegações, devendo a prova requerida ou reputada necessária pelo juiz ser produzida dentro em 10 (dez) dias.

Veja arts. 760 e 774, CPP.

§ 1º O juiz nomeará defensor ao condenado que o requerer.

§ 2º Se o réu estiver foragido, o juiz procederá às diligências que julgar convenientes, concedendo o prazo de provas, quando requerido pelo Ministério Público.

§ 3º Findo o prazo de provas, o juiz proferirá a sentença dentro de 3 (três) dias.

Art. 758. A execução da medida de segurança incumbirá ao juiz da execução da sentença.

Art. 759. No caso do art. 753, o juiz ouvirá o curador já nomeado ou que então nomear, podendo mandar submeter o condenado a exame mental, internando-o, desde logo, em estabelecimento adequado.

Art. 760. Para a verificação da periculosidade, no caso do § 3º do art. 78 do Código Penal, observar-se-á o disposto no art. 757, no que for aplicável.

Não há dispositivo na redação atual da Parte Geral que corresponda ao antigo art. 78, § 3º, CP.

Art. 761. Para a providência determinada no art. 84, § 2º, do Código Penal, se as sentenças forem proferidas por juízes diferentes, será competente o juiz que tiver sentenciado por último ou a autoridade de jurisdição prevalente no caso do art. 82.

Não há dispositivo na redação atual da Parte Geral que corresponda aos antigos arts. 82 e 84, § 2º, CP.

Art. 762. A ordem de internação, expedida para executar-se medida de segurança detentiva, conterá:

Veja art. 685, parágrafo único, CPP.

I – a qualificação do internando;

II – o teor da decisão que tiver imposto a medida de segurança;

CÓDIGO DE PROCESSO PENAL – ARTS. 762 A 770 | 157

III – a data em que terminará o prazo mínimo da internação.

Art. 763. Se estiver solto o internando, expedir-se-á mandado de captura, que será cumprido por oficial de justiça ou por autoridade policial.

Art. 764. O trabalho nos estabelecimentos referidos no art. 88, § 1º, III, do Código Penal, será educativo e remunerado, de modo que assegure ao internado meios de subsistência, quando cessar a internação.

Não há dispositivo na redação atual da Parte Geral que corresponda ao antigo art. 88, § 1º, III, CP.

§ 1º O trabalho poderá ser praticado ao ar livre.

§ 2º Nos outros estabelecimentos, o trabalho dependerá das condições pessoais do internado.

Art. 765. A quarta parte do salário caberá ao Estado ou, no Distrito Federal e nos Territórios, à União, e o restante será depositado em nome do internado ou, se este preferir, entregue à sua família.

Art. 766. A internação das mulheres será feita em estabelecimento próprio ou em seção especial.

Art. 767. O juiz fixará as normas de conduta que serão observadas durante a liberdade vigiada.

Veja art. 698, § 2º, CPP.

§ 1º Serão normas obrigatórias, impostas ao indivíduo sujeito à liberdade vigiada:

a) tomar ocupação, dentro de prazo razoável, se for apto para o trabalho;

b) não mudar do território da jurisdição do juiz, sem prévia autorização deste.

§ 2º Poderão ser impostas ao indivíduo sujeito à liberdade vigiada, entre outras obrigações, as seguintes:

a) não mudar de habitação sem aviso prévio ao juiz, ou à autoridade incumbida da vigilância;

b) recolher-se cedo à habitação;

c) não trazer consigo armas ofensivas ou instrumentos capazes de ofender;

d) não frequentar casas de bebidas ou de tavolagem, nem certas reuniões, espetáculos ou diversões públicas.

§ 3º Será entregue ao indivíduo sujeito à liberdade vigiada uma caderneta, de que constarão as obrigações impostas.

Art. 768. As obrigações estabelecidas na sentença serão comunicadas à autoridade policial.

Veja art. 771, § 2º, CPP.

Art. 769. A vigilância será exercida discretamente, de modo que não prejudique o indivíduo a ela sujeito.

Art. 770. Mediante representação da autoridade incumbida da vigilância, a requerimento do Ministério Público ou de ofício, poderá o juiz modificar as normas fixadas ou estabelecer outras.

158 | ARTS. 771 A 775 – CÓDIGO DE PROCESSO PENAL

Art. 771. Para execução do exílio local, o juiz comunicará sua decisão à autoridade policial do lugar ou dos lugares onde o exilado está proibido de permanecer ou de residir.

§ 1º O infrator da medida será conduzido à presença do juiz que poderá mantê-lo detido até proferir decisão.

§ 2º Se for reconhecida a transgressão e imposta, consequentemente, a liberdade vigiada, determinará o juiz que a autoridade policial providencie a fim de que o infrator siga imediatamente para o lugar de residência por ele escolhido, e oficiará à autoridade policial desse lugar, observando-se o disposto no art. 768.

Art. 772. A proibição de frequentar determinados lugares será comunicada pelo juiz à autoridade policial, que lhe dará conhecimento de qualquer transgressão.

Art. 773. A medida de fechamento de estabelecimento ou de interdição de associação será comunicada pelo juiz à autoridade policial, para que a execute.

Art. 774. Nos casos do parágrafo único do art. 83 do Código Penal, ou quando a transgressão de uma medida de segurança importar a imposição de outra, observar-se-á o disposto no art. 757, no que for aplicável.

Veja art. 581, XXI, CPP.

Não há dispositivo na redação atual da Parte Geral que corresponda ao antigo art. 83, CP.

Art. 775. A cessação ou não da periculosidade se verificará ao fim do prazo mínimo de duração da medida de segurança pelo exame das condições da pessoa a que tiver sido imposta, observando-se o seguinte:

I – o diretor do estabelecimento de internação ou a autoridade policial incumbida da vigilância, até 1 (um) mês antes de expirado o prazo de duração mínima da medida, se não for inferior a 1 (um) ano, ou até 15 (quinze) dias nos outros casos, remeterá ao juiz da execução minucioso relatório, que o habilite a resolver sobre a cessação ou permanência da medida;

Veja art. 777, § 2º, CPP.

II – se o indivíduo estiver internado em manicômio judiciário ou em casa de custódia e tratamento, o relatório será acompanhado do laudo de exame pericial feito por 2 (dois) médicos designados pelo diretor do estabelecimento;

Veja art. 777, § 2º, CPP.

III – o diretor do estabelecimento de internação ou a autoridade policial deverá, no relatório, concluir pela conveniência da revogação, ou não, da medida de segurança;

IV – se a medida de segurança for o exílio local ou a proibição de frequentar determinados lugares, o juiz, até 1 (um) mês ou 15 (quinze) dias antes de expirado o prazo mínimo de duração, ordenará as diligências necessárias, para verificar se desapareceram as causas da aplicação da medida;

V – junto aos autos o relatório, ou realizadas as diligências, serão ouvidos sucessivamente o Ministério Público e o curador ou o defensor, no prazo de 3 (três) dias para cada um;

CÓDIGO DE PROCESSO PENAL – ARTS. 775 A 781 | 159

VI – o juiz nomeará curador ou defensor ao interessado que o não tiver;

VII – o juiz, de ofício, ou a requerimento de qualquer das partes, poderá determinar novas diligências, ainda que já expirado o prazo de duração mínima da medida de segurança;

VIII – ouvidas as partes ou realizadas as diligências a que se refere o número anterior o juiz proferirá a sua decisão, no prazo de 3 (três) dias.

Art. 776. Nos exames sucessivos a que se referem o § 1º, II, e § 2º do art. 81 do Código Penal, observar-se-á, no que lhes for aplicável, o disposto no artigo anterior.

A referência atual do antigo art. 81, § 1º, II, e § 2º, é o art. 97, § 2º, CP.

Art. 777. Em qualquer tempo, ainda durante o prazo mínimo de duração da medida de segurança, poderá o tribunal, câmara ou turma, a requerimento do Ministério Público ou do interessado, seu defensor ou curador, ordenar o exame, para a verificação da cessação da periculosidade.

§ 1º Designado o relator e ouvido o procurador-geral, se a medida não tiver sido por ele requerida, o pedido será julgado na primeira sessão.

§ 2º Deferido o pedido, a decisão será imediatamente comunicada ao juiz, que requisitará, marcando prazo, o relatório e o exame a que se referem os ns. I e II do art. 775 ou ordenará as diligências mencionadas no n. IV do mesmo artigo, prosseguindo de acordo com o disposto nos outros incisos do citado artigo.

Art. 778. Transitando em julgado a sentença de revogação, o juiz expedirá ordem para a desinternação, quando se tratar de medida detentiva, ou para que cesse a vigilância ou a proibição, nos outros casos.

Art. 779. O confisco dos instrumentos e produtos do crime, no caso previsto no art. 100 do Código Penal, será decretado no despacho de arquivamento do inquérito, na sentença de impronúncia ou na sentença absolutória.

Não há dispositivo na redação atual da Parte Geral que corresponda ao antigo art. 100, CP. Veja art. 8º, DL n. 3.240, de 08.05.1941 (sequestro de bens).

LIVRO V
DAS RELAÇÕES JURISDICIONAIS COM AUTORIDADE ESTRANGEIRA

TÍTULO ÚNICO

Veja art. 9º, CP.

CAPÍTULO I
DISPOSIÇÕES GERAIS

Art. 780. Sem prejuízo de convenções ou tratados, aplicar-se-á o disposto neste Título à homologação de sentenças penais estrangeiras e à expedição e ao cumprimento de cartas rogatórias para citações, inquirições e outras diligências necessárias à instrução de processo penal.

Art. 781. As sentenças estrangeiras não serão homologadas, nem as cartas rogatórias cumpridas, se contrárias à ordem pública e aos bons costumes.

160 | ARTS. 781 A 786 – CÓDIGO DE PROCESSO PENAL

Veja art. 789, § 4º, CPP.

Art. 782. O trânsito, por via diplomática, dos documentos apresentados constituirá prova bastante de sua autenticidade.

CAPÍTULO II
DAS CARTAS ROGATÓRIAS

Veja art. 105, I, *i*, CF.

Art. 783. As cartas rogatórias serão, pelo respectivo juiz, remetidas ao Ministro da Justiça, a fim de ser pedido o seu cumprimento, por via diplomática, às autoridades estrangeiras competentes.

Art. 784. As cartas rogatórias emanadas de autoridades estrangeiras competentes não dependem de homologação e serão atendidas se encaminhadas por via diplomática e desde que o crime, segundo a lei brasileira, não exclua a extradição.

Veja art. 110, Decreto n. 86.715, de 10.12.1981.

§ 1º As rogatórias, acompanhadas de tradução em língua nacional, feita por tradutor oficial ou juramentado, serão, após *exequatur* do presidente do Supremo Tribunal Federal, cumpridas pelo juiz criminal do lugar onde as diligências tenham de efetuar-se, observadas as formalidades prescritas neste Código.

§ 2º A carta rogatória será pelo presidente do Supremo Tribunal Federal remetida ao presidente do Tribunal de Apelação do Estado, do Distrito Federal, ou do Território, a fim de ser encaminhada ao juiz competente.

A expressão "Tribunais de Apelação" foi atualizada para "Tribunais de Justiça".

§ 3º Versando sobre crime de ação privada, segundo a lei brasileira, o andamento, após o *exequatur*, dependerá do interessado, a quem incumbirá o pagamento das despesas.

§ 4º Ficará sempre na secretaria do Supremo Tribunal Federal cópia da carta rogatória.

Art. 785. Concluídas as diligências, a carta rogatória será devolvida ao presidente do Supremo Tribunal Federal, por intermédio do presidente do Tribunal de Apelação, o qual, antes de devolvê-la, mandará completar qualquer diligência ou sanar qualquer nulidade.

A expressão "Tribunais de Apelação" foi atualizada para "Tribunais de Justiça".

Art. 786. O despacho que conceder o *exequatur* marcará, para o cumprimento da diligência, prazo razoável, que poderá ser excedido, havendo justa causa, ficando esta consignada em ofício dirigido ao presidente do Supremo Tribunal Federal, juntamente com a carta rogatória.

CAPÍTULO III
DA HOMOLOGAÇÃO DAS SENTENÇAS ESTRANGEIRAS

Veja arts. 105, I, *i*, e 109, X, CF.

Veja art. 8º, CP.

CÓDIGO DE PROCESSO PENAL – ARTS. 787 A 789 | 161

Art. 787. As sentenças estrangeiras deverão ser previamente homologadas pelo Supremo Tribunal Federal para que produzam os efeitos do art. 7º do Código Penal.

A referência atual do antigo art. 7º é o art. 9º, CP.

Veja art. 105, I, *i*, CF, que dispõe que a competência para homologar sentenças estrangeiras passou a ser do STJ.

Art. 788. A sentença penal estrangeira será homologada, quando a aplicação da lei brasileira produzir na espécie as mesmas consequências e concorrerem os seguintes requisitos:

Veja art. 789, § 4º, CPP.

I – estar revestida das formalidades externas necessárias, segundo a legislação do país de origem;

II – haver sido proferida por juiz competente, mediante citação regular, segundo a mesma legislação;

III – ter passado em julgado;

IV – estar devidamente autenticada por cônsul brasileiro;

V – estar acompanhada de tradução, feita por tradutor público.

Art. 789. O procurador-geral da República, sempre que tiver conhecimento da existência de sentença penal estrangeira, emanada de Estado que tenha com o Brasil tratado de extradição e que haja imposto medida de segurança pessoal ou pena acessória que deva ser cumprida no Brasil, pedirá ao Ministro da Justiça providências para a obtenção de elementos que o habilitem a requerer a homologação da sentença.

§ 1º A homologação de sentença emanada de autoridade judiciária de Estado, que não tiver tratado de extradição com o Brasil, dependerá de requisição do Ministro da Justiça.

§ 2º Distribuído o requerimento de homologação, o relator mandará citar o interessado para deduzir embargos, dentro de 10 (dez) dias, se residir no Distrito Federal, ou 30 (trinta) dias, no caso contrário.

§ 3º Se nesse prazo o interessado não deduzir os embargos, ser-lhe-á pelo relator nomeado defensor, o qual dentro de 10 (dez) dias produzirá a defesa.

§ 4º Os embargos somente poderão fundar-se em dúvida sobre a autenticidade do documento, sobre a inteligência da sentença, ou sobre a falta de qualquer dos requisitos enumerados nos arts. 781 e 788.

§ 5º Contestados os embargos dentro de 10 (dez) dias, pelo procurador-geral, irá o processo ao relator e ao revisor, observando-se no seu julgamento o Regimento Interno do Supremo Tribunal Federal.

§ 6º Homologada a sentença, a respectiva carta será remetida ao presidente do Tribunal de Apelação do Distrito Federal, do Estado, ou do Território.

§ 7º Recebida a carta de sentença, o presidente do Tribunal de Apelação a remeterá ao juiz do lugar de residência do condenado, para a aplicação da

162 | ARTS. 789 A 796 – CÓDIGO DE PROCESSO PENAL

medida de segurança ou da pena acessória, observadas as disposições do Título II, Capítulo III, e Título V do Livro IV deste Código.

Veja art. 109, X, CF.

Art. 790. O interessado na execução de sentença penal estrangeira, para a reparação do dano, restituição e outros efeitos civis, poderá requerer ao Supremo Tribunal Federal a sua homologação, observando-se o que a respeito prescreve o Código de Processo Civil.

LIVRO VI
DISPOSIÇÕES GERAIS

Art. 791. Em todos os juízos e tribunais do crime, além das audiências e sessões ordinárias, haverá as extraordinárias, de acordo com as necessidades do rápido andamento dos feitos.

Art. 792. As audiências, sessões e os atos processuais serão, em regra, públicos e se realizarão nas sedes dos juízos e tribunais, com assistência dos escrivães, do secretário, do oficial de justiça que servir de porteiro, em dia e hora certos, ou previamente designados.

§ 1º Se da publicidade da audiência, da sessão ou do ato processual, puder resultar escândalo, inconveniente grave ou perigo de perturbação da ordem, o juiz, ou o tribunal, câmara, ou turma, poderá, de ofício ou a requerimento da parte ou do Ministério Público, determinar que o ato seja realizado a portas fechadas, limitando o número de pessoas que possam estar presentes.

§ 2º As audiências, as sessões e os atos processuais, em caso de necessidade, poderão realizar-se na residência do juiz, ou em outra casa por ele especialmente designada.

Art. 793. Nas audiências e nas sessões, os advogados, as partes, os escrivães e os espectadores poderão estar sentados. Todos, porém, se levantarão quando se dirigirem aos juízes ou quando estes se levantarem para qualquer ato do processo.

Parágrafo único. Nos atos da instrução criminal, perante os juízes singulares, os advogados poderão requerer sentados.

Art. 794. A polícia das audiências e das sessões compete aos respectivos juízes ou ao presidente do tribunal, câmara, ou turma, que poderão determinar o que for conveniente à manutenção da ordem. Para tal fim, requisitarão força pública, que ficará exclusivamente à sua disposição.

Art. 795. Os espectadores das audiências ou das sessões não poderão manifestar-se.

Veja art. 329, CP.

Parágrafo único. O juiz ou o presidente fará retirar da sala os desobedientes, que, em caso de resistência, serão presos e autuados.

Art. 796. Os atos de instrução ou julgamento prosseguirão com a assistência do defensor, se o réu se portar inconvenientemente.

Veja Súmula n. 523, STF.

CÓDIGO DE PROCESSO PENAL – ARTS. 797 A 800 | 163

Art. 797. Excetuadas as sessões de julgamento, que não serão marcadas para domingo ou dia feriado, os demais atos do processo poderão ser praticados em período de férias, em domingos e dias feriados. Todavia, os julgamentos iniciados em dia útil não se interromperão pela superveniência de feriado ou domingo.

Art. 798. Todos os prazos correrão em cartório e serão contínuos e peremptórios, não se interrompendo por férias, domingo ou dia feriado.

Veja Lei n. 1.408, de 09.08.1951.

Veja Súmula n. 310, STF.

§ 1º Não se computará no prazo o dia do começo, incluindo-se, porém, o do vencimento.

Veja art. 10, CP.

§ 2º A terminação dos prazos será certificada nos autos pelo escrivão; será, porém, considerado findo o prazo, ainda que omitida aquela formalidade, se feita a prova do dia em que começou a correr.

§ 3º O prazo que terminar em domingo ou dia feriado considerar-se-á prorrogado até o dia útil imediato.

§ 4º Não correrão os prazos, se houver impedimento do juiz, força maior, ou obstáculo judicial oposto pela parte contrária.

§ 5º Salvo os casos expressos, os prazos correrão:

Veja art. 800, § 2º, CPP.

a) da intimação;

Veja Súmulas ns. 310 e 710, STF.

b) da audiência ou sessão em que for proferida a decisão, se a ela estiver presente a parte;

c) do dia em que a parte manifestar nos autos ciência inequívoca da sentença ou despacho.

Art. 799. O escrivão, sob pena de multa de cinquenta a quinhentos mil-réis e, na reincidência, suspensão até 30 (trinta) dias, executará dentro do prazo de 2 (dois) dias os atos determinados em lei ou ordenados pelo juiz.

Veja art. 800, § 4º, CPP.

Art. 800. Os juízes singulares darão seus despachos e decisões dentro dos prazos seguintes, quando outros não estiverem estabelecidos:

I – de 10 (dez) dias, se a decisão for definitiva, ou interlocutória mista;

II – de 5 (cinco) dias, se for interlocutória simples;

III – de 1 (um) dia, se se tratar de despacho de expediente.

§ 1º Os prazos para o juiz contar-se-ão do termo de conclusão.

§ 2º Os prazos do Ministério Público contar-se-ão do termo de vista, salvo para a interposição do recurso (art. 798, § 5º).

§ 3º Em qualquer instância, declarando motivo justo, poderá o juiz exceder por igual tempo os prazos a ele fixados neste Código.

§ 4º O escrivão que não enviar os autos ao juiz ou ao órgão do Ministério Público no dia em que assinar termo de conclusão ou de vista estará sujeito à sanção estabelecida no art. 799.

164 | ARTS. 801 A 809 – CÓDIGO DE PROCESSO PENAL

Art. 801. Findos os respectivos prazos, os juízes e os órgãos do Ministério Público, responsáveis pelo retardamento, perderão tantos dias de vencimentos quantos forem os excedidos.

Na contagem do tempo de serviço, para o efeito de promoção e aposentadoria, a perda será do dobro dos dias excedidos.

Art. 802. O desconto referido no artigo antecedente far-se-á à vista da certidão do escrivão do processo ou do secretário do tribunal, que deverão, de ofício, ou a requerimento de qualquer interessado, remetê-la às repartições encarregadas do pagamento e da contagem do tempo de serviço, sob pena de incorrerem, de pleno direito, na multa de quinhentos mil-réis, imposta por autoridade fiscal.

Art. 803. Salvo nos casos expressos em lei, é proibida a retirada de autos do cartório, ainda que em confiança, sob pena de responsabilidade do escrivão.

Art. 804. A sentença ou o acórdão, que julgar a ação, qualquer incidente ou recurso, condenará nas custas o vencido.

Art. 805. As custas serão contadas e cobradas de acordo com os regulamentos expedidos pela União e pelos Estados.

Art. 806. Salvo o caso do art. 32, nas ações intentadas mediante queixa, nenhum ato ou diligência se realizará, sem que seja depositada em cartório a importância das custas.

§ 1º Igualmente, nenhum ato requerido no interesse da defesa será realizado, sem o prévio pagamento das custas, salvo se o acusado for pobre.

§ 2º A falta do pagamento das custas, nos prazos fixados em lei, ou marcados pelo juiz, importará renúncia à diligência requerida ou deserção do recurso interposto.

§ 3º A falta de qualquer prova ou diligência que deixe de realizar-se em virtude do não pagamento de custas não implicará a nulidade do processo, se a prova de pobreza do acusado só posteriormente foi feita.

Art. 807. O disposto no artigo anterior não obstará à faculdade atribuída ao juiz de determinar de ofício inquirição de testemunhas ou outras diligências.

Art. 808. Na falta ou impedimento do escrivão e seu substituto, servirá pessoa idônea, nomeada pela autoridade, perante quem prestará compromisso, lavrando o respectivo termo.

Art. 809. A estatística judiciária criminal, a cargo do Instituto de Identificação e Estatística ou repartições congêneres, terá por base o *boletim individual*, que é parte integrante dos processos e versará sobre:

I – os crimes e as contravenções praticados durante o trimestre, com especificação da natureza de cada um, meios utilizados e circunstâncias de tempo e lugar;

II – as armas proibidas que tenham sido apreendidas;

III – o número de delinquentes, mencionadas as infrações que praticaram, sua nacionalidade, sexo, idade, filiação, estado civil, prole, residência,

CÓDIGO DE PROCESSO PENAL – ARTS. 809 A 811 | 165

meios de vida e condições econômicas, grau de instrução, religião, e condições de saúde física e psíquica;

IV – o número dos casos de codelinquência;

V – a reincidência e os antecedentes judiciários;

VI – as sentenças condenatórias ou absolutórias, bem como as de pronúncia ou de impronúncia;

VII – a natureza das penas impostas;

VIII – a natureza das medidas de segurança aplicadas;

IX – a suspensão condicional da execução da pena, quando concedida;

X – as concessões ou denegações de *habeas corpus.*

§ 1º Os dados acima enumerados constituem o mínimo exigível, podendo ser acrescidos de outros elementos úteis ao serviço da estatística criminal.

§ 2º Esses dados serão lançados semestralmente em mapa e remetidos ao Serviço de Estatística Demográfica Moral e Política do Ministério da Justiça.

Parágrafo com redação dada pela Lei n. 9.061, de 14.06.1995.

§ 3º O *boletim individual* a que se refere este artigo é dividido em três partes destacáveis, conforme modelo anexo a este Código, e será adotado nos Estados, no Distrito Federal e nos Territórios. A primeira parte ficará arquivada no cartório policial; a segunda será remetida ao Instituto de Identificação e Estatística, ou repartição congênere; e a terceira acompanhará o processo, e, depois de passar em julgado a sentença definitiva, lançados os dados finais, será enviada ao referido Instituto ou repartição congênere.

Art. 810. Este Código entrará em vigor no dia 1º de janeiro de 1942.

Art. 811. Revogam-se as disposições em contrário.

Rio de Janeiro, 03 de outubro de 1941;
120º da Independência e 53º da República.

GETÚLIO VARGAS

ÍNDICE ALFABÉTICO-REMISSIVO DO CÓDIGO DE PROCESSO PENAL

ABSOLVIÇÃO
V. SENTENÇA
Sumária – arts. 413 a 421
AÇÃO CIVIL
Arts. 63 a 68
AÇÃO PENAL
V. AÇÃO PENAL CONDICIONADA À
REPRESENTAÇÃO DO OFENDIDO
V. AÇÃO PENAL CONDICIONADA À
REQUISIÇÃO DO MINISTRO DA
JUSTIÇA
V. AÇÃO PENAL PRIVADA
V. AÇÃO PENAL PÚBLICA
Arts. 24 a 62
AÇÃO PENAL CONDICIONADA À
REPRESENTAÇÃO DO OFENDIDO
Decadência – art. 38
Direito de representação – art. 39
Extinção da punibilidade – arts. 61 e 62
Início – art. 24
Irretratabilidade – art. 25
Procurador – art. 39
AÇÃO PENAL CONDICIONADA À
REQUISIÇÃO DO MINISTRO DA JUSTIÇA
Início – art. 24
AÇÃO PENAL PRIVADA
Ação penal privada subsidiária – art. 29
Aditamento pelo Ministério Público –
art. 45
Advogado – art. 32
Curador – art. 33
Decadência – art. 38

Direito de preferência – art. 36
Extinção da punibilidade – arts. 61 e 62
Indivisibilidade – art. 48
Iniciativa – art. 30
Perdão – arts. 51 a 59
Perempção – art. 60
Pessoa jurídica – art. 37
Procurador – art. 44
Queixa – art. 41
Renúncia – arts. 49 e 50
Representante legal – art. 34
Sucessores – art. 31
AÇÃO PENAL PÚBLICA
Ação penal privada subsidiária – art. 29
Arquivamento do inquérito policial –
art. 28
Comunicação de fato ao Ministério
Público – art. 40
Denúncia – art. 41
Desistência – art. 42
Diligências – art. 47
Extinção da punibilidade – arts. 61 e 62
Início – art. 24
Prazo para oferecimento de denúncia
– art. 46
Provocação popular – art. 27
ACAREAÇÃO
Prova – arts. 229 e 230
ACESSÓRIAS
V. PENAS ACESSÓRIAS
ACUSAÇÃO
Arts. 406 a 412

168 | ÍNDICE ALFABÉTICO-REMISSIVO DO CÓDIGO DE PROCESSO PENAL

ACUSADO
Acusado e seu defensor – arts. 259 a 267
Insanidade mental – arts. 149 a 154
Interrogatório – arts. 185 a 196

ADITAMENTO
Denúncia ou queixa – art. 45

ADMINISTRATIVA
Prisão – arts. 319 e 320

ADVOGADO
Ação penal privada – art. 32
Defensor – arts. 259 a 267

ALISTAMENTO
Jurados – arts. 425 e 426

ANISTIA
Graça, indulto e anistia – arts. 734 a 742

APELAÇÃO
Arts. 593 a 606
Processo e julgamento dos recursos em sentido estrito e apelações, nos Tribunais de Apelação – arts. 609 a 618

APLICAÇÃO
Interdição de direitos e medidas de segurança. Aplicação provisória – arts. 373 a 380
Processo de aplicação de medida de segurança por fato não criminoso – arts. 549 a 555

APREENSÃO
Busca e apreensão – arts. 240 a 250
Restituição das coisas apreendidas – arts. 118 a 124-A

ARGUIÇÃO
Exceção – art. 96

ARQUIVAMENTO
Ação penal pública – art. 28
Inquérito policial – arts. 17 e 18

ARRESTO
Imóveis – arts. 136 a 141

ASSISTENTES
Ministério Público – arts. 268 a 273

ATA
Trabalhos – arts. 494 a 496

ATRIBUIÇÕES
Presidente do Tribunal do Júri – art. 497

AUTORIDADE
V. AUTORIDADE POLICIAL

AUTORIDADE POLICIAL
Inquérito policial – art. 13

AUTOS
Processo de restauração de autos extraviados ou destruídos – arts. 541 a 548

BENS
Sequestro – arts. 125 a 133

BUSCA
Busca e apreensão – arts. 240 a 250

CADEIA DE CUSTÓDIA
Exame do corpo de delito, cadeia de custódia e perícias em geral – arts. 158 a 184

CALÚNIA
Processo e julgamento dos crimes de calúnia e injúria, de competência do juiz singular – arts. 519 a 523

CARTA PRECATÓRIA
Citação – arts. 353 a 356

CARTA ROGATÓRIA
Arts. 783 a 786
Citação – arts. 368 e 369

CARTA TESTEMUNHÁVEL
Arts. 639 a 646

CAUTELAR
Medidas assecuratórias – arts. 125 a 144-A
Outras medidas – arts. 319 e 320

CITAÇÃO
Arts. 351 a 369
Carta precatória – arts. 353 a 356
Edital – arts. 361 a 366
Funcionário público – art. 359
Mandado – arts. 351, 352 e 357
Militar – art. 358
Réu preso – art. 360
Rogatória – arts. 368 e 369

COISA JULGADA
V. AÇÃO CIVIL
Exceção – art. 95, V

COISAS

V. COISA JULGADA

Reconhecimento de pessoas e coisas – arts. 226 a 228

Restituição das coisas apreendidas – arts. 118 a 124-A

COMPETÊNCIA

Conexão ou continência – arts. 76 a 82

Determinações – art. 69

Disposições especiais – arts. 88 a 91

Distribuição – art. 75

Domicílio ou residência do réu – arts. 72 e 73

Lugar da infração – arts. 70 e 71

Natureza da infração – art. 74

Prerrogativa de função – arts. 84 a 87

Prevenção – art. 83

COMPOSIÇÃO

Tribunal do Júri – arts. 447 a 452

CONDENAÇÃO

Sentença – art. 387

CONEXÃO

Competência – arts. 76 a 82

CONFISSÃO

Prova – arts. 197 a 200

CONFLITO

Jurisdição – arts. 113 a 117

CONTINÊNCIA

Competência – arts. 76 a 82

CONTRAVENÇÃO

V. CRIME

CONVOCAÇÃO

Jurados – arts. 432 a 435

CORPO DE DELITO

Exame do corpo de delito, cadeia de custódia e perícias em geral – arts. 158 a 184

CRIME

V. INFRAÇÃO

Instrumentos e objeto do crime. Inquérito policial – art. 11

Processo de restauração de autos extraviados ou destruídos – arts. 541 a 548

Processo e julgamento dos crimes contra a propriedade imaterial – arts. 524 a 530-I

Processo e julgamento dos crimes de calúnia e injúria, de competência do juiz singular – arts. 519 a 523

Processo e julgamento dos crimes de responsabilidade dos funcionários públicos – arts. 513 a 518

Processo sumário – arts. 531 a 540

Reconstituição do crime. Inquérito policial – art. 7º

CURADOR

Ação penal privada – art. 33

Inquérito policial – art. 15

DANOS

Ação civil – arts. 63 a 68

DEBATES

Arts. 476 a 481

DECADÊNCIA

Ação penal condicionada à representação do ofendido – art. 38

Ação penal privada – art. 38

DEFENSOR

Arts. 259 a 267

DENÚNCIA

Desistência – art. 42

Diligências – art. 47

Extinção da punibilidade – arts. 61 e 62

Início – art. 24

Inquérito policial – art. 12

Prazo para oferecimento de denúncia – art. 46

Provocação popular – art. 27

Requisitos – art. 41

DESAFORAMENTO

Arts. 427 e 428

DESISTÊNCIA

Ação penal pública – art. 42

DESTRUIÇÃO

Processo de restauração de autos extraviados ou destruídos – arts. 541 a 548

DILIGÊNCIAS

170 | ÍNDICE ALFABÉTICO-REMISSIVO DO CÓDIGO DE PROCESSO PENAL

Ação penal pública – art. 47

Inquérito policial – art. 14

DIREITO DE PREFERÊNCIA

Ação penal privada – art. 36

DIREITOS

V. DIREITO DE PREFERÊNCIA

V. INTERDIÇÕES DE DIREITOS

DISPOSIÇÕES GERAIS

Arts. 791 a 811

DISTRIBUIÇÃO

Competência – art. 75

DOCUMENTOS

Incidente de falsidade – arts. 145 a 148

Prova – arts. 231 a 238

DOMICÍLIO

Réu. Competência – arts. 72 e 73

EDITAL

Citação – arts. 361 a 366

EMBARGOS

Arts. 619 e 620

Sentença – art. 382

ESTRANGEIRA

Homologação das sentenças estrangeiras – arts. 787 a 790

EXAME

Corpo de delito, cadeia de custódia e perícias em geral – arts. 158 a 184

EXCEÇÕES

Arts. 95 a 111

Arguição – art. 96

Coisa julgada – art. 95, V

Ilegitimidade de parte – art. 95, IV

Incompetência de juízo – arts. 95, II, e 108

Litispendência – arts. 95, III, e 110

Suspeição – arts. 95, I, e 97 a 107

EXECUÇÃO

Disposições gerais – arts. 668 a 673

Efeitos da sentença penal condenatória – arts. 63 a 68

Graça, indulto e anistia – arts. 734 a 742

Incidentes da execução – arts. 696 a 733

Livramento condicional – arts. 710 a 733

Medidas de segurança – arts. 751 a 779

Penas acessórias – arts. 691 a 695

Penas pecuniárias – arts. 686 a 690

Penas privativas de liberdade – arts. 674 a 685

Reabilitação – arts. 743 a 750

Suspensão condicional da pena – arts. 696 a 709

EXTINÇÃO

V. EXTINÇÃO DA PUNIBILIDADE

EXTINÇÃO DA PUNIBILIDADE

Ação penal condicionada à representação do ofendido – arts. 61 e 62

Ação penal privada – arts. 61 e 62

Ação penal pública – arts. 61 e 62

EXTRAVIO

Processo de restauração de autos extraviados ou destruídos – arts. 541 a 548

FALSIDADE

Incidente – arts. 145 a 148

FATO NÃO CRIMINOSO

Processo de aplicação de medida de segurança – arts. 549 a 555

FIANÇA

Autoridade policial – art. 322

Cassação – arts. 338 e 339

Depósito – art. 331

Finalidade – art. 336

Forma – art. 330

Impossibilidade de concessão – arts. 323 e 324

Liberdade provisória, com ou sem fiança – arts. 321 a 350

Momento – art. 334

Obrigações – arts. 327 e 328

Perda – art. 345

Prisão em flagrante – art. 332

Quebra – arts. 341 a 343

Reforço – art. 340

Restituição – art. 337

Valor – arts. 325 e 326

FLAGRANTE

Prisão – arts. 301 a 310

ÍNDICE ALFABÉTICO-REMISSIVO DO CÓDIGO DE PROCESSO PENAL | 171

FORMAÇÃO
Conselho de Sentença – arts. 447 a 452

FUNÇÃO
Jurado – arts. 436 a 446
Prerrogativa. Competência – arts. 84 a 87

FUNCIONÁRIO PÚBLICO
Citação – art. 359
Funcionários da justiça – art. 274
Processo e julgamento dos crimes de responsabilidade dos funcionários públicos – arts. 513 a 518

GRAÇA
Graça, indulto e anistia – arts. 734 a 742

HABEAS CORPUS
Arts. 647 a 667

HIPOTECA
V. HIPOTECA LEGAL HIPOTECA LEGAL
Medida assecuratória – arts. 134 e 135

HOMOLOGAÇÃO
Homologação das sentenças estrangeiras – arts. 787 a 790

ILEGITIMIDADE
Exceção – art. 95, IV

IMÓVEIS
Sequestro de imóveis – arts. 136 a 141

IMPEDIMENTO
Incompatibilidades e impedimentos – art. 112

IMPRONÚNCIA
Arts. 413 a 421

INCIDENTES
Execução – arts. 696 a 733
Falsidade – arts. 145 a 148

INCOMPATIBILIDADE
Incompatibilidades e impedimentos – art. 112

INCOMPETÊNCIA
Exceção – arts. 95, II, e 108

INCOMUNICABILIDADE
Inquérito policial – art. 21

INDÍCIOS
Prova – art. 239

INDIVISIBILIDADE
Ação penal privada – art. 48

INDULTO
Graça, indulto e anistia – arts. 734 a 742

INFRAÇÃO
Lugar. Competência – arts. 70 e 71
Natureza. Competência – art. 74

INJÚRIA
Processo e julgamento dos crimes de calúnia e injúria, de competência do juiz singular – arts. 519 a 523

INQUÉRITO
V. INQUÉRITO POLICIAL

INQUÉRITO POLICIAL
Arts. 4º a 23
Arquivamento – arts. 17 e 18
Autoridade policial – art. 13
Circunscrição policial. Diligências – art. 22
Curador – art. 15
Denúncia ou queixa – art. 12
Diligências – art. 14
Incomunicabilidade – art. 21
Início – art. 5º
Instituto de Identificação e Estatística – art. 23
Instrumentos e objeto do crime – art. 11
Ministério Público – art. 16
Peças – art. 9º
Polícia judiciária – art. 4º
Prazo – art. 10
Prisão em flagrante – art. 8º
Providências – art. 6º
Reconstituição do crime – art. 7º
Sigilo – art. 20
Traslado – art. 19

INSANIDADE
Mental do acusado – arts. 149 a 154

INSTRUÇÃO
V. PROCESSO
Criminal. Júri – arts. 394 a 405
Em plenário – arts. 473 a 475
Preliminar – arts. 406 a 412

INSTRUMENTOS
Instrumentos e objeto do crime. Inquérito policial – art. 11

172 | ÍNDICE ALFABÉTICO-REMISSIVO DO CÓDIGO DE PROCESSO PENAL

INTERDIÇÃO
V. INTERDIÇÕES DE DIREITOS
INTERDIÇÕES DE DIREITOS
Aplicação provisória – arts. 373 a 380
INTÉRPRETES
Arts. 275 a 281
INTERROGATÓRIO
Acusado – arts. 185 a 196
INTIMAÇÃO
Arts. 370 a 372
Sentença – arts. 391 e 392
JUIZ
Arts. 251 a 256
Das garantias – arts. 3º-A a 3º-F
Processo e julgamento dos crimes de
calúnia e injúria, de competência do
juiz singular – arts. 519 a 523
JUÍZO
Exceção de incompetência do juízo –
arts. 95, II, e 108
JULGAMENTO
Preparação do Processo para Julgamento
em Plenário – arts. 422 a 424
Processo e julgamento dos crimes contra
a propriedade material – arts. 524
a 530-I
Processo e julgamento dos crimes de
calúnia e injúria, de competência do
juiz singular – arts. 519 a 523
Processo e julgamento dos crimes de
responsabilidade dos funcionários
públicos – arts. 513 a 518
Processo e julgamento dos recursos
em sentido estrito e das apelações,
nos Tribunais de Apelação – arts.
609 a 618
JURADO
Alistamento – arts. 425 e 426
Função – arts. 436 a 446
Sorteio e convocação – arts. 432 a 435
JÚRI
Absolvição sumária – arts. 413 a 421
Acusação – arts. 406 a 412
Alistamento dos jurados – arts. 425 e 426

Ata dos Trabalhos – arts. 494 a 496
Atribuições do Presidente do Tribunal do
Júri – art. 497
Composição do Tribunal do Júri – arts.
447 a 452
Convocação dos jurados – arts. 432 a 435
Debates – arts. 476 a 481
Desaforamento – arts. 427 e 428
Formação do Conselho de Sentença –
arts. 447 a 452
Função do jurado – arts. 436 a 446
Impronúncia – arts. 413 a 421
Instrução em plenário – arts. 473 a 475
Instrução preliminar – arts. 406 a 412
Organização da pauta – arts. 429 a 431
Preparação do processo para julgamento
em plenário – arts. 422 a 424
Pronúncia – arts. 413 a 421
Questionário – arts. 482 a 491
Reunião do Tribunal do Júri – arts. 453
a 472
Sentença – arts. 492 e 493
Sessões do Tribunal do Júri – arts. 453
a 472
Sorteio dos jurados – arts. 432 a 435
Votação do questionário – arts. 482 a 491
JURISDIÇÃO
Conflito – arts. 113 a 117
JUSTIÇA
Funcionários – art. 274
LIBERDADE
V. LIBERDADE PROVISÓRIA
LIBERDADE PROVISÓRIA
Com ou sem fiança – arts. 321 a 350
LITISPENDÊNCIA
Exceção – arts. 95, III, e 110
LIVRAMENTO CONDICIONAL
Execução – arts. 710 a 733
LUGAR
Infração. Competência – arts. 70 e 71
MANDADO
Citação – arts. 351, 352 e 357
Prisão – arts. 285 a 287
MEDIDAS

ÍNDICE ALFABÉTICO-REMISSIVO DO CÓDIGO DE PROCESSO PENAL | 173

V. MEDIDAS ASSECURATÓRIAS
V. MEDIDAS DE SEGURANÇA
MEDIDAS ASSECURATÓRIAS
   Arts. 125 a 144-A
   Hipoteca legal – arts. 134 e 135
   Sequestro de bens – arts. 125 a 133
   Sequestro de imóveis – arts. 136 a 141
MEDIDAS CAUTELARES
   Arts. 319 e 320
MEDIDAS DE SEGURANÇA
   Aplicação provisória – arts. 373 a 380
   Execução – arts. 751 a 779
   Processo de aplicação por fato não
      criminoso – arts. 549 a 555
MILITAR
   Citação – art. 358
MINISTÉRIO PÚBLICO
   Arts. 257 e 258
   Ação penal pública – art. 40
   Aditamento de denúncia ou queixa –
      art. 45
   Assistentes – arts. 268 a 273
   Inquérito policial – art. 16
MINISTRO
   V. AÇÃO PENAL CONDICIONADA À
      REQUISIÇÃO DO MINISTRO DA
      JUSTIÇA
NATUREZA
   Infração. Competência – art. 74
NULIDADES
   Arts. 563 a 573
OBJETO
   Instrumentos e objeto do crime. Inquérito
      policial – art. 11
OFENDIDO
   Art. 201
ORGANIZAÇÃO
   Pauta – arts. 429 a 431
PARTE
   Ilegitimidade. Exceção – art. 95, IV
PENAS
   V. PENAS ACESSÓRIAS
   V. PENAS PECUNIÁRIAS
   V. PENAS PRIVATIVAS DE LIBERDADE

V. SUSPENSÃO CONDICIONAL DA PENA
PENAS ACESSÓRIAS
   Execução – arts. 691 a 695
PENAS PECUNIÁRIAS
   Execução – arts. 686 a 690
PENAS PRIVATIVAS DE LIBERDADE
   Execução – arts. 674 a 685
PERDÃO
   Ação penal privada – arts. 51 a 59
PEREMPÇÃO
   Ação penal privada – art. 60
PERGUNTAS
   Interrogatório do acusado – arts. 185
      a 196
   Testemunhas – arts. 202 a 225
PERÍCIAS
   Exame do corpo de delito, cadeia de
      custódia e perícias em geral – arts.
      158 a 184
PERITOS
   Arts. 275 a 281
   Exame do corpo de delito, cadeia de
      custódia e perícias em geral – arts.
      158 a 184
PESSOA
   V. PESSOA JURÍDICA
   Reconhecimento de pessoas e coisas –
      arts. 226 a 228
PESSOA JURÍDICA
   Ação penal privada – art. 37
POLÍCIA
   V. INQUÉRITO POLICIAL
   Judiciária – art. 4º
PRECATÓRIA
   Citação – arts. 353 a 356
PREJUDICIAL
   Questões prejudiciais – arts. 92 a 94
PREPARAÇÃO DO PROCESSO
   Julgamento em plenário – arts. 422 a 424
PRERROGATIVA
   Função. Competência – arts. 84 a 87
PRESIDENTE
   Atribuições do presidente do Tribunal do
      Júri – art. 497

174 | ÍNDICE ALFABÉTICO-REMISSIVO DO CÓDIGO DE PROCESSO PENAL

PRESO
Citação – art. 360
PREVENÇÃO
Competência – art. 83
PREVENTIVA
Prisão – arts. 311 a 316
PRISÃO
V. PRISÃO EM FLAGRANTE
Administrativa – arts. 319 e 320
Disposições gerais – arts. 282 a 300
Domiciliar – arts. 317 e 318
Liberdade provisória, com ou sem fiança
– arts. 321 a 350
Mandado – arts. 285 a 287
Preventiva – arts. 311 a 316
PRISÃO EM FLAGRANTE
Arts. 301 a 310
Inquérito policial – art. 8º
PROCESSO
V. PROCESSO COMUM
V. PROCESSO DE EXECUÇÃO
V. PROCESSO PENAL
V. PROCESSOS EM ESPÉCIE
V. PROCESSOS ESPECIAIS
PROCESSO COMUM
Absolvição sumária – arts. 413 a 421
Acusação – arts. 406 a 412
Alistamento dos jurados – arts. 425
e 426
Ata dos Trabalhos – arts. 494 a 496
Atribuições do Presidente do Tribunal do
Júri – art. 497
Composição do Tribunal do Júri – arts.
447 a 452
Convocação dos Jurados – arts. 432
a 435
Debates – arts. 476 a 481
Desaforamento – arts. 427 e 428
Formação do Conselho de Sentença –
arts. 447 a 452
Função do jurado – arts. 436 a 446
Impronúncia – arts. 413 a 421
Instrução criminal – arts. 394 a 405
Instrução em plenário – arts. 473 a 475

Instrução preliminar – arts. 406 a 412
Organização da pauta – arts. 429 a 431
Preparação do processo para julgamento
em plenário – arts. 422 a 424
Pronúncia – arts. 413 a 421
Questionário – arts. 482 a 491
Reunião do Tribunal do Júri – arts. 453
a 472
Sentença – arts. 492 e 493
Sessões do Tribunal do Júri – arts. 453
a 472
Sorteio dos Jurados – arts. 432 a 435
Votação do questionário – arts. 482 a 491
PROCESSO DE EXECUÇÃO
Disposições gerais – arts. 668 a 673
Graça, indulto e anistia – arts. 734 a 742
Incidentes de execução – arts. 696 a 733
Livramento condicional – arts. 710 a 733
Medidas de segurança – arts. 751 a 779
Penas acessórias – arts. 691 a 695
Penas pecuniárias – arts. 686 a 690
Penas privativas de liberdade – arts.
674 a 685
Reabilitação – arts. 743 a 750
Suspensão condicional da pena – arts.
696 a 709
PROCESSO PENAL
V. PROCESSO COMUM
Absolvição sumária – arts. 413 a 421
Ação civil – arts. 63 a 68
Ação penal – arts. 24 a 62
Acareação – arts. 229 e 230
Acusação – arts. 406 a 412
Acusado – arts. 259 a 267
Advogado – arts. 259 a 267
Alistamento dos jurados – arts. 425 e 426
Apelação – arts. 593 a 606
Assistentes – arts. 268 a 273
Ata dos Trabalhos – arts. 494 a 496
Atribuições do Presidente do Tribunal do
Júri – art. 497
Busca e apreensão – arts. 240 a 250
Carta testemunhável – arts. 639 a 646
Cartas rogatórias – arts. 783 a 786

ÍNDICE ALFABÉTICO-REMISSIVO DO CÓDIGO DE PROCESSO PENAL | 175

Citações – arts. 351 a 369

Competência – arts. 69 a 91

Composição do Tribunal do Júri – arts. 447 a 452

Conexão ou continência – arts. 76 a 82

Confissão – arts. 197 a 200

Conflito de jurisdição – arts. 113 a 117

Convocação dos jurados – arts. 432 a 435

Debates – arts. 476 a 481

Defensor – arts. 259 a 267

Desaforamento – arts. 427 e 428

Disposições preliminares – arts. 1º a 3º-F

Distribuição – art. 75

Documentos – arts. 231 a 238

Domicílio ou residência do réu – arts. 72 e 73

Embargos – arts. 619 e 620

Exame do corpo de delito, cadeia de custódia e perícias em geral – arts. 158 a 184

Exceções – arts. 95 a 111

Formação do conselho de sentença – arts. 447 a 452

Função do jurado – arts. 436 a 446

Funcionários da justiça – art. 274

Graça, indulto e anistia – arts. 734 a 742

Habeas corpus e seu processo – arts. 647 a 667

Homologação das sentenças estrangeiras – arts. 787 a 790

Impronúncia – arts. 413 a 421

Incidente de falsidade – arts. 145 a 148

Incidentes de execução – arts. 696 a 733

Incompatibilidades e impedimentos – art. 112

Indícios – art. 239

Inquérito policial – arts. 4º a 23

Insanidade mental do acusado – arts. 149 a 154

Instrução criminal – arts. 394 a 405

Instrução em plenário – arts. 473 a 475

Instrução preliminar – arts. 406 a 412

Interdição de direitos. Aplicação provisória – arts. 373 a 380

Intérpretes – arts. 275 a 281

Interrogatório do acusado – arts. 185 a 196

Intimações – arts. 370 a 372

Juiz – arts. 251 a 256

Liberdade provisória, com ou sem fiança – arts. 321 a 350

Liberdade provisória. Disposições gerais – arts. 282 a 300

Livramento condicional – arts. 710 a 733

Lugar da infração – arts. 70 e 71

Medidas assecuratórias – arts. 125 a 144-A

Medidas cautelares – arts. 319 e 320

Medidas de segurança. Aplicação provisória – arts. 373 a 380

Medidas de segurança. Execução – arts. 751 a 779

Ministério Público – arts. 257 e 258

Natureza da infração – art. 74

Nulidades – arts. 563 a 573

Ofendido – art. 201

Organização da pauta – arts. 429 a 431

Penas acessórias – arts. 691 a 695

Penas pecuniárias – arts. 686 a 690

Penas privativas de liberdade – arts. 674 a 685

Peritos – arts. 275 a 281

Preparação do processo para julgamento em plenário – arts. 422 a 424

Prerrogativa de função – arts. 84 a 87

Prevenção – art. 83

Prisão administrativa – arts. 319 e 320

Prisão. Disposições gerais – arts. 282 a 300

Prisão domiciliar – arts. 317 e 318

Prisão em flagrante – arts. 301 a 310

Prisão preventiva – arts. 311 a 316

Processo de aplicação de medida de segurança por fato não criminoso – arts. 549 a 555

Processo de restauração de autos extraviados ou destruídos – arts. 541 a 548

Processo e julgamento dos crimes contra
a propriedade imaterial – arts. 524
a 530-I
Processo e julgamento dos crimes de
calúnia e injúria, de competência do
juiz singular – arts. 519 a 523
Processo e julgamento dos crimes de
responsabilidade dos funcionários
públicos – arts. 513 a 518
Processo e julgamento dos recursos
em sentido estrito e das apelações,
nos Tribunais de Apelação – arts.
609 a 618
Processo sumário – arts. 531 a 540
Pronúncia – arts. 413 a 421
Prova – arts. 155 a 250
Questionário – arts. 482 a 491
Questões e processos incidentes – arts.
92 a 154
Questões prejudiciais – arts. 92 a 94
Reabilitação – arts. 743 a 750
Reconhecimento de pessoas e coisas –
arts. 226 a 228
Recurso em sentido estrito – arts. 581
a 592
Recurso extraordinário – arts. 637 e 638
Restituição das coisas apreendidas –
arts. 118 a 124-A
Reunião do tribunal do júri – arts. 453
a 472
Revisão – arts. 621 a 631
Sentença – arts. 381 a 392, 492
e 493
Sessões do tribunal do júri – arts. 453
a 472
Sorteio dos jurados – arts. 432 a 435
Suspensão condicional da pena – arts.
696 a 709
Testemunhas – arts. 202 a 225
Votação do questionário – arts. 482
a 491
PROCESSOS EM ESPÉCIE
Processo comum – arts. 394 a 497
Processos especiais – arts. 513 a 555

PROCESSOS ESPECIAIS
Processo de aplicação de medida de
segurança por fato não criminoso –
arts. 549 a 555
Processo de restauração de autos
extraviados ou destruídos – arts.
541 a 548
Processo e julgamento dos crimes contra
a propriedade imaterial – arts. 524
a 530-I
Processo e julgamento dos crimes de
calúnia e injúria, de competência do
juiz singular – arts. 519 a 523
Processo e julgamento dos crimes de
responsabilidade dos funcionários
públicos – arts. 513 a 518
Processo sumário – arts. 531 a 538
PROCURADOR
Ação penal privada – art. 44
PRONÚNCIA
Arts. 413 a 421
PROPRIEDADE IMATERIAL
Processo e julgamento dos crimes contra
a propriedade imaterial – arts. 524
a 530-I
PROVA
Acareação – arts. 229 e 230
Busca e apreensão – arts. 240 a 250
Confissão – arts. 197 a 200
Disposições gerais – arts. 155 a 157
Documentos – arts. 231 a 238
Exame do corpo de delito e perícias em
geral – arts. 158 a 184
Indícios – art. 239
Interrogatório do acusado – arts. 185 a 196
Livre apreciação – art. 157
Ofendido – art. 201
Ônus – art. 156
Reconhecimento de pessoas e coisas –
arts. 226 a 228
Testemunhas – arts. 202 a 225
PROVISÓRIA
Interdição de direitos. Aplicação
provisória – arts. 373 a 380

ÍNDICE ALFABÉTICO-REMISSIVO DO CÓDIGO DE PROCESSO PENAL | 177

QUEIXA
  V. AÇÃO PENAL PRIVADA
  Inquérito policial – art. 12
  Renúncia – arts. 49 e 50
  Representante legal – art. 34
  Requisitos – art. 41
  Sucessores – art. 31
QUESTIONÁRIO
  Arts. 482 a 491
QUESTÕES E PROCESSOS INCIDENTES
  Conflito de jurisdição – arts. 113 a 117
  Exceções – arts. 95 a 111
  Incidente de falsidade – arts. 145 a 148
  Incompatibilidades e impedimentos – art. 112
  Insanidade mental do acusado – arts. 149 a 154
  Medidas assecuratórias – arts. 125 a 144-A
  Questões prejudiciais – arts. 92 a 94
  Restituição das coisas apreendidas – arts. 118 a 124-A
QUESTÕES PREJUDICIAIS
  Arts. 92 a 94
REABILITAÇÃO
  Execução – arts. 743 a 750
RECONHECIMENTO
  Pessoas e coisas – arts. 226 a 228
RECONSTITUIÇÃO
  Crime. Inquérito policial – art. 7º
RECURSO EM SENTIDO ESTRITO
  Processo e julgamento dos recursos em sentido estrito e apelações, nos Tribunais de Apelação – arts. 609 a 618
RECURSO EXTRAORDINÁRIO
  Arts. 637 e 638
RECURSOS
  Apelação – arts. 593 a 606
  Carta testemunhável – arts. 639 a 646
  Disposições gerais – arts. 574 a 580
  Embargos – arts. 619 e 620
  Em sentido estrito – arts. 581 a 592

  Extraordinário – arts. 637 e 638
  Habeas corpus e seu processo – arts. 647 a 667
  Processo e julgamento dos recursos em sentido estrito e apelações, nos Tribunais de Apelação – arts. 609 a 618
  Revisão – arts. 621 a 631
RELAÇÕES JURISDICIONAIS COM AUTORIDADE ESTRANGEIRA
  Cartas rogatórias – arts. 783 a 786
  Disposições gerais – arts. 780 a 782
  Homologação das sentenças estrangeiras – arts. 787 a 790
RENÚNCIA
  Ação penal privada – arts. 49 e 50
REPARAÇÃO
  Ação civil – arts. 63 a 68
REPRESENTAÇÃO
  Ação penal condicionada à representação do ofendido – arts. 30 a 39
  Decadência – art. 38
  Extinção da punibilidade – arts. 61 e 62
  Início – art. 24
  Irretratabilidade – art. 25
  Procurador – art. 39
REPRESENTANTE LEGAL
  Ação penal privada – art. 34
RESIDÊNCIA
  Réu. Competência – arts. 72 e 73
RESPONSABILIDADE
  Processo e julgamento dos crimes de responsabilidade dos funcionários públicos – arts. 513 a 518
RESSARCIMENTO
  Ação civil – arts. 63 a 68
RESTAURAÇÃO
  Processo de restauração de autos extraviados ou destruídos – arts. 541 a 548
RESTITUIÇÃO
  Coisas apreendidas – arts. 118 a 124-A
RÉU

178 | ÍNDICE ALFABÉTICO-REMISSIVO DO CÓDIGO DE PROCESSO PENAL

V. RÉU PRESO
Domicílio ou residência. Competência –
arts. 72 e 73
RÉU PRESO
Citação – art. 360
REUNIÃO
Tribunal do Júri – arts. 453 a 472
REVISÃO
Arts. 621 a 631
ROGATÓRIA
Cartas – arts. 783 a 786
Citação – arts. 368 e 369
SENTENÇA
Arts. 381 a 392, 492 e 493
Absolutória – art. 386
Condenatória – art. 387
Conteúdo – art. 381
Embargo de declaração – art. 382
Homologação das sentenças
estrangeiras – arts. 787 a 790
Intimação – arts. 391 e 392
SEQUESTRO
Bens – arts. 125 a 133
SESSÕES
Tribunal do Júri – arts. 453 a 472
SIGILO
Inquérito policial – art. 20
SORTEIO
Jurados – arts. 432 a 435
SUCESSORES
Ação penal privada – art. 31
SUMÁRIA(O)
Absolvição – arts. 413 a 421
Processo – arts. 531 a 538
SURSIS
V. SUSPENSÃO CONDICIONAL DA PENA
SUSPEIÇÃO
Exceção – arts. 95, I, e 97 a 107
SUSPENSÃO CONDICIONAL DA PENA
Execução – arts. 696 a 709
TESTEMUNHA
Prova – arts. 202 a 225
TRASLADO
Inquérito policial – art. 19

TRIBUNAL
V. TRIBUNAL DE APELAÇÃO
V. TRIBUNAL DO JÚRI
TRIBUNAL DE APELAÇÃO
Processo e julgamento dos recursos
em sentido estrito e apelações, nos
Tribunais de Apelação – arts. 609
a 618
TRIBUNAL DO JÚRI
Absolvição sumária – arts. 413 a 421
Acusação – arts. 406 a 412
Alistamento dos jurados – arts. 425
e 426
Ata dos Trabalhos – arts. 494 a 496
Atribuições do Presidente do Tribunal do
Júri – art. 497
Composição do Tribunal do Júri – arts.
447 a 452
Convocação dos Jurados – arts. 432
a 435
Debates – arts. 476 a 481
Desaforamento – arts. 427 e 428
Formação do Conselho de Sentença –
arts. 447 a 452
Função do jurado – arts. 436 a 446
Impronúncia – arts. 413 a 421
Instrução em plenário – arts. 473 a 475
Instrução preliminar – arts. 406 a 412
Organização da pauta – arts. 429 a 431
Preparação do processo para julgamento
em plenário – arts. 422 a 424
Pronúncia – arts. 413 a 421
Questionário – arts. 482 a 491
Reunião do Tribunal do Júri – arts. 453
a 472
Sentença – arts. 492 e 493
Sessões do Tribunal do Júri – arts. 453
a 472
Sorteio dos Jurados – arts. 432 a 435
Votação do questionário – arts. 482
a 491
VOTAÇÃO
Questionário – arts. 482 a 491